Piet Bogner
In der Steinzeit geboren

»In der Steinzeit geboren« ist das Porträt einer Papua-Frau aus dem Hochland Neuguineas. Okani ist eine der letzten noch lebenden Erzählerinnen und Mythologinnen ihres Stammes. Der Leser folgt Okani zuerst nur neugierig, dann taucht er immer tiefer ein in die Atmosphäre ihrer nur scheinbar fernen Welt. Okanis Erzählungen, gegliedert in »Kindheit«, »Jugend« und »Ehejahre«, faszinieren durch die Darstellung einer uns bisher unbekannten Kultur mit all ihren Licht- und Schattenseiten. Okani erzählt von Märchen und Mythen, Zauber und Zeremonien, spricht von Blutopfern und Nasendurchbohrungen, von Liebe und Tod. Sie erzählt von ihrem Alltag und zeichnet damit ein farbiges Bild voller Rätsel und Wunder von der Kultur eines Naturvolkes, die sich unter dem Einfluß dessen, was wir Zivilisation nennen, anfangs unmerklich, später immer deutlicher verändert. Durch ihre Biographie bleibt ein großes Stück Kulturgeschichte lebendig und den folgenden Generationen in Wort und Bild erhalten.

Piet Bogner hatte das Glück, in einen Sippenverband des Komungo-Stammes aufgenommen zu werden. Er wohnte mit den Papuas in den Bergen, schlief an ihren Feuern und ging mit ihnen auf die Jagd. Neun Monate lang hat er an den Schauplätzen von Okanis bisherigem Leben Material gesammelt, hat den Erzählungen seiner »Schwester« zugehört, sie mit Hilfe eines Sprachforschers sorgfältig befragt, nichts annehmend und nichts voraussetzend, hat schließlich behutsam ihre Biographie aufgezeichnet.

»Ich mußte beschämt erkennen, daß das Papua-Volk uns Europäern zumindest in einem weit überlegen ist. Diese Steinzeitmenschen sind warmherziger und menschlicher als die meisten von uns«, schreibt Piet Bogner in seiner Einleitung.

Piet Bogner

In der Steinzeit geboren

Eine Papua-Frau erzählt

Lamuv Taschenbuch 35

CIP-Kurztitelaufnahme der Deutschen Bibliothek

Bogner, Piet:
In der Steinzeit geboren : e. Papua-Frau erzählt / Piet Bogner. –
Ungekürzte Ausg., 1. Aufl., 1.–6. Tsd. –
Bornheim-Merten : Lamuv Verlag, 1984.
   (Lamuv Taschenbuch ; 35)
   ISBN 3-88977-016-9

NE: GT

**Bitte fordern Sie unser Gesamtverzeichnis an, das Ihnen zweimal
jährlich kostenlos zugesandt wird.**

Ungekürzte Ausgabe
1. Auflage, 1.–6. Tausend, September 1984
Copyright Lamuv Verlag GmbH, Martinstraße 7,
5303 Bornheim-Merten
© Copyright Walter Verlag AG, Olten 1982

Umschlagentwurf: Gerhard Steidl unter Verwendung eines Fotos von
Piet Bogner
Gesamtherstellung: Steidl, Göttingen
ISBN 3-88977-016-9

Für Okani Maria und ihr Bergpapua-Volk;
für Oswald Zaumsegel und meine Frau Anja-Marjatta

Inhalt

TEIL III: EHEJAHRE

ANHANG

*«Nichts ist so bequem, wie das,
was uns fremd ist, zu verachten.»*

Erasmus von Rotterdam

Einleitung

In den vergangenen zehn Jahren hatte ich Gelegenheit, im Rahmen mehrerer Expeditionsreisen Papua-Neuguinea zu erforschen. Immer wieder zog es mich in dieses geheimnisvolle Land, dessen Ureinwohner meine Freunde geworden sind. Ich wohnte mit ihnen in den Bergen, ich schlief mit ihnen am Holzkohlenfeuer, ging in hellen Vollmondnächten mit ihnen auf die Jagd – ich lernte sie kennen und lieben. Mir wurden ihre Gemeinschaftsregeln vertraut, und ich mußte beschämt erkennen, daß das Papua-Volk uns Europäern zumindest in einem weit überlegen ist: diese «Steinzeitmenschen» sind warmherziger und menschlicher als die meisten von uns.

Neuguinea – mehr als 10 000 Kilometer von Europa und weniger als 200 Kilometer von Australien entfernt – ist mit fast 800 000 Quadratkilometern Fläche nach Grönland die größte Insel der Erde. Der 1975 unabhängig gewordene Staat Papua-Neuguinea im Osten der Insel ist annähernd so groß wie Schweden, hat etwa drei Millionen Einwohner in über 700 Stämmen und mit ebenso vielen Sprachen (vgl. auch Anhang, S. 306). Dieses Buch berichtet vom Leben im Osten des zentralen Hochlands von Papua-Neuguinea, dessen von tropischen Regenwäldern überwucherte Berge wilder und schwerer zugänglich sind als die Alpen.

Die Idee, die Geschichte einer Bergpapuafrau aufzuschreiben, konkretisierte sich 1977 während der dritten Neuguinea-Expedition der Gesellschaft zur Erforschung der Naturvölker, München, als wir im östlichen Hochland mit ethnologischen Studien beschäftigt waren. Bei unseren Arbeiten trafen wir eine Frau, deren Persönlichkeit und vor allem deren Intelligenz uns in besonderem Maße auffiel. Sie heißt Okani, deutsch «Muschel», und ist mit ihren geschätzten 48 Lebens-

9

jahren eine der jüngsten, doch zugleich letzten noch lebenden Erzählerinnen und Mythologinnen ihres Stammes.

Nachdem meine Frau und ich gewissermaßen durch eine Schicksalsfügung im Sinne einer Wiedergeburt in den Sippen- und Stammesverband aufgenommen worden waren (mehr darüber soll in einem späteren Buch berichtet werden), entwickelte sich eine tiefe freundschaftliche Beziehung zwischen unserer «Schwester» Okani und uns. Ohne ihre liebevolle Mitarbeit wäre es uns nicht möglich gewesen, weitgehend komplette Stammesmonographien zu erstellen. Und genau bei diesen Arbeiten ergab es sich, daß Okani uns aus ihrem Leben erzählte. 1978 setzten wir unsere Gespräche fort, und 1979 saßen wir wieder am Hausfeuer bei Okani und konnten ihre Lebensgeschichte bis hin zur Gegenwart aufzeichnen.

Sie wurde mit viel Geduld und sorgfältigem Fragen, das nichts annahm und nichts voraussetzte, vorurteilslos geschrieben – eine Methode, die uns Europäern immer wieder sehr schwerfällt. Knapp neun Monate dauerte das Sammeln und Notieren des Materials an allen Schauplätzen von Okanis bisherigem Leben. Die frühesten Erlebnisse ihrer Kindheit, an die sich Okani selbst nicht entsinnen konnte, mußten von Informanten aus ihrer Verwandtschaft erfragt werden. Dabei hatten wir es häufig mit achtzig- bis neunzigjährigen Menschen zu tun, deren Aussagen für uns von größter Bedeutung waren. Denn nur diese wenigen alten Leute erlebten tatsächlich noch die ursprüngliche Kultur, die Zeit vor dem Kulturwandel. Die Sprachbarrieren konnten wir zusammen mit Okani und einem Linguisten, der seit über fünfzehn Jahren in Neuguinea lebt, überwinden. Die Hilfe des Sprachforschers war unerläßlich, weil die Alten kein *Pidgin*-Englisch sprechen und ihre Dialekte stark voneinander abweichen.

Wer die Papuas verstehen lernen will, braucht Toleranz und Aufgeschlossenheit gegenüber einer fremden Kultur – der wir unseren Respekt nicht versagen dürfen. Dieses Buch will dem europäischen Leser das Bewußtsein andersartiger Menschen näherbringen, das nicht mit den Maßstäben unserer Lebens- und Rechtsvorstellungen gemessen werden kann.

Die Beobachtungen an Mensch und Natur – kursiv gedruckt – sind

Auszüge aus meinen Neuguinea-Tagebüchern, in denen ich versucht habe, Landschaften zu beschreiben und Stimmungen wiederzugeben und so Okanis Erzählungen zu ergänzen. Das Bildmaterial wurde ausschließlich in der Heimat von Okani gesammelt und ist eine wichtige Dokumentation, die – in dieser Form vielleicht zum letzten Mal – Zeugen einer vergehenden Kultur zeigt.

Okani, die selbst nie lesen und schreiben gelernt hat, beherrscht die Kunst der Verbindung zwischen ihrer Rasse und der weißen und blieb stets eine objektiv urteilende Frau. Ihr Leben wurde von drei Stämmen geprägt und zeigt im wesentlichen das geistige und gesellschaftliche Bild der Hochlandbevölkerung im «Siane»-Gebiet. Ihre Lebensgeschichte, zusammen mit den Aussagen aller Informanten, spiegelt jene Verhaltensmuster wider, die über Jahrhunderte hinweg durch mündliche Überlieferung in die Gegenwart getragen wurden. Sie verdeutlicht auch die harte Konfrontation mit der westlichen Zivilisation, die ihr Volk in den letzten Jahrzehnten erleben mußte. Durch ihre Biographie bleibt ein großes Stück Kulturgeschichte lebendig und für die folgenden Generationen in Wort und Bild erhalten.

Piet Bogner

Teil I

KINDHEIT

Was die Alten erzählten

Es war vor langer, langer Zeit, da warf *yoyauwe* eine Schlange vom Himmel. Ein Mann, der irgendwoher gekommen war und allein im Komengarega-Gebiet wohnte, sah, wie die Schlange plötzlich aus den Wolken fiel. Mit beiden Armen fing er sie auf und legte sie behutsam auf die Erde. Nach einer Weile begann die Schlange sich zu bewegen und verschwand im dichten Urwald.

Der Mann dachte sich, eigentlich müßte noch eine zweite Schlange vom Himmel fallen, schaute auf und wartete. – Und tatsächlich, da fiel wieder etwas aus den Wolken. Er streckte die Arme aus, zog sie aber schnell wieder zurück, denn es war keine Schlange. Ein Mann war neben ihm auf die Erde gestürzt und war sofort tot.

Seitdem lebt die Schlange für immer im Urwald und stirbt nie. Sie wechselt nur von Zeit zu Zeit ihre Haut.

Der Mensch jedoch stirbt und ist für immer tot. Nur die Geister der Verstorbenen leben weiter und beobachten alle Menschen. Deshalb haben wir Angst vor den *kerefa*, den Schatten der Verstorbenen. Bereits unsere Vorfahren fürchteten sich vor ihnen: sie zogen sich stets nach Sonnenuntergang in die Hütten zurück und warteten bis zum Morgengrauen. Nur in hellen Vollmondnächten war man vor den Totengeistern meist sicher.

In jener grauen Urzeit zitterte und bebte die Erde. Alle Menschen liefen aus ihren Häusern und sahen, wie die Bäume von den Bergen in die Täler rutschten.

Wieder bebte die Erde gewaltig, und ein tiefer Spalt tat sich auf. Die Leute blickten hinunter und sahen weit unten in der Erde rotgelbe rauchende Flammen. Abermals erzitterte mächtig der Boden, und der Spalt schloß sich wieder.

Und eines Tages senkte sich der Himmel auf die Erde. Die Berge verschwanden in den Wolken. Es setzte ein ungewöhnlicher, «harter» Regen ein, der die Haut zum Bluten brachte. Die Tropfen fielen nicht wie Wasser hernieder, sondern wie *osobakifira*, Früchte des *osoba*-Baumes. Die Menschen suchten Schutz unter den Dächern ihrer Häuser. Der «harte Regen» prasselte schon seit zwei Tagen und zwei Nächten ununterbrochen auf sie herab.

Die Alten fragten sich besorgt, was sie tun sollten, auf daß der Himmel wieder hochsteige. So beschlossen sie, ein Opfer darzubringen.

Sie schlachteten einen *kurarafa*, einen roten Hund, und ein *yaforunu*, ein schwarzes Schwein. Die getöteten Tiere legten sie auf *yoreina*, glühende Holzkohle, und sprachen dabei:

«*Neto nosamaye dira reiro roka ro – neta hosa maye mi dikare – einga bita rong ro.* – Das vom Himmel Gefallene ist nicht gut – es soll wieder hochgehen und nicht mehr zurückkommen.»

Yoyauwe hatte die Seelen der Tiere angenommen, das Bitten der Alten gehört, denn der Himmel ging mit dem Hagel wieder nach oben.

Zum Glück hatten die *koriba*-Bäume, die auf den Bergen standen, den Himmel aufgehalten, sonst wären alle Menschen erdrückt worden.

Noch heute stehen dort die Bäume aus der alten Zeit und leiden weiter wegen damals – und haben Angst vor dem Himmel. Viele ihrer Äste wachsen jetzt nur nach unten.

Vor vielen Monden heiratete Omba, ein Mann aus dem Korepa-Stamm, die Frau Kanukuriya vom Arango-Stamm. Sie wohnten zusammen am Fuße des Kefeya-Berges.

Duana, ein Sohn der beiden, heiratete Sepe aus dem Dorf Rurape im Komongu-Stamm. Auch sie wohnten in Korepa, denn es ist üblich, daß die Frau in die Sippe des Mannes einheiratet. Duana und Sepe bekamen zwei Söhne, den Kindino und den June. Eines Tages geriet Duana mit Sepe in heftigen Streit, nach dem Sepe ihren Mann verließ und mit den Kindern in ihr Heimatdorf zurückging.

Nach einigen Monden zog Vater Duana nach Rurape zu Frau und Kindern. Sein Verhalten war ungewöhnlich, denn normalerweise wohnt der Mann nicht in der Heimat seiner Frau. Selbst beim Weglaufen in die eigene Sippe muß sie die Kinder beim Vater zurücklassen. Das ist auch gut so, denn fast immer kommt die Frau nach einiger Zeit zu ihren Kindern zurück, und das Leben in der Familie geht weiter. Bei Duana und Sepe jedoch war es anders, sie wohnten nun zusammen in Rurape, am großen Weg.

In dieser Zeit tauchten die ersten Weißen im Siane-Gebiet auf. Ofanenga, ein alter Mann aus dem Komengarega-Stamm, erinnert sich...

«*Nimakarawe,* weiße Männer kommen!» Wie im Fluge verbreitete sich die Nachricht durch alle Siane-Dörfer, von Stamm zu Stamm. Aufregung und Neugier waren groß.

Und da kamen sie – drei weiße Männer in sonderbarer *Singsing*-Kleidung, mit ihnen vier Männer aus einem uns fremden Stamm. Sie trugen alle gleichaussehende Knüppel über ihren Schultern und waren mit langen, fremdartigen Schurzen bekleidet.

Ihnen folgte eine lange Reihe von Männern, die auf Stangen gebunden das Eigentum der Weißen trugen...

Nach den Beschreibungen der Alten handelte es sich um eine Regierungspatrouille, die von Osten in das Siane-Gebiet vorgestoßen war. Sie kamen vermutlich aus dem Goroka-Hochtal, marschierten durch das Asaro-Tal, zogen weiter auf dem «großen Weg» Richtung Westen, überquerten die heutige Daulo-Paßhöhe (2800 m) und ließen sich in Rubungkoraro, dem späteren Watabung (2300 m), nieder. Etwa nach einem Mond zogen sie weiter westwärts und blieben drei Monde lang in Rurape-Kenendiro. In dieser Zeit kamen noch zusätzlich vier weiße Männer aus dem Osten. Drei von ihnen blieben in Watabung und bauten sich Buschhäuser, der vierte zog nach Rurape und errichtete dort eine große eckige Hütte.

We namba Guri, ein etwa siebzigjähriger Medizinmann aus dem Komongu-Stamm, berichtet...

Die Bewohner aus Rurape stahlen den Weißen viele Dinge. Besonders Feilen waren ein beliebtes Objekt dieser Eigentumsverschiebungen. Immer wieder mahnten die Weißen unsere Leute, fremde Sachen nicht zu stehlen. Doch die Warnungen fanden kein Gehör.

Eines Tages passierte es dann: Drei Männer aus Rurape wurden beim Stehlen von Werkzeugen ertappt und auf der Stelle erschossen.

Duana saß an jenem denkwürdigen Tag mit Frau und Kindern in seinem Buschhaus oberhalb Rurapes. Er hörte den ungewöhnlichen Krach und ging aus Neugier hinunter ins Dorf, um zu sehen, was die Weißen dort trieben. Er watete durch den Fluß und beobachtete hinter einem Gebüsch die aufgeregte Stimmung im Dorf. Plötzlich entdeckte ihn ein Weißer. Wieder knallte es, und Duana brach tödlich verletzt zusammen.

Kono, ein etwa 60 Jahre alter Komongu, erzählt weiter...

Die Weißen befahlen uns, die Toten sofort zu begraben. So hatten wir kaum Zeit für Totenklage und Trauer-*Singsing*.

Als die Nachricht vom Tod Duanas in seinem Heimatstamm eintraf, sandten die Korepa drei Männer zum Unglücksort.

Auch von Arango, dem Wohnort von Duanas Mutter, kamen zwei Männer nach Rurape.

Als die Abgesandten der beiden Stämme im Dorf eintrafen, lagen die Toten schon seit vier Tagen unter der Erde. Die Korepa-Leute glaubten, ihr Mann sei mit den drei anderen Leichen bereits verbrannt worden. Sie forderten von uns die Gebeine des Duana.

Auf Wunsch der Korepa gruben wir die Leiche des Duana wieder aus. Die Korepa schnitten Hals und Nacken auf und drehten den Kopf aus dem Gelenk, Duanas Körper, der schon übel roch, war nicht mehr genießbar und wurde wieder vergraben.

Wir bereiteten ein kleines Totenmahl. Sorgsam wickelte ich den Kopf in *fonguri*-Gemüse und legte ihn zum Garen in den Erdofen. Die Korepa-Männer und ich kosteten nur ein winziges Stückchen Fleisch. Das übrige Kopffleisch, das wir fein säuberlich mit Bambusmessern abgeschabt hatten, wurde in zwei Blätter verpackt. Alle Männer aßen von dem gekochten und mit dem Fleischsaft getränkten Gemüse. Nach dem Leichenschmaus teilte man das Schädelskelett auf. Die beiden Männer aus Duanas Dorf nahmen den Schädel, die Arango-Männer den Unterkiefer. Mit den kostbaren Erinnerungsstücken kehrten sie in ihre Heimat zurück.

In Korepa sowie in Arango wurde ein großes Toten-*Singsing* gefeiert. Die Bewohner hielten Mahl mit dem Fleisch des in Rurape gekochten Kopfes.

Die Schädelskelett-Teile wurden zum Gedenken an Duana in den Männerhäusern von Korepa und Arango aufbewahrt.

Mir wurde erzählt, daß Okanis Mutter Monambi – aus dem Stamm Raiya im Dorf Mainyero – bereits in jungen Jahren in die Nimalere-Sippe im Dorf Kofeyaro verkauft worden war. Sie sollte Moimbano Rumbira, einen Komongu-Mann, heiraten.

Doch die schöne Monambi wollte den «vorbestellten» Bräutigam nicht. Sie konnte ihn nicht leiden, und obendrein hatte er ein «Sumpfauge», das er bei einem Kampf eingehandelt hatte. Monambi verließ Kofeyaro und heiratete Kopowe aus dem Keto-Stamm im Dorf Foindamo.

Kurz vor Ende der Regenzeit wurde Okani um das Jahr 1932 in Foindamo geboren. Eltern und Kind zogen etwa ein halbes Jahr nach der Geburt von Foindamo nach Ruraro. Beide Dörfer liegen – getrennt durch den Watabung-Fluß – auf ungleichen Höhen, eine halbe Wegstunde auseinander. Oberhalb von Ruraro befindet sich auf einem Berggrat das Dorf Irafandero, der Heimatort von Maiya, der Mutter von Kopowe.

Fast täglich gingen Kopowe und Monambi in den Garten, der nahe bei Foindamo lag. Dabei kehrten sie offenbar häufig in das Haus der Kama ein, der Stiefmutter von Kopowe. Damu, der Vater von Kopowe, befand sich zu dieser Zeit bereits bei seiner ersten Frau Maiya im Reich der Ahnengeister. Man hatte ihn, kurz nach der Geburt von Okani, eines Tages von einem Pfeil durchbohrt tot im Busch gefunden. Täter und Motiv sind lange Zeit unbekannt geblieben. Erst nach einem Jahrzehnt wurde der Mord an Damu durch Zufall aufgeklärt.

Die Komongu hatten die Wirkung von Schußwaffen sehr nachhaltig erlebt.

Der alte Guri meinte:

Wir dachten nicht an Vergeltung, Wiedergutmachung oder gar Blutrache. Wir hatten alle Angst vor den todbringenden Donnerstöcken. So haben wir im Männerhaus beschlossen, nichts gegen die Weißen zu unternehmen.

Andererseits schienen die Weißen ihrer Sache nicht sicher gewesen zu sein. Sie kannten weder die Mentalität noch – nach diesen tödlichen Zwischenfällen – die Reaktion der Eingeborenen.

Sie verließen Rurape und das Komongu-Gebiet und zogen weiter nach Westen ins Keto-Gebiet.

Aber die Kunde von den Ereignissen von Rurape war der Regierungspatrouille vorausgeeilt. Die Keto-Leute zeigten sich sehr scheu und zurückhaltend. Viele flohen in den Busch, als die Weißen sich Foindamo näherten und in das Dorf einzogen.

Okani mag etwa ein Jahr alt gewesen sein, als sich folgende Geschichte ereignete.

Am frühen Morgen jenes historischen Tages waren Okanis Eltern vom Nachbarort Ruraro aus mit ihrem Kleinkind auf dem Weg zur Gartenarbeit. In Foindamo ließen sie Okani bei der Großmutter Kama und zogen weiter zum Garten.

Kama saß allein mit dem Kind vor dem Hausfeuer, als sie plötzlich durch den Hütteneingang weiße Menschengestalten auf dem Dorfplatz sah.

Zu Tode erschrocken nahm sie ihr Enkelkind auf den Rücken und rannte davon, hinein in den tiefsten, unwegsamsten Busch.

Plötzlich gellte ein Schrei durch den Urwald: Das Kind, wie ein Frosch auf dem Rücken seiner hastenden Großmutter liegend, war von einem Ast geschrammt worden.

Die jammernde Kama mit ihrer wimmernden, blutüberströmten Enkelin fand bald darauf den Weg ins Haus zurück.

Da hörte man auf einmal von Foindamo her lautes Rufen von Norai. Er rief die Nachricht in alle Richtungen: *«nimakarawe,* weiße Männer sind gekommen. Alle sollen ohne Furcht ins Dorf zurückkehren, um sie zu sehen.»

Kopowe und Monambi horchten auf. Sie ließen ihre Arbeit liegen und näherten sich mit skeptischen Gefühlen dem Dorf.

Kurz vor der Siedlung blieb Kopowe im Gebüsch versteckt – er hatte Angst – während Monambi direkt ins Dorf hineinging.

Aus sicherem Abstand beobachtete sie die Weißen mit ihrem Anhang – Polizisten, Träger, Kochboys – und das zögernde Kommen der Foindamo-Leute.

Sie eilte hinüber zum Haus der Großmutter. Dort warteten zwei Jammergestalten auf sie. Monambi schrie auf, als sie ihr blutüberströmtes Kind sah. Die Oma erzählte verstört den Hergang des Unglücks.

Monambi schimpfte sie aus und sagte: «Die Weißen sind ja auch nur Menschen. Sie tun dir doch nichts.»

Das Geschrei und Gejammer von Monambi drang zu den Ohren des sich im Gebüsch versteckenden Kopowe. Aus aufgeschnappten Wortfetzen glaubte er gehört zu haben, die Weißen hätten seinem Kind, dem armen, wehrlosen Würmchen, etwas zuleide getan.

Sofort lief er zum Haus der Oma, um sein Kind zu begutachten. Die energische Monambi zeigte Mut. Sie beließ es nicht beim Jammern und Schimpfen, sondern nahm ihr weinendes Kind und trug es zu den Weißen. Sie zeigte ihnen die blutige Schramme im Rücken des Kindes und sagte anklagend:

«Das ist eure Schuld. Ihr müßt dafür zahlen. Warum seid ihr nach Foindamo gekommen? Kama sah euch kommen und ist voller Schreck mit dem Kind in den Busch gerannt. Dabei hat sie es im dichten Gehölz verletzt.»

Die Weißen verstanden zwar keinen Keto-Dialekt, aber sie begriffen schnell die mit viel Gesten und Verzweiflung vorgetragene Anklage. Sie zeigten sich mitfühlend und waren zur Wiedergutmachung bereit: Sogleich wurde das Kind mit Salbe und Verbandszeug versorgt. Dann kauften sie mit *ruru kaira*-Ziermuscheln vier Schweine, die sie durch Gewehrschüsse töteten und von ihren Kochboys zubereiten ließen.

Monambi und die Bewohner des Dorfes wurden zum Versöhnungsmahl eingeladen. Mit einem besonders großen Stück Fleisch, darauf ein Klumpen Salz und ein silberner Löffel, wurde die geschädigte Mutter von den Weißen bedacht.

Dem verletzten Kind, das Monambi in den Armen trug, zeigten sie einen Ziermuschelreifen. Doch das Kind wandte sich erschrocken von den weißen Gesichtern und Händen ab und begann zu weinen. Monambi nahm das Geschenk an und überreichte als Gegengabe ein kleines Ziernetz.

Nachdem die erste Begegnung für beide Parteien ein friedliches Ende gefunden hatte, forderten die Weißen alle Leute auf, über Nacht im Dorf zu bleiben, um ihnen am nächsten Morgen zuzuhören.

Nach dem Sonnenaufgang hielten die Weißen eine große «Rede», erinnert sich der 75jährige Nokuwe aus dem Keto-Stamm. Wir saßen alle am Dorfplatz und hörten und sahen den Weißen zu. Sie machten uns klar, daß wir uns vor ihnen nicht zu fürchten brauchten. Sie seien als Freunde gekommen und wollten bei uns bleiben. Sie zeigten uns durch viele Gesten, daß sie uns neue Dinge beibringen wollten. Sie führten uns den «Donnerstock» vor und machten uns klar, daß sie uns damit töten würden, wenn wir von ihnen Sachen stehlen sollten. An diesem Tag, wie auch später, verhandelten und unterhielten wir uns in Zeichensprache. Zeigten die Weißen auf einen Mann, so sagten sie «papa», deuteten sie auf eine Frau, sagten sie «mama».

Die Foindamo-Leute lehrten wiederum die Weißen. Mit «papa» meinen sie «merafo», mit «mama» «orafo». Wenn die Weißen auf den Magen zeigten, so sagten die Foindamo «kanduforai», das heißt, wir sind hungrig.

Der Erfolg der freundschaftlichen Belehrung hielt nicht lange an. Die Foindamo-Leute übten ungeniert das Stehlen. Auch wegen des schlechten Gewissens blieben sie den Weißen gegenüber scheu und reserviert. Dieses Verhalten veranlaßte die Weißen wiederum zu Durchsuchungen von Häusern und Gärten. Wo sie gestohlene Sachen fanden, wurden die Diebe oder die Verdächtigten auf der Stelle erschossen.

Das brachte Verwirrung und Unsicherheit auf beiden Seiten. Keiner traute dem anderen so recht, Mißtrauen, Spannungen und Konflikte wuchsen in einem unnatürlichen Maße. Monambi dagegen – durch den Zwischenfall mit den Weißen vertraut geworden – brachte ihnen wiederholt Süßkartoffeln und Gemüse und erhielt als Zahlung ihr bisher unbekannte herrliche Dinge. Sie erzählte dann den Leuten:

«Ihr lauft weg vor den Weißen und bestehlt sie heimlich. Ich gebe ihnen etwas zum Essen. Sie schenkten mir den Ziermuschelkranz für das Kind, und ich erhalte immer wieder neue Sachen als Bezahlung.»

Die Keto-Leute bewunderten ihren Mut. Ihr Beispiel veranlaßte die Bewohner immer mehr zur Nachahmung.

Monambi war, wie die Alten erzählten, eine schöne und große Frau. Ihre Charaktereigenschaften hatte sie offenbar von ihrem Vater Kerenga geerbt. Wie er konnte auch sie Menschen führen und durch Wort und Tat anspornen. Oft erzählte sie ihren Mitmenschen belehrende und unterhaltsame Geschichten.

Ihr Vater war Führer seiner Sippe und seines Dorfes Mainyero. Er mußte Anordnungen und Entscheidungen treffen über Krieg und Frieden, Leben und Tod. Er war weit über die Stammesgrenzen hinaus bekannt als geachteter und angesehener Mann.

Monambi war die Erstgeborene und hatte dadurch der Sitte gemäß eine bevorzugte Stellung unter den Geschwistern, obwohl diese Brüder waren; sie hatte sogar Anteil an der Macht ihres Vaters. Auch

Okani unterlag diesen Stammesgesetzen, da sie ebenfalls eine Erstgeborene, wenn auch nur unter Halbgeschwistern, war.

Jedoch nicht nur Mutter Monambi und deren Vater Kerenga hatten diese Position, sondern auch Okanis Vater Kopowe. Er war gleichfalls ein Erstgeborener und Anführer seiner Sippe in Foindamo und Ruraro im Keto-Stamm.

Die alten Leute meinten, äußerlich gliche Okani nicht ihrer schönen Mutter, sondern vielmehr ihrem Vater. Dagegen scheint die innere Veranlagung mehr der Mutter und deren Vater zu entsprechen.

Außer der langen Narbe auf dem Rücken hat Okani noch eine Narbe auf dem linken Bein. Die Angehörigen sagten ihr später, dieses Zeichen trage sie seit ihrer Geburt. Ihre Mutter habe während ihrer Schwangerschaft Schweineknochen gegessen, und sie hätten das Bein des Kindes verletzt. «So ein Leichtsinn», sagen noch heute die Alten und schütteln verständnislos ihre greisen Häupter. «Sie wußte doch, daß während der Schwangerschaft jeder Mutter verboten ist, Knochen, egal, welcher Art, zu beißen. Dadurch kann doch das Kind verletzt oder gar getötet werden.»

Spannungen, Kriege, Schicksalsschläge – dazwischen Okanis früheste Kindheit

Vor dem Holzkohlenfeuer im Männerhaus von Foindamo saß der alte Nokuwe und dachte an die Vergangenheit. Nach einer Weile begann er zu erzählen...

Eines Morgens wurde unser Dorf durch lautes Rufen und schrilles Polizeipfeifen geweckt. Es herrschte großes Durcheinander – alles war in Aufruhr und in Hektik –, Kinder heulten, Hunde bellten, dazwischen laute Anweisungen der Weißen. Was war geschehen? Die Weißen bereiteten sich zum Abmarsch vor. Die Kochboys legten ihre zwei Häuser zusammen und rollten sie zu Paketen. Die Männer mit den «Donnerstöcken» machten uns klar, daß sie Träger brauchten. Fast alle unsere Männer wurden eingeteilt.

Die Weißen zogen auf dem großen Weg hinunter nach Chuave. Sie wollten mit uns gleich weiter ins Gebiet der Irafa gehen. Doch unser

Die drei wichtigsten Pfeiltypen

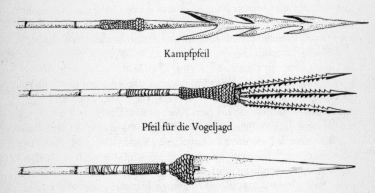

Kampfpfeil

Pfeil für die Vogeljagd

Pfeil für die Wildschweinjagd

Sippenführer weigerte sich, ins fremde Stammesgebiet einzudringen. So übernahmen Irafawe, die Chimbumänner, die Trägerlasten und setzten den Weg fort. Später erfuhren wir, daß die Weißen sich im Chimbu-Land niedergelassen hatten. In der nachfolgenden Zeit kamen sie in fast regelmäßigen Abständen aus Kundiawa und besuchten unsere Dörfer. Ihre Salzwasser-Polizisten trieben unsere Leute auf dem Versammlungsplatz vor dem Männerhaus zusammen. Die Weißen ließen nach unseren Namen fragen, sahen sich alle Kranken an und zeichneten dabei mit dünnen Stöckchen auf weiße Blattstücke.
Diese Zeremonie wiederholten sie im Laufe der Zeit einige Male. Dabei hielten die Weißen immer eine große Rede: sie sprachen jedesmal von einem besseren Leben, das sie uns geben möchten. Aber dies zu bekommen wäre nur möglich, wenn wir ihre Anweisungen befolgten.
So sollten zum Beispiel unsere Frauen nicht mehr mit den Schweinen schlafen. Wir Männer wurden aufgefordert, neue, eigene Häuser für die Schweine zu bauen. Oder wir sollten uns im Busch ein *pekpek*-Haus, eine Toilette, errichten und so fort.

Immer wieder sollten wir etwas Neues für die Weißen tun. Es gab lange Verhandlungen mit ihnen. Ihre Chimbu-Männer – es waren Leute von Chuave, die unsere Sprache, aber auch *pidgin*-Englisch, die Sprache der Weißen, beherrschten – standen oft ratlos dazwischen. Denn wir alle waren mit den neuen Regelungen nicht immer einverstanden. Sie sprachen Drohungen und Warnungen aus, und dabei blieb es vorerst.

In jener Zeit der häufigen Patrouillengänge der Weißen brach wieder einmal Krieg innerhalb unserer Keto-Dörfer aus. Die Leute von Ombinowaro stritten mit uns Foindamo über einige Schweine.

Zuerst war es nur ein Kampf mit Steinäxten und Knüppeln, aber bald entwickelte sich ein Krieg mit Pfeil und Bogen.

Auf beiden Seiten beklagten die Sippen Tote und Verwundete. Immer wieder mußten wir den Tod unserer Männer rächen. So führten wir einen versteckten Buschkrieg, der nur dann unterbrochen wurde, wenn der Ruf der Beobachter über das Tal in unser Dorf herauf drang:

«*Nimakaraweee*, die Weißen kommen!»

Wir taten so, als sei alles in Ordnung, und verrichteten die gewöhnlichen Dinge des Alltags. Natürlich dauerte es nicht lange, bis die Weißen wußten, was sich bei uns abspielte.

Wir wurden aufgefordert, den Kampf sofort zu beenden. Die Salzwasser-Polizisten erhielten Anweisung, in sämtlichen Hütten nach Waffen zu suchen. Pfeile, Speere und Bogenstäbe wurden auf dem Dorfplatz zusammengetragen, zerbrochen und verbrannt. Bei den Ombinowaro geschah das gleiche.

Die Weißen glaubten, durch diese gewaltsame Entwaffnung den Krieg beendet zu haben, und zogen ab.

Heimlich wurden jedoch neue Pfeile und Bogen geschnitzt und für die Weißen unauffindbar in Häusern, Gärten oder im Busch versteckt. Marschierten sie wieder zurück in das ferne Kundiawa, schwirrten bei uns abermals die Pfeile – der Kampf ging weiter.

In diesem Krieg fiel auch Koripauma, der Bruder von Kopowe. Er wurde ebenfalls, wie schon sein Vater Damu, in Minowaro-Omuna begraben.

In dieser unruhigen Zeit ging eines Morgens Monambi mit Okani im

Netz auf dem Rücken zur gewohnten Gartenarbeit. Abends kam sie als letzte Frau kurz vor Sonnenuntergang zurück. Sie sah sehr krank aus und konnte sich nur mit Mühe auf den Beinen halten. Sie legte Kind und Gartenfrüchte vor ihrem Haus ab und brach zusammen.

Frauen des Dorfes trugen sie sogleich in ihre Hütte und legten sie auf die Schlafmatte. Mit schwacher Stimme erzählte Monambi den Frauen, daß sie bald sterben werde und daß man das Kind von ihr fernhalten solle, damit es sich nicht anstecke und auch sterbe.

Die älteren Frauen hielten an ihrem Schlaflager die Nachtwache. Am frühen Morgen erbrach Monambi sich und starb. Ihr Tod blieb genauso rätselhaft wie der Tod ihres Schwiegervaters Damu. Auch sie wurde in Minowaro-Omuna neben ihrem gefallenen Schwager Koripauma begraben.

Schnitzwerkzeuge (vgl. Text Seite 140)

Unterkiefer der Beutelratte (natürliche Größe ca. 5 cm)

Eingebundene Unterkieferteile der Beutelratte
mit jeweils einem Schneidezahn; wird hauptsächlich verwendet
zur Pfeilspitzenherstellung

Bogenschnitzstein, ca. 4 cm lang

Nach dem Begräbnis blieben Okanis Großeltern drei oder vier Monde in Ruraro zu Besuch. In dieser Zeit wurde das Kind mit Wasser, Zuckerrohr, Süßkartoffeln und Bananen versorgt, denn nach dem Tod ihrer Mutter durfte die kleine Okani mindestens drei Monde lang kein Schweinefleisch essen, sonst wäre sie selbst krank geworden oder sogar gestorben.

Eines Tages gingen Kerenga und Kiyagi wieder zurück nach Mainyero, aber nicht allein. Als Trost wegen ihrer verlorenen Tochter Monambi nahmen sie ihr Enkelkind Okani mit. Vater Kopowe war einverstanden.

Während das Kind bei seinen Großeltern aufwuchs, gab es bei uns immer wieder heiße Kämpfe. Wir Foindamo schlugen uns zusammen mit den Ruraro weiter mit den Ombinowaro. Doch diese waren in der Überzahl, sie hatten viele junge Krieger, die uns gefährlich wurden.

Eines Nachts zogen sie los und wollten unser Dorf überfallen. Unsere Beobachter konnten rechtzeitig warnen. Wir schickten unsere Frauen, Kinder und Schweine voraus, die Alten und Kranken kamen hinterher. So konnten wir den Rückzug unserer Familien sichern.

Wir versteckten uns hinter dem Dorf und warteten auf die Ombinowaro. Als wir merkten, daß sie das Dorf einkreisen wollten, gaben wir Foindamo auf und zogen uns auf doppelte Entfernung vom feindlichen Ombinowaro zurück. Nicht weit von den Gräbern im unbewohnten Gebiet Minowaro-Omuna bauten wir uns neue Häuser. Seitdem wir dort wohnten, nannten wir unser Dorf Minowaro.

Okanis Vater verließ nach einigen Monden Ruraro und zog ebenfalls ins neu erbaute Dorf. Bald darauf heiratete Kopowe eine Frau namens Uni aus dem Dorf Wenamo, das im Stammesgebiet der Kemanemoi liegt. Wieder vergingen viele viele Monde…

Okani lebte noch immer bei ihren Großeltern in Mainyero und war inzwischen etwa sechs Jahre alt geworden. Ihrem Vater Kopowe kam es auf einmal in den Sinn, seine Tochter nach Minowaro zurückzuholen. Okani selbst kann sich an jene Zeit erinnern und erzählt…

Eines Tages stand plötzlich ein Mann vor dem Haus meiner Großeltern. Er sprach lange Zeit mit meinem Großvater, bis dieser nickte und sagte: «Du kannst sie wieder mitnehmen.» Ich erschrak, als ich das hörte. Was wollte dieser Mann von mir? Ich kannte ihn nicht. Er nahm mich an der Hand und wollte gehen. Doch ich sträubte mich mit allen Kräften und fing an zu heulen. Kerenga tröstete mich und sagte: «Geh nur Kind, das ist doch dein Vater.»

Aber ich kannte ihn nicht mehr als meinen Vater, ebenso, wie mir die Erinnerung an meine Mutter Monambi verlorengegangen war. Ich versuchte, die Hand von meinem «unbekannten Vater» wegzuziehen und hielt mich zugleich mit der anderen Hand an Opa Kerenga fest. Doch mit einem gewaltigen Ruck zog mich mein Vater an sich und schimpfte auf mich ein. Ich begann zu heulen. Da schlug meine Oma Kiyagi mit einem Knüppel auf meinen Vater ein: «Du siehst doch, daß das Kind dich nicht kennt!»

In diesem Augenblick kam ihr Sohn Oromba Riyo hinzu und schrie: «Okani ist ein Kind meiner verstorbenen Schwester, sie bleibt hier! Sie ist bei uns groß geworden, sie gehört uns.»

Oromba Riyo sagte dann zu mir: «Dieser Mann ist gar nicht dein Vater, er ist nur ein Onkel.»

Es entstand ein heftiger Streit, und im Eifer des Wortgefechtes stieß Oromba Riyo meinem Vater einen Pfeil in den Oberarm. Wutentbrannt spannte mein Vater seinen Bogen und wollte auf meine Großmutter schießen. Sie hatte aber blitzschnell den Pfeil ergriffen und schlug mit einem Knüppel auf seine Hände. Die aufgeplatzten Knöchel bluteten stark. Aus Mitleid zu ihm fing ich wieder an zu weinen, umfaßte sein Bein und sagte ihm: «Ich glaube dir schon, daß du mein Vater bist.»

Da schlug Oromba Riyo mir auf die Hände und schrie mich an: «Dein Vater hat jetzt eine andere Frau, die wird sich nicht um dich kümmern.»

Opa Kerenga unterbrach ihn: «Hört endlich auf zu streiten. Okani ist das Kind von Kopowe. Er hat das Recht, sie zu behalten, aber es ist besser, wenn das Kind noch einige Zeit bei uns bleibt. Beim nächsten *Singsing* und Schweineschlachten in Minowaro soll ihr Vater sie abholen. Wir schmücken sie dann mit Federn, Farbe und Blumen. Sie soll dann so lange bei Kopowe bleiben, bis wieder bei uns ein *Singsing* stattfindet. So soll Okani bis zu ihrer Heirat immer wechseln zwischen Minowaro und Mainyero.»

Alle waren zufrieden mit der Entscheidung meines Großvaters, und der Streit um mich war vergessen.

Kerengas Einfühlungsvermögen und sein Bemühen, alle Beteiligten zufriedenzustellen, waren gewiß bewundernswert. Dem Kind Okani blieb es erspart, zwischen zwei Parteien wählen zu müssen – es gehörte zu beiden.

Später zeigte sich dieselbe geistige Überlegenheit über die Mitmenschen und zu deren Wohl bei seiner Enkelin Okani. Aber bis dahin vergehen noch einige Jahrzehnte.

Okani rollte sich geschickt eine lange Zigarette zwischen ihren Handflächen, zündete sie mit einem Holzspan an und erzählte weiter…

Eines Tages sagte mein Großvater zur Überraschung aller anderen: «Mein Schwiegersohn wird wegen seines Kindes sehr traurig sein. Wir sollten ihn nicht warten lassen und ihm zuvorkommen.»

So machte sich Kerenga mit mir auf den Weg nach Minowaro, dem neugegründeten Dorf im Keto-Stamm.

Wir verbrachten dort viele Tage zusammen. Mein Großvater wollte irgendwann allein nach Mainyero zurückkehren. Er hielt sich oft mit meinem Vater im Männerhaus auf. Die Männer der Sippe nahmen ihre Mahlzeiten nicht zusammen mit ihrer Familie im Frauenhaus ein, sondern nur im gemeinsamen Männerhaus. Jede Frau brachte zur gewohnten Essenszeit ihrem Mann die Süßkartoffeln. So konnten weder mein Vater noch mein Großvater den Kontakt zwischen mir und meiner Stiefmutter Uni beobachten, denn ich wohnte ja bei ihr.

Ich hatte das Gefühl, daß sie mich nicht besonders mochte – und das stellte sich auch bald heraus.

Uni gab ihren beiden kleinen Kindern gutes und reichliches Essen. Wenn sie satt waren, bekam ich den Rest der Mahlzeit mit den Worten: «Hier, iß nicht soviel!»

Ich merkte bald, daß es hier anders war als in Mainyero. Dort bekam ich immer genügend zu essen, hier nicht.

Ich wollte meine Unzufriedenheit meinem Vater nicht erzählen, da ich befürchtete, er würde Uni dann schlagen. So sagte ich es eines Tages draußen auf dem Dorfplatz meinem Großvater.

Als er von meinem Kummer hörte, begann er so jämmerlich zu heulen, daß mir nichts anderes übrigblieb, als mitzuheulen. Jeder im Dorf hörte das herzzerreißende Schluchzen, und die Leute kamen herbei und fragten, was los sei.

Doch mein kluger Opa sagte beherrscht: «Das Kind fragte mich, wann wir nach Raiya zurückkehren würden.»

Er verriet meinen Unmut gegen Uni nicht. Ohne Aufsehen zu erregen, brachte er mich ins Haus der alten Kama.

Zu Uni sagte er, Kama möchte das Kind für einige Zeit haben, und holte mein Netz aus ihrer Hütte.

Kama wußte natürlich den wahren Grund dieses Umzuges. Sie hatte den Geiz und Neid sowie andere, nicht sehr rühmliche Eigenschaften von Uni bereits kennengelernt.

Der Vollmond kündigte einen neuen Monat an. Das war für Opa Kerenga das Zeichen zum Aufbruch. Oma Kama ließ zum Abschied ein großes Schwein schlachten, das von vier jungen Männern bis nach Mainyero getragen wurde. Dort angekommen, sagte mein Großvater den Trägern den wahren Anlaß meiner Rückkehr. Wie ich später erfuhr, berichteten sie das in Minowaro meinem Vater, der Uni kurzerhand gewaltig verprügelte.

Trotzdem hatte sich nichts geändert. Ich wollte nicht mit meinen Eltern zusammenleben; Uni machte es mir unmöglich.

Meine Heimat empfand ich mehr bei meinen Großeltern; deshalb blieb ich für die nächsten Jahre ununterbrochen in Mainyero.

Die immer neu aufflammenden Stammes- oder Sippenkriege waren nicht nur im Keto-Gebiet bekannt. Auch im Raiya-Stamm brachen oft über Nacht heiße Kämpfe aus.

So passierte es eines Tages, daß unser Dorf plötzlich mit dem Kurenga-Dorf in blutigem Streit stand. Die Sippen machten einander das Leben schwer und für einzelne Helden sogar unmöglich.

In diesem Kampf starben der uralte Vater von Kiyagi und auch der zweite Sohn von Kerenga, Nembano, den Heldentod.

Durch ihren Kampfeinsatz verhinderten sie den Sturm auf unser Dorf und schlugen den Feind in die Flucht. Bei ihrer wagemutigen Verfolgungsjagd gerieten sie in einen Hinterhalt und wurden erschossen. Die pfeilgespickten Leichen fand man am nächsten Morgen auf halbem Weg nach Kurenga.

Zum immerwährenden Gedenken wurden der Schädel von meinem

zweiten Urgroßvater und der Unterkiefer von Nembano nicht begraben, sondern aufgehoben. Am Hausfeuer und in der Sonne wurden die kostbaren Andenken getrocknet und gebleicht.

Bei festlichen Anlässen, aber auch bei Totenfeiern wurde mir der Schädel meines zweiten Urgroßvaters um den Hals gehängt. Damals war ich die einzige im Dorf, die diesen besonderen Schmuck trug. Meine Großmutter hingegen trug lange Zeit den Unterkiefer ihres Sohnes auf ihrer Brust.

Nach den Festen nahm mir mein Großvater den wertvollen Schädelschmuck ab und bewahrte ihn immer in einer Netztasche im Männerhaus auf. Übrigens, nicht nur der Schädel meines Urgroßvaters hing dort, sondern neben ihm baumelte noch eine ganze Reihe von Schädeln großer Persönlichkeiten unserer Sippe in eingenähten Netzen.

Kinderzeit – Märchenzeit
(Die Märchenerzähler)

In allen Siane-Dörfern gab es alte Frauen und Männer, die als Märchenerzähler bekannt waren.

Oft nach Sonnenuntergang, bei Einbruch der Dunkelheit, schickte mich Oma Kiyagi zu dem alten Ehepaar Owayaki und Rombira. Beide wußten spannende *ikanga* zu erzählen.

Wir saßen im hellen Schein des wärmenden Feuers und warteten auf die geheimnisvollen Geschichten. Vor jeder Erzählung fragten die Alten uns:

«Werdet ihr auch nicht müde, wenn wir erzählen?»

Wir Kinder antworteten natürlich sogleich ungeduldig:

«Nein, nein, wir werden nicht einschlafen, fangt an zu erzählen.»

Während die beiden abwechselnd erzählten, unterbrachen wir sie oft durch *Oh, oh oh-* oder *aiyee-*Rufe.

War das Märchen dann zu Ende, sagten die Alten: «*monde – efeiyaro – eh* – das alles erzählte ich.»

Wir Kinder erwiderten darauf: «*mmm oh wee* – wir haben zugehört, es hat uns gefallen.»

An einem dieser Märchenabende in Mainyero erfuhren wir die unheimliche Geschichte vom Berggeist *Nokondi*. Der alte Rombira erzählte...

Vor vielen vielen Monden lebte in den Bergen ein Mann namens Karagi-Yomba. Er hatte ein Mädchen im heiratsfähigen Alter. Seine Frau war schon seit einiger Zeit gestorben; deshalb machte eine andere Frau der Sippe den ersten Frauenschurz für seine Tochter.

Eines Tages ging Karagi-Yomba in den Busch, um ein Baumkänguruh zu schießen, denn die Frau brauchte die Haare des Tieres für den Frauenschurz. Er hatte Bogen und viele Pfeile bei sich, und sein Hund Aringoi begleitete ihn.

Die beiden gingen immer tiefer in den Urwald, bis sie zu einem hohen Berg kamen. Dort saß ein *Nokondi* bei einem Feuer. Als er den Karagi-Yomba sah, rief er ihm zu:

«He, warum gehst du mit so vielen Pfeilen umher?»

Karagi-Yomba antwortete: «Ich will ein Baumkänguruh schießen.»

Der *Nokondi* wußte Rat und meinte:

«Ich weiß, wo du ein Baumkänguruh finden kannst. Es wohnt in einer Baumhöhle. Es wird bald regnen. Komm, beeilen wir uns und gehen wir zu dem Baum.»

Der *Nokondi* ging voraus, blieb vor einem Baum stehen und zeigte hinauf:

«Das Baumkänguruh ist da oben. Bleib du hier unten stehen und halte dir ein *rumbi*-Blatt vor die Augen. Sieh nicht zum Baum hinauf!»

33 Abendstimmung bei Riyofiyaro

34 *Oben:* Angehöriger des Keto-Stammes aus dem Dorf Mangiro. Seine Erinnerungen an die «alte Zeit» sind von größter Bedeutung, denn er hat noch die ursprüngliche Kultur ohne Zivilisationseinflüsse erlebt. *Unten:* Kinder aus dem Dorf Mainyero. Ein Märchenerzähler hatte ihnen vom Berggeist Nokondi berichtet (siehe oben).

35 *Oben:* Okani-Informant aus dem Dorf Mangiro. *Unten:* Blick von der Hochlandstraße auf das Dorf Kisiyaka. Vor dem Bau der Hochlandstraße lag das Dorf etwa 500 Meter weiter zurück auf einem sicheren Bergplateau.

36 *Oben:* Angehöriger des Komongu-Stammes beim Bogenschießen. *Unten:* Stammesfehden und Blutrache sind noch heute Realität. Ein Mann aus Rurape wurde aus dem Hinterhalt mit einem Pfeil niedergeschossen und schwer verwundet.

Karagi-Yomba hielt sich das Blatt vor die Augen, während der *Nokondi* auf den Baum hinaufkletterte. Von oben warf er einen *kifanakiomba*, einen weißen runden Stein, hinunter auf den Kopf des Mannes. Karagi-Yomba war auf der Stelle tot.

Der *Nokondi* jubelte und stieg tanzend vom Baum hinunter. Der Hund, der mitgekommen war, rannte vor Schreck davon. Der alte *Nokondi* rief seinen zwei Frauen zu:

«Kommt her, ich habe jemanden getötet.»

Als die Frauen den Toten sahen, fingen sie an zu tanzen und machten ein *Singsing*. Dann trugen sie die Leiche ins Haus, zerschnitten, kochten und aßen sie. Die Knochen warfen sie vor ihrer Hütte unter einen Bambusbusch.

Die Sippe des Karagi-Yomba machte sich Sorgen über dessen langes Wegbleiben. Da ging der Bruder des Vermißten auf die Suche und rief immer wieder den Namen des Hundes: «Aringoi, Aringoi.»

Er drang immer tiefer in den Busch, bis auf einmal der *Nokondi* das Rufen hörte.

«Dein Hund ist bei meinem Hund», rief der Alte, «komm hierher.»

Der Bruder eilte herbei, sah aber keinen Hund. Der *Nokondi* sagte:

«Dein Hund ist eben mit einem Mann in den Busch gegangen. Sie werden bald wieder zurück sein, du kannst hier auf sie warten.»

Nach einer Weile sagte der Alte:

«Ich weiß in der Nähe einen Baum mit einer Höhle oben im Stamm. Darin wohnt ein Baumkänguruh. Komm mit!»

Der Bruder folgte dem *Nokondi* bis zu dem Baum.

«Bleib hier unten stehen und halte dir die Augen mit einem *rumbi*-Blatt zu. Du darfst nicht nach oben schauen. Ich werde das Baumkänguruh töten und dir hinunterwerfen.»

Der Alte kletterte auf den Baum und warf von oben einen *kifanakiomba* hinunter. Auch der zweite Bruder fiel tödlich getroffen zu Boden.

Wieder rief der *Nokondi* nach seinen Frauen. Diese kamen, tanzten und sangen um den Toten herum und machten ein *Singsing*. Im Haus kochten und aßen sie die Leiche. Die Knochen warfen sie wieder unter den Bambusbusch.

In der Sippe vermißte man nun beide Brüder. Da sagte der dritte

Bruder: «Ich mache mich auf den Weg und werde sie suchen. Vielleicht ist ihnen etwas zugestoßen.»

So ging auch der dritte Bruder in den Urwald und rief nach dem Hund: «Aringoi, Aringoi, wo bist du?»

Doch der Mann traf keinen Hund, sondern den *Nokondi*. Der Alte beschwindelte und tötete auch diesen Mann auf die gleiche Weise wie die beiden ersten. Nach dem Mahl warfen die Frauen auch diesmal die Knochen unter den Bambusbusch.

Tage waren vergangen und keiner der drei Brüder zur Sippe zurückgekehrt. Nun machte sich der vierte und älteste Bruder auf, um seine Brüder zu suchen.

Er nahm ein Beil, einen Bogen und viele Pfeile mit. Im Busch rief er nach dem Hund: «Aringoi, Aringoi, *mu nua?*»

Der *Nokondi* hörte das und rief den Mann zu sich.

Als er den Alten sah, dachte sich der vierte Bruder, daß er ein *Nokondi* sei. Er hatte bestimmt seine drei Brüder getötet.

«Hast du meine Brüder gesehen?» fragte er den Alten.

Der *Nokondi* nickte und sagte: «Deine Brüder sind alle hier, sie gingen soeben in meinen Garten, um zu arbeiten, denn ich bin schon zu alt und zu schwach. Komm, wir holen ein Baumkänguruh und sammeln Feuerholz. Nachher essen wir. Inzwischen werden deine Brüder von der Gartenarbeit zurück sein. Deine Pfeile will ich zusammenbinden und hier im Haus aufbewahren.»

Der Mann aber antwortete: «Nein, ich nehme alle Pfeile mit.»

Bevor die beiden gingen, sagte eine Frau des *Nokondi:*
«Ich hole und koche noch zuerst Süßkartoffeln.»

Nach dem Essen gingen der Alte und der vierte Bruder zu dem Höhlenbaum.

Der *Nokondi* sagte erneut:
«Du darfst nicht hinaufblicken» und kletterte auf den Baum.

Aus der Höhle holte er einen *kifana-kiomba* und schleuderte ihn hinunter.

Doch der Mann unten hatte heimlich Löcher durch das *rumbi*-Blatt gebohrt und sah den Stein herunterfallen.

Schnell sprang er zur Seite und schrie: «Das ist kein Baumkänguruh, sondern ein Stein.»

Wutentbrannt schoß er einige Pfeile nach oben und traf den Alten, der tot herunterfiel. Es dauerte nicht lange, da kamen singend und tanzend seine beiden Frauen an. Sie glaubten, *Nokondi* habe den vierten Mann schon getötet, und sie könnten die Leiche zurücktragen.

Der Mann spannte seinen Bogen und erschoß die beiden Frauen. Er schleppte die drei Toten in das Haus. Dort fand er Bogen und Pfeile seiner Brüder und draußen unter dem Bambusbusch die Schädel und Gebeine.

Er verbrannte nun die Leichen mit dem Haus. Die Knochen seiner Brüder packte er in ein Netz, nahm alle Waffen mit, auch den Hund, und kehrte zu seiner Sippe zurück.

Im Dorf gab es ein großes Weinen und Klagen. Das Trauermahl wurde vorbereitet. Der Mann legte die Gebeine seiner Brüder in eine große Holzschüssel mit Wasser. Dann mischte er *effee,* eine Knollenfrucht, und *fiomba wá* mit *mainikure* zusammen mit Farnkräutern in der Holzschüssel.

Nach drei Nächten hatten sich die Gebeine zu Skeletten zusammengesetzt und mit Fleisch überzogen. Die drei Männer erstanden auf zum Leben.

Der vierte Bruder sagte: «Der *Nokondi* hat euch getötet. Ich suchte euch, tötete und verbrannte den Alten mit seinen Frauen, fand eure Gebeine und brachte sie ins Dorf zurück.»

Die ganze Sippe war hocherfreut und feierte drei Tage und drei Nächte die Wiedergeburt der drei Brüder.

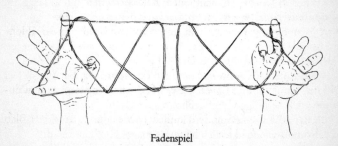

Fadenspiel

Die Zeichnung zeigt eine von vielen Schnurfiguren

Paradiesvogel (Paradisaea raggiana)

Jagderlebnisse

In hellen Mondnächten waren viele unserer Männer im Urwald auf
der Jagd. Kasuare, Baumkänguruhs und Beutelratten, auch große
Nachtvögel, zählten zu den häufigsten Jagdbeuten, die geschossen
oder in Spannbogenfallen erlegt wurden.

Als Opa Kerenga wieder einmal von der nächtlichen Jagd nach den
Baumkänguruhs, die wir *yakefas* nennen, zurückkehrte, fragte ich
ihn, wo er denn diese schönen Pelztiere hole. Ich wollte auch einmal
den Platz sehen, wo die *yakefas* wohnten. Anfangs hielt er nicht viel
von meinem Vorschlag, winkte ab und meinte, das sei nichts für kleine Kinder. Aber ich ließ nicht locker und bearbeitete ihn so lange, bis
er versprach, mich zur nächsten *yakefa*-Jagd mitzunehmen.

Eines Abends zogen wir bei einbrechender Dunkelheit in den Busch.
Es war für mich sehr aufregend, denn ich war bisher noch nie im
nächtlichen, geheimnisvollen Urwald gewesen. Fest hielt ich mich an
der Hand meines Großvaters und ließ ihn nicht aus den Augen. Der
Anblick von Pfeil und Bogen, die er in der anderen Hand trug, wirkte auf mich beruhigend. Schließlich fragte ich ihn:

«Fängst du die *yakefas* mit der Hand?»

Er schaute lächelnd auf mich herab und sagte kopfschüttelnd:

«Nein, mein Kind, die *yakefas* klettern auf Lianen hoch oben auf den
Bäumen umher. Oft laufen sie auf diesen Schlinggewächsen von

Baum zu Baum. Sie kommen sehr selten auf die Erde. Man muß abwarten, bis das Mondlicht die Bäume mit den Lianen ganz anleuchtet. Dabei bleibt man ruhig auf einem Platz stehen und beobachtet die Lianen. Wenn dann das *yakefa* aus dem dunklen Blätterwerk ins helle Mondlicht klettert, schieße ich es mit einem Pfeil herunter.»

Unser Dorf lag schon weit zurück. Immer höher stiegen wir in unwegsamem Gelände auf einem schmalen Buschpfad bergan. Unter einer großen Felsnase machten wir eine Pause. Es war eine der vielen Raststellen meines Großvaters, die er immer aufsuchte, wenn er nachts im Busch war. Ein großes Bündel Holz lag neben der ausgebrannten Feuerstelle geschützt unter dem Felsvorsprung.

Während mein Opa ein kleines Feuer anlegte, meinte er:

«Warte hier auf mich, bis ich zurückkomme und dir ein *yakefa* mitbringe.»

Erschöpft nickte ich, denn nichts war mir im Augenblick lieber als hier auf den Steinen zu sitzen, um mich auszuruhen. Er steckte seinen Feuerstab wieder zurück in das Netz und machte sich fertig zur Jagd. Gerade als er aufbrechen wollte, belästigte ich ihn mit einer neugierigen Frage: «Opa, hast du das viele Holz hier gesammelt?»

Er sah mich erst unschlüssig an, überlegte und antwortete: «Nein, das hat *Nokondi,* der Waldgeist, gebracht.»

Das hätte er nicht sagen sollen. Jetzt wollte ich auf keinen Fall allein an dieser Stelle bleiben. Die Angst vor *Nokondi* hatte mich schlagartig wach gemacht.

«Nein, ich will mit dir gehen», sagte ich. «Was glaubst du, ich sitze hier allein und *Nokondi* kommt. Er wird mich in seine Felsenhöhle nehmen und essen.»

Mit einem sehr komischen Gesicht sah Kerenga mich an und sagte: «Ich weiß ganz genau, daß *Nokondi* nicht hierher kommt. Er ist sehr menschenscheu, ja, er fürchtet sich vor allen Menschen. Du brauchst wirklich keine Angst zu haben.»

Er versuchte, mich zu trösten und zu beruhigen, aber das half nichts mehr, ich war zu aufgeregt. Zudem fielen mir plötzlich die unheimlichen Geschichten der Märchenerzähler ein.

Schließlich sagte er: «Gut, dann bleiben wir hier und schlafen bei der Holzkohlenglut bis zum Morgen.»

Zwischen das Feuer und meine Schlafstelle legte Opa einige Holzscheite, damit ich beim Schlafen nicht ins Feuer rollte.

Als ich eingeschlafen war, mußte mein Großvater leise davongeschli-
chen sein und irgendwo im grellen Mondlicht ein *yakefa* geschossen
haben. Denn als ich kurz vor Morgengrauen erwachte, lag Opa Kerenga mit einem erlegten *yakefa* neben mir.

Plötzlich schreckte uns ein mir unbekanntes Geräusch auf. Ganz
deutlich war in der Stille der Bergwildnis *ukufi*, ein geheimnisvolles
Flöten, zu hören.

«Hörst du?» flüsterte Opa Kerenga. «Das ist *Nokondi*. Er sieht aus wie
ein Vogel, hat einen Menschenkopf und nur ein Bein.»

Nach diesem Geisterton machten wir uns auf und zogen mit dem erbeuteten *yakefa* durch den erwachenden Busch heimwärts nach
Mainyero.

Wie alle Leute, glaubte auch mein Großvater an die *Nokondis,* die
existieren, jedoch bisher nur von wenigen Menschen gesehen worden
sind. Unser *Nokondi* wohnte in einem starken, hohlen Baum, hoch
oben in der unbewohnten Felsenwildnis bei Mainyero. Was es mit
dem Brennholz auf sich hatte, konnte ich im Laufe der Zeit natürlich
in Erfahrung bringen. Mein Großvater hatte es für seine nächtlichen
Wärmefeuer zusammengetragen. Er hatte sich nur dummerweise
verplappert, als er mir damals erzählte, das Holz sei von *Nokondi* her-
beigeschafft worden.

Mit Opa Kerenga auf Vogeljagd

Eines Morgens sah ich zufällig noch rechtzeitig Opa Kerenga mit Bogen und Pfeilen vom Männerhaus in den Busch gehen. Sogleich rannte ich hinter ihm her, denn ich wollte mit ihm gehen und etwas
Neues erleben.

Ärgerlich winkte er ab und sagte: «Du lästige Fliege, bleib hier, ich
gehe nur zum Fluß und komme gleich wieder zurück.»

«Was machst du mit den Pfeilen am Fluß?» fragte ich und verfolgte
ihn weiter.

Da rief er nach seiner Frau, sie solle mich ins Haus zurückholen.

Weinend hielt ich mich am Bein des Großvaters fest. Das half. Endlich gab er nach und meinte:

«Schon gut. Hör' mit dem Heulen auf. Dann gehen wir eben zu zweit in den Busch. Die Kälte wirst du noch rechtzeitig spüren.» Morgens wird es nämlich oft sehr kalt, und es bildet sich Rauhreif.

Wir stiegen einen steilen Bergpfad auf, gingen ein Stück auf dem Nora-Berg entlang und verschwanden im nächsten Talkessel. Mal lief ich neben Opa her, mal trug er mich auf seinen Schultern durch Gestrüpp oder Sumpf.

Auf einmal endete der schmale Buschpfad an einem großen Tümpel. Am Wasserrand steckte eine abgebrochene Astgabel. Etwas abseits, nur wenige Schritte davon entfernt, stand ein aus Zweigen und Blättern errichteter Unterschlupf, den mein Großvater vor längerer Zeit gebaut hatte.

Vorsichtig krochen wir unter das Versteck, das zu beiden Seiten offenstand.

«Du mußt jetzt ganz ruhig bleiben, denn bald werden die ersten Vögel kommen», flüsterte er. Opa Kerenga hatte einen großen *ai*-Pfeil auf die Bogensehne gelegt und wartete schußbereit auf die Vögel.

Nach einer Weile wurde es lebendig. Es flogen immer mehr Vögel heran, tranken Wasser, putzten sich, und manche setzten sich auf die Astgabel. Dort saßen sie genau in der Schußlinie von Opa Kerengas Pfeilen.

Er hatte wohl schon fünf, sechs kleinere Vögel geschossen, als plötzlich ein besonders großer Vogel lautlos über das Wasser schwebte und sich auf dem Ast niederließ. So etwas hatte ich noch nie gesehen.

Mit dem Aufschrei: «*weyano okorofo bussawinae* – den will ich mir fangen», stürzte ich an Opa Kerenga vorbei aus dem Blätterversteck heraus auf das vermeintliche Buschhuhn.

Doch der große Vogel hob mit mächtigen Flügelschlägen ab und verschwand hinter den Bäumen.

Mein überraschter Großvater konnte gerade noch seinen gespannten Bogen halten. Ein Glück! Sonst wäre vielleicht an dieser Stelle meine Lebensgeschichte durch einen tragischen Jagdunfall beendet worden.

Nachdem er seinen Schreck überwunden hatte, schimpfte er: «Das war doch kein *okorofo*, sondern ein *fiyowe*. Wärest du ruhig sitzen geblieben, hätte ich dir den großen Vogel schießen können. Nun mußt du mit den kleineren Vögeln zufrieden sein.»

«Das wollte ich doch nicht», sagte ich und begann zu heulen. Mit seinen rauhen Händen half er mir, die Tränen wegzuwischen. Schnell besserten wir das Blätterdach aus, das ich beim Hinauslaufen fast eingerissen hatte. Dann setzten wir uns wieder in das Versteck und beobachteten die Vögel.

Opa nannte mir alle Vögel beim Namen, und so lernte ich viele Arten kennen. Einer der schönsten in diesem Tal war der *rurune,* ein Vogel mit langen schwarzen Schwanzfedern. Er frißt gern die Früchte des *runandi*-Strauches. Der Vogel pickt ein Loch in die Schale, um *kura,* das Fruchtfleisch, zu fressen.

Mein Großvater meinte, daß das nicht viele Männer wüßten. Dieses Jagdgeheimnis verriete er nur mir. So hängt er oft eine besonders große *runandi*-Frucht an eine Rindenschnur und bindet sie in eine Buschöffnung. Mit Pfeil und Bogen legt er sich dann im Häuschen auf die Lauer. Mit dieser Fangmethode hatte er schon viele *rurune*-Vögel schießen können.

Auf Kasuar-Jagd durfte ich meinen Großvater nie begleiten. Er sagte, das sei nur etwas für erfahrene Jäger, aber nichts für Kinder. Denn

45 *Oben:* 1978, bei einem Überfall der Mikarafaro-Sippe, wurde das Dorf Raiya zu zwei Dritteln niedergebrannt. *Unten:* Die Nora-Tropfsteinhöhlen (vgl. S. 99); Zufluchtsort der Raiya-Bevölkerung in Krisenzeiten und beliebtes Fledermaus-Jagdrevier.

46 *Oben:* Weit abseits des Zivilisationsgeschehens an der Hochlandstraße spielt die Jagd noch eine wichtige Rolle. *Unten:* Eine Ratte wurde erlegt. Ratten bilden neben Beuteltieren, Vögeln, Eidechsen, Schlangen, Spinnen, Larven und anderen Kleintieren eine willkommene Abwechslung und notwendige Zusatznahrung in der Bergpapuaküche.

47 *Oben links:* Eines der letzten noch ursprünglichen Frauen- und Schweinehäuser steht im Dorf Monenga. *Oben rechts:* Alter Hütteneingang eines Frauenhauses mit dem typischen «meifa»-Bananenblättervorhang (vgl. S. 55). *Unten:* Mit einem angespitzten Kampfpfeil wird bei einer Initiationsfeier im Komongu-Dorf Riyofiyaro einem Knaben die Nasenscheidewand durchbohrt (vgl. S. 94).

48 *Oben:* Der sagenumwobene Kefeya-Berg (2900 m ü. M.); Wohngebiet der Ahnen- und Berggeister. Hier stürzte gegen Ende des Zweiten Weltkrieges eine australische Militärmaschine ab (vgl. S. 98). Am Fuß des Berges das Siedlungsgebiet des Korepa-Stammes. *Unten:* Die gebräuchlichsten Brückenkonstruktionen im Siane-Gebiet bilden eingekerbte, mit Lianen zusammengebundene Baumstämme.

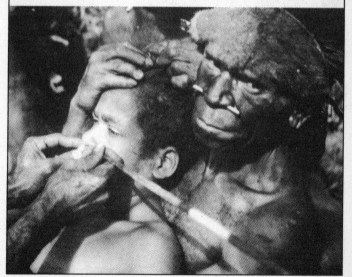

einen Kasuar zu jagen kann hin und wieder eine ganz gefährliche Sache werden. Kommt man dem Tier zu nahe, so greift der große Laufvogel an. Ein Jäger aus unserem Nachbardorf wurde vor einiger Zeit von einem Kasuar getötet. Männer seiner Sippe fanden ihn am folgenden Tag mit aufgerissenem Bauch auf einem Jagdpfad. Der große Vogel hatte ihn mit seinen starken Krallen getötet.

Die Regenmacher-Zeremonie

Als die Trockenzeit in unser Land zog und die Gärten zu verdorren drohten, drangen Hilferufe über die Täler hinweg an Opa Kerengas Ohr. Denn mein alter, hochangesehener Großvater kannte als einziger im Stamm den Regenmacher-Zauber, er hatte sein eigenes, wohlgehütetes und höchst wirksames Zaubermittel. In einer dunklen Ecke seines Hauses stand ständig ein *numu*-Bambusrohr bereit, gefüllt mit Wasser und verschiedenen Säften von bestimmten Blättern. Die Saftmischung der Blätter – und gerade darauf kam es an – war sein Geheimnis. Ein Stock zum Rühren stand stets daneben – natürlich durfte es nur ein Zweig des *koriba*-Baumes sein, das Rühren mit anderen Zweigarten wäre völlig wirkungslos geblieben.

Wenn ein Hilferuf an sein Ohr drang, rührte er in seiner Zaubermischung, sprach seine magischen Worte dazu, und schon zogen die Wolken auf, und es begann zu regnen.

Häufig wurde er für seine geleisteten Dienste von den Raiya-Leuten mit Gartenfrüchten und Schweinen belohnt.

Wenn Opa Kerenga Nachtregen für seinen Garten benötigte, so rührte er kurz nach Sonnenuntergang fleißig mit dem *koriba*-Zweig im wasser- und blättergefüllten Bambusrohr.

Wenn er sich aber sehr viel Regen wünschte, so brauchte er morgens nur im geheimnisvollen Blättersaftgemisch einige Male zu rühren. Danach legte er sich wieder an die Feuerstelle und wartete; bald darauf setzte der Regen ein und endete erst in der Abenddämmerung. Nach dem Rühren mußte er sich stets hinlegen, das war wichtig, denn wäre er hinausgegangen und herumspaziert, hätte seine Arbeit die Zauberkraft verloren, und der Regen wäre ausgeblieben.

Mein Großvater trachtete keineswegs danach, seine Mitmenschen mit plötzlichen Regengüssen zu überschütten. Er stellte sich auf ein Bergplateau und rief in alle Dörfer, um den Bewohnern Bescheid zu sagen, wenn er in seinem Blättergemisch rühren und Regen herabziehen wollte.

Die Leute nahmen seine Regenansage dankbar an, holten sich Feuerholz und Süßkartoffeln in die Häuser, um den beschworenen Regen bei wärmendem Holzkohlenfeuer und süßen Bratkartoffeln über ihre Grasdächer ergehen zu lassen. Wir hatten uns alle oft genug von dem kräftigen Regenzauber meines Großvaters überzeugen können.

Waren die Mitglieder des Stammes für die Wasserfluten vorbereitet, machte sich auch Opa Kerenga für seine Regenmacher-Zeremonie fertig.

Mit *kampakundu*-Erde beschmierte er Gesicht und Teile seines Körpers. Dann setzte er den *oroma-yovara*, seinen Kasuar-Federkopfschmuck, auf. Mit wippenden Federn schritt er langsam – mit starrem Blick, in der Hand den *koriba*-Zweig – vor das mit Wasser und Blättern gefüllte Bambusrohr. Er verneigte sich tief und ließ sich mit meckernden Tönen nieder: «Hm, hm, hm, hmmm…»

Nach diesem Einleitungsritual steckte er den *koriba*-Zweig in die geheimnisvolle Blättermischung und rührte. Dabei sagte er mit tiefer Stimme seinen Zauberspruch:

«Kifua nova duka, nure noa, duka guruguruguru kovio.»

Das heißt: «*Kifua*-Berge, stürzet zusammen, Noraiy-Berg, stürze zusammen, *guruguruguru* – daß der Regen rausche.»

Dann stampfte er einige Male mit seinen Füßen auf den Boden, oft so heftig, daß die angetrocknete *kampakundu*-Erde in kleinen Brocken von seinem Körper fiel. Wackelnd und zitternd meckerte er nochmals «hmm, hmm, hmmmm…», nahm den *koriba*-Zweig, hielt ihn über seinen Kopf und blickte mit unbeweglicher Miene in den Himmel.

Nach einer Weile zogen sich schwarze Wolken über dem Talkessel zusammen, und es begann stark zu regnen.

Außer mir durfte niemand zuschauen, wenn mein Großvater mit seiner Regenbeschwörung anfing. Das wußte jeder im Dorf, und so wurde er nie gestört. Ich war eben sein alles. So konnte ich mir oft

Dinge erlauben, die sonst keiner, nicht einmal seine eigene Frau, machen durfte.

Als ich ihn einmal um die Erlaubnis bat, den Regen selbst herbeizuholen, sah er mich durchdringend an und flüsterte mir ins Ohr: «Einmal darfst du schon rühren und den Regen herbeiholen.»

Ich rührte, und der Regen kam.

Die Art der Mischung der Blätter verriet er mir nie. Es war ein striktes *tabu*-Geheimnis.

Natürlich rührte ich auch schon mal ohne Wissen meines Großvaters in dem Blättergemisch – tatsächlich – das wirkte! Es begann zu regnen.

Ich sehe ihn noch vor mir stehen, wenn er verwundert in den nassen Himmel starrte. Er hatte zunächst eine sehr ernste und prüfende Miene, bis plötzlich seine Augen listig umherkreisten. Dann kam seine Frage, mißbilligend und kopfschüttelnd:

«Hast du wieder unerlaubt in dem Blättergemisch gerührt?»

Was sollte ich darauf sagen? Ich nickte nur – denn schließlich hatte der Himmel selbst mich überführt –, ich mußte meine «rührende» Tat zugeben. Und Opa mahnte immer mit drohend erhobenem Zeigefinger:

«Du darfst doch nicht ohne Erlaubnis mit dem *koriba*-Zweig im Wasser spielen.»

Meine Neugier war fast gestillt – immerhin hatte ich die Wirksamkeit des Blättergemisches selbst erprobt und erfahren.

Schade, daß mein Großvater das Geheimnis des Blättergemisches mit ins Grab genommen hat, oft genug haben sich die Raiya-Leute deswegen beklagt.

Wie das Feuer zu uns kam

Ein unverschämter Hund verstand es immer wieder, im rechten unbewachten Augenblick den Leuten in unserem Dorf das Essen wegzuschnappen. Auch mir passierte es.

Als ich gerade mit meinem Großvater das Essen ausbreitete, flitzte der Hund heran, schnappte sich eine herrlich gebratene Ratte und verschwand blitzschnell aus der Hütte. Da warf ich dem Köter ein brennendes Holzscheit nach, traf ihn aber nicht, denn er war längst hinter einer Hütte verschwunden. Opa Kerenga mißbilligte mein Verhalten, runzelte seine Stirn und meinte besorgt:

«Du darfst nicht mit einem Feuer nach einem Hund werfen.»

«Warum nicht?»

Er wurde noch ernster:

«Sonst verschwindet alles Feuer. Wie sollen wir dann unser Essen kochen?»

Ich fragte ihn, woher denn das Feuer komme. Opa Kerenga antwortete:

«Ein Schwein brachte das Feuer vor langer, langer Zeit und ließ es hier achtlos auf dem Weg liegen. Denn es wurde abgelenkt, da es etwas in der Erde sah. Es wühlte mit seiner Schnauze ein Loch in den Boden und fand dicke Engerlinge. Und während das Schwein wühlte und fraß, lag das Feuer unbewacht auf der Erde. Da kam ein Hund des Weges, sah das Feuer liegen, schnappte es mit seiner Schnauze und brachte es im schnellen Lauf den Menschen. Seitdem gibt es Feuer, und wir können unser Essen kochen. Zuvor mußten die Menschen alles roh und kalt essen. Also, mein Kind, wirf nie mehr mit dem Feuer nach einem Hund. Er könnte es wegtragen für immer – verstehst du!»

Diese Geschichte hat mich damals sehr beeindruckt. Meine Umgangsformen unseren Dorfhunden gegenüber wandelten sich schlagartig.

Die *Nonamba Namba*-Zeremonie

Die alte Nonamba Namba hatte sich in jener Zeit durch ihre Menschenfreundlichkeit besonders stark in meine Kinderseele eingeprägt.

Damals rauchten nur wenige Männer in unserem Dorf, die Frauen, mit einer Ausnahme, überhaupt nicht. Das Rauchen unterlag keiner Taburegel, es war eine individuelle Angelegenheit. Und dieser «rauchenden» Tätigkeit ging auch die alte Nonamba Namba mit stiller Leidenschaft nach.

Ihre Rauchpfeife bestand aus einem kurzen *waimuki*-Bambusrohr.

Mit ihren zittrigen Händen rollte sie *konofa ungwawa*-Beeren in ein Tabakblatt und steckte es vorn in die Pfeifenöffnung. Darauf legte sie ein Stück glühender Holzkohle und verschwand hinter einer stinkenden Rauchwolke. Doch eine nur qualmende Nonamba Namba hätte keine besondere Beachtung der Dorfbewohner hervorgerufen. Es war mehr, was sie zu einer Persönlichkeit erhob. Sie war in unserem Dorf Mainyero eine angesehene Zauberin bei Krankheiten und für Schweine.

Kurz vor Beginn jedes Schweineschlachtfestes wurde Nonamba Namba von den Frauen des Dorfes geschmückt. Würdig und gelassen ließ sie die Ankleidezeremonie über sich ergehen. Ihr Gesicht und ihr Körper wurden mit leuchtenden Erd- und Pflanzenfarben bemalt. Dabei rauchte sie unentwegt ihre Bambuspfeife. Eine große *okani* hing vor ihren welken Brüsten, deren Falten in der Ockerfarbe besonders tief aussahen. Eine Anzahl kleiner Kauri- und Fruchtkernketten schienen ihren dünnen Hals fast zu erdrücken. Gelb leuchtende, aus Orchideenhalmen geflochtene Armbänder schmückten ihre knochigen Arme. Der farbenprächtige Kopfschmuck aus Kasuar- und Paradiesvogelfedern wurde stets sorgsam mit dünnen Knochennadeln im verfilzten, ergrauten Kraushaar ihres Hauptes befestigt. Vorn trug sie einen achtreihigen Kordeltanzschurz, gedreht aus Rindenschnüren und Baumkänguruhhaaren.

Mit schrillem Gesang aus krächzenden Frauenkehlen wurde das wackelige Hinterteil der Nonamba Namba mit einem *meifa* behängt, einer Art Schurz aus getrockneten Bananenblättern, der an diesem *Singsing*-Schmuck die Besonderheit war und nur von der Alten getragen werden durfte. In dieser Festtagsaufmachung fegte Nonamba Namba bei *Singsing* und Tanz trommelnd über den Dorfplatz. Die eigentliche Zeremonie begann mit der Übergabe von rohen Süßkartoffeln an die alte Nonamba Namba; jede Familie brachte ihr eine besonders große Knollenfrucht. Sie trug das mit Süßkartoffeln gefüllte schwere Netz in ihre Hütte und bewahrte es dort vorläufig auf.

Nun folgte das Schweineschlachten, das immer einen ohrenbetäubenden Lärm verursachte. Die klugen Tiere wußten genau, daß es ihnen jetzt an den Kragen ging, oder besser gesagt mit einer Holzkeule auf den Schädel. So passierte es bei jener Schweineschlachtfestzeremonie, daß ein alter Opa nicht den Schweineschädel mit der Keule traf, sondern die Hände des Mannes, der das Tier festhielt. Quietschend und grunzend rannte das nur leicht verletzte Schwein auf dem Dorfplatz zwischen der Festversammlung umher, niemand konnte das vor Schmerzen rasende Tier halten. Mit drei gezielten Pfeilschüssen wurde es dann endlich getötet.

Nachdem das Fleisch auch an alle auswärtigen Gäste verteilt war, befanden sich noch in allen Hütten die *koroma,* die Lebern der Schweine, mit deren Kochzeremonie man erst nach Einbruch der Dunkelheit begann. Meist acht bis zehn Frauen bildeten eine Kochgemeinschaft. Die Schweineleber wurde in frische Ingwerblätter eingerollt und in *maru*-Töpfe gelegt, die wir aus ausgehöhlten Baumstümpfen machen. Nun trat die alte Nonamba Namba wieder in den Vordergrund des Geschehens. Sie schleppte das Netz aus ihrem Haus und verteilte die Süßkartoffeln an die einzelnen Kochstellen. Zusammen mit der Leber wurden die Knollenfrüchte in den *marus* gedämpft, erhitzte Steine lieferten die nötige Wärme.

Während die einzelnen Kochtöpfe dahindampften und Nonamba Namba von *maru* zu *maru* ging, um mit einem Bambusrohr Wasser nachzugießen, sangen alle Frauen des Dorfes Loblieder auf ihre jungen Hausschweine.

Nach der Garzeit begannen Frauen mit Bambuszangen die Kochtöpfe abzudecken, denn die daraufliegenden Steine waren noch immer so heiß, daß man sie mit bloßen Händen nicht berühren konnte. Dann wurden die dampfenden Blattpakete vorsichtig ausgewickelt.

Nonamba Namba zerteilte mit einem Bambusmesser Leber und Süßkartoffeln und füllte sie in die bereitgestellten Blattschüsseln aller Schweinebesitzerinnen. Eilig trugen die Frauen ihre kostbare, kraftspendende Nahrung zu den Häusern – die ja zugleich Schweinehäuser waren – und bewahrten das noch heiße Essen unter ihren Hüttendächern auf.

Man wartete, bis der Vollmond über dem Dorf stand, dann begann man, alle Jungschweine mit der Kraftnahrung zu füttern. Da kam es schon vor, daß die Kinder aus Lust auf die Leber zu schreien und zu heulen anfingen, aber ihre Mütter blieben unnachgiebig. Die Kleinen mußten sich mit der Brust oder einem Stück Süßkartoffel begnügen.

Nachdem alle Schweine gefüttert waren, wurde Nonamba Namba durch *Singsing*-Rufe verständigt. Das war für sie die Aufforderung zum Tanz. Trommelnd geisterte sie durch das nächtliche Dorf von Haus zu Haus und zog unter geheimnisvollem *Singsing* die absichtlich offengelassenen Bananenblattvorhänge vor allen Eingängen zu.

Diese *Nonamba Namba-Zeremonie* sollte vor allem Schwindsucht, aber auch andere Krankheiten von den kleinen Schweinen fernhalten und verwandelte sie im Laufe der Zeit in fette Prachtexemplare. Warum trotzdem Schweine krank wurden, nun, das gehörte zu den unlösbaren Lebensrätseln unseres Stammes. Das war aber auch nicht so tragisch, Nonamba Namba büßte deshalb nichts von ihrem Ruf ein.

Hatte man den Verdacht, daß ein Schwein krank werden würde, wendete man sich vertrauensvoll an sie. Bewaffnet mit einem kleinen Aderlaßbogen, einem kleinen Pfeil und einer mit Bananenblatt ausgelegten *rape*-Schüssel suchte man sie auf. Die Alte hielt willig ihr Tanzbein hin, ein Pfeil schnellte von der Sehne auf eine abgebundene Beinader, und im nächsten Augenblick schoß ein Blutstrahl in die bereitgehaltene Schüssel.

Die Blutzapfer strebten mit der Medizin glücklich wieder ihrem Haus zu. Dort mischten sie das Blut mit Schweinefett und Blättern von Süßkartoffeln zu einem Brei. Anschließend wurde diese Mischung gekocht und dem kranken Schwein zum Fressen gegeben. Bald darauf wurde durch die Heilkraft des Blutes von Nonamba Namba das Schwein wieder gesund und lebensfroh.

Auch Auswärtige kamen mit ihren Schweinesorgen nach Mainyero zur alten Nonamba Namba. Sie aber schimpfte und weigerte sich, ihr kostbares Blut fremden Schweinen zu geben. Sie beteuerte, daß sie ihr Blut nur für die Schweine ihres Dorfes vergießen würde. Mit dieser sippenbewußten Einstellung genoß sie hohes Ansehen bei den Mainyero-Leuten.

Der Mann von Nonamba Namba ging zuerst ins Reich der Ahnen. Ihre Trauer verbarg sie stets hinter einem freundlichen Lächeln. Doch das Verhalten einiger Dorfbewohner trieb diese gute Frau schließlich in einen tragischen Tod.

Ein Schwein der Alten war eines Tages in einen fremden Garten eingebrochen und fraß sich an den Knollenfrüchten satt. Die Gartenbesitzer beschimpften die einsame Frau und forderten Schadenersatz. Als dies mein Großvater hörte, wurde er sehr wütend und schimpfte heftig auf die Leute ein:

«Laßt Nonamba Namba in Ruhe. Sie hat für uns immer Gutes getan. Es kann ja jedem von uns passieren, daß sein Schwein in einen fremden Garten einbricht. Bei ihr war es das erste Mal. Von Nonamba Namba sollt ihr keinen Schadenersatz bekommen. Geht und haltet eure Gartenzäune gefälligst in Ordnung, dann kann so etwas nicht geschehen.»

Beschämt zogen die Kläger davon. Doch die Alte war nach diesem Zwischenfall untröstlich. Immer wieder murmelte sie vor sich hin: «Ihr werdet noch an mich denken!»

Und so kam es. Schon am nächsten Morgen fanden Frauen Nonamba Namba tot in ihrer Hütte. Sie hatte sich am Dachfirst ihrer Hütte neben der Feuerstelle erhängt.

Mein erstes Blutopfer

Ich lebte noch immer bei meinen Großeltern in Mainyero, als eines Tages ein Kind im Dorf nach längerer Krankheit starb. Der Tod kam nicht überraschend, die Eltern des Kindes hatten täglich damit gerechnet. Und so war es für uns alle ein Ereignis, das niemanden mehr in große Aufregung versetzte.

Über die Art der Krankheit war man sich nicht ganz im klaren. Dem Kind schien der Hals zugewachsen zu sein, denn es konnte schon lange kaum etwas essen, hatte starke Schmerzen und verhungerte schließlich.

Die leidvollen Eltern beschlossen, die Leiche noch vor dem Trauer-*Singsing* unten am Fluß zu verbrennen.

Währenddessen traf man Vorbereitungen zum Trauermahl. Schweine wurden geschlachtet und zusammen mit allerlei Gartenfrüchten in den *marus* gekocht.

Mein Großvater entschied, ich sei nun an der Reihe, mein erstes Blutopfer zu bringen. Noch ein anderes Mädchen aus dem Dorf wurde bestimmt, an dem Blutopfer teilzunehmen, das zu jener Zeit bei einem Totenmahl durchaus üblich war. Die Zeremonie begann mit dem Klage-*Singsing* der alten Frauen, die sich im Kreis auf dem Dorfplatz versammelt hatten. Inmitten der singenden Frauen standen wir zwei Auserwählten und warteten mit unsicheren Gefühlen auf die bevorstehende «Bluttat».

Drei frischgeschnittene Bananenblätter wurden übereinander auf den Boden gelegt und ein wenig schüsselartig zurechtgebogen. Ich mußte mich nun davorsetzen.

Eine alte Frau umwickelte meinen Arm mit einem Baststreifen, sie begann am Oberarm und endete am Handgelenk. Rasch hatte ich eine vom gestauten Blut geschwollene Hand. Den abgebundenen Unterarm legte ich auf ein Knie, so daß die Hand über die Blattschüssel hing. Was sich nun vollzog, konnte ich nicht mit frohen Gefühlen erleben.

Eine Frau trat von hinten an mich heran und stemmte sich mit beiden Armen auf meine Schultern, dabei preßte sie ihre Beine links und rechts gegen meine Hüften – jedes Bemühen davonzulaufen wäre vergeblich gewesen. Solche Gedanken hatte ich auch nicht allzulange, da ich mit der eigentlichen Sache zu sehr beschäftigt war.

Eine andere Frau unternahm die «Operation». Sie schabte mit einem Bambusmesser die Oberseite meines Zeigefingers bis zum Handansatz wund. Schwarzblau traten die kleinen Adern hervor. Mit einer Knochennadel, *naka*, stieß sie durch die Haut, fuhr damit unter die angeschwollene Ader und hob sie etwas empor. Mit einem schnellen Schnitt des Bambusmessers wurde die Ader halb durchtrennt.

Mich durchfuhr ein stechender Schmerz. Im nächsten Augenblick schoß der alten Frau ein dünner Blutstrahl ins Gesicht. Schnell wickelte sie einen Streifen aus Bananenblatt um den Schnitt. Zunächst quoll das Blut von selbst aus der fast abgeschnittenen Vene unter dem Blattverband hervor und rann in die Blattschüssel. Als das Bluten nachließ, half die Frau nach. Sie schlug mit einem Stöckchen in schnellem Takt auf den vom Blattfetzen bedeckten Finger, dadurch floß das Blut unentwegt weiter. Ich wandte meinen Kopf zur Seite, mit der anderen Hand bedeckte ich mein Gesicht. Vor Schmerz der Ohnmacht nahe, jammerte ich schließlich:

«Ich falle um.»

Eine der beiden Frauen antwortete:

«Du hast ja noch gar nichts ausgehalten. Es ist noch kaum Blut in der Schüssel.»

Sie schlug weiter; weiße und schwarze Punkte kreisten wirr vor meinen Augen.

Ich wimmerte ein zweites Mal, sie hörte endlich auf.

Es war wohl der richtige Augenblick, denn mehr hätte ich nicht vertragen.

Meiner Leidensgenossin und mir gab man nun Ingwerwurzeln und Salz zur Erfrischung. Dabei sagten uns die Frauen wohlwollend: «Eßt *gene* und *kuwo*, Ingwer und Salz, damit sich eure Augen nicht verdrehen und ihr nicht zu Boden fallt.»

Über die Schnittwunde wurde der schmerzlindernde und heilende Saft von angesengten und zusammengeschrumpften *moinde*-Blättern ausgepreßt. Danach wickelte man drei frische *moinde*-Blätter als Verband um die Wunde.

Die letzten Vorbereitungen zum Trauermahl wurden getroffen. Frauen mischten *angorango*-Gemüse mit Salz und mengten unser Blut mit hinein.

Alle durften sich der schmackhaften Speise erfreuen, nur wir zwei Blutspender mußten zusehen. Davon abgesehen war uns beiden nicht nach Essen zumute, denn der Schmerz der Fingerwunde hielt noch lange an.

Der Fingeraderschnitt, eine besondere Sitte unseres Stammes, wird vorzugsweise bei erstgeborenen Mädchen angewendet. Gelegenheit dazu ist bei Trauerfällen, aber auch wenn Frauen schwanger sind.

Nach einiger Zeit hatte ich meinen zweiten Fingeraderschnitt wegen einer schwangeren Frau zu erdulden. Das Blut wurde wieder mit *angorango*-Gemüse und Salz gemischt und jener Schwangeren zum Essen gegeben. Das ist nichts Außergewöhnliches, denn Frauen in der Schwangerschaft entwickeln oft Appetit auf die verschiedensten «Delikatessen».

Ich erlebte in späteren Jahren noch einige Fingerschnitte.

Das vor Brüdern und Schwestern erstgeborene Mädchen aber kann sich wegen des Vorzuges – denn es *darf* Blut spenden – glücklich preisen. Es verliert ja nur das minderwertige Blut seiner Mutter und entwickelt um so mehr eigenes gesundes und stark machendes Blut. Eben deshalb ist es dann fähig, unter Geschwistern seine Führerrolle als Erstgeborene auszuüben.

Das geheimnisvolle Haus

Um jene Zeit der Blutspenden von der alten Nonamba Namba und mir lebte in einem kleinen Rundhaus am Rand von Mainyero ein alter Mann. Er galt als sehr weise und wußte am besten Bescheid über Heil- und Giftpflanzen. Seine Stärke waren wohl mehr die Giftpflanzen, denn aus allen Teilen unseres Stammesgebietes kamen Männer und Medizinmänner zu ihm und holten sich Rat.

Was er genau tat, wurde mir erst viel später einmal erzählt – denn alles, was mit Gift zu tun hatte, unterlag strengen Taburegeln.

Dieser alte Mann war nur selten zu sehen – und wenn, dann nur wenige Schritte von seiner Hütte entfernt. Er ging damals schon schwer nach vorn geneigt, gestützt auf einen Stock. Er war der Wächter des Hauses, mehr aber noch eines Netzes im Haus, das mit getrockneten Blättern des *kafamenda*-Baumes gefüllt war. Sollte ein Feind umgebracht werden, bekam nur er den Auftrag für die «todsichere» Ausführung.

So verbrannte der Alte einige von diesen *kafamenda*-Blättern. Er selbst oder ein Eingeweihter nahm bei Gelegenheit die Asche der verbrannten Blätter und streute sie heimlich und unauffällig in die Trinkwasserkalebasse oder das Essen des Feindes. Als Feind wurde jeder bezeichnet, egal ob aus der gleichen Sippe oder ein Fremder, der es aus bestimmten Gründen nicht mehr verdiente, weiterzuleben. Der Feind, der das Essen einnahm, fühlte sich bald unwohl, und innerhalb einer kurzen Zeit war er tot. Dadurch wurde viel Schaden von der Allgemeinheit abgewendet.

Immer wieder mahnten die Eltern ihre Kinder:

«Ihr dürft euch nicht in der Nähe dieses Hauses aufhalten und schon gar nicht dort im Haus Früchte stehlen.»

Bekam trotz aller Belehrungen ein Kind Geschwüre am Körper, fragten die Eltern sogleich:

«Hast du vielleicht während der Abwesenheit des Alten Früchte aus seinem Haus gestohlen und gegessen?»
Wenn das Kind bejahte, sagten die Eltern:
«Darum bist du krank geworden, das ist die Wirkung von *kafamenda*.»
Sofort brachte man das kranke Kind vor die Hütte des Alten. Dieser behandelte die Geschwüre mit dem Saft einiger gekauter Heilblätter und mit Speichel. Nach wenigen Tagen war das Kind wieder gesund.
Man sagte den *kafamenda*-Bäumen mancherlei geheimnisvolle Wirkungen nach. Zum Beispiel erzählte man mir: Eine Gruppe von Männern war im Busch auf Rattenjagd. Vor einer riesigen Baumhöhle, in der sie Ratten vermuteten, machten sie halt.
Plötzlich bekamen alle ungewöhnlich starken Hunger, obwohl sie vor dem Aufbruch zur Jagd reichlich gegessen hatten. Auf einmal stellte einer der Männer mit Schrecken fest, daß sie vor einem *kafamenda*-Baum standen. Sie verließen eilig den Ausstrahlungsbereich dieses Baumes.
Der alte Wächter der *kafamenda*-Blätter nahm im allgemeinen zur Mahlzeit nur Süßkartoffeln an. Er aß ansonsten keinerlei Gemüse, denn durch das Essen verschiedener Gartenfrüchte wäre das *kafamenda* in seinem Haus kalt geworden, das heißt, die Giftwirkung wäre verlorengegangen.

Ein fast tragischer Unfall

Ich saß vor der Hütte meiner Großmutter und war gerade dabei, rote Fruchtkerne auf eine Rindenschnur zu reihen, als ich bei meiner Arbeit unterbrochen wurde.
Ein junger Mann aus Minowaro kam in unser Dorf. Er trug Pfeile und Bogen in einer Hand, in der anderen hielt er eine Süßkartoffel. Ein kleines Netz hing ihm seitlich von der Schulter, es war gefüllt mit allerlei Utensilien wie Feuerstab, Tabakpfeife und ähnlichem. Besonders fiel mir sein Nasenschmuck auf, ein weiß leuchtender Eberhauer, dessen Ende mit einem schwarzen Schweineschwanz verziert war.
Er ging langsam über den Dorfplatz auf das Männerhaus zu. Bald

darauf sprach er mit meinem Großvater, und es dauerte nicht lange, bis Opa Kerenga nach mir rief:

«Okani-ooo, wo steckst du? Komm her, mein Kind.»

Neugierig lief ich zu meinem Großvater, der noch immer mit dem Keto-Mann zusammenstand.

«Wir werden wieder mal in einem anderen Haus schlafen müssen», sagte er, «dein Vater erwartet dich. Er war einige Zeit krank, und da er sich nun erholt hat, wünscht er, dich zu sehen.»

So riesig erfreute mich diese Nachricht nicht, und Opa Kerenga las mir meinen Widerwillen aus dem Gesicht. Besorgt meint er:

«Dein Vater hat viele Schmerzen durchgestanden. Es war noch vor deiner Geburt, als er im Kampf von einem Pfeil am Knie getroffen wurde. Die Pfeilspitze brach ab und blieb stecken. Die Wunde heilte schnell zu, und anfängliche Beschwerden verschwanden. Erst vor einigen Tagen hat sich die Pfeilspitze bemerkbar gemacht. Das Knie entzündete sich, die vernarbte Wunde sprang auf, Eiter und Blut mitsamt dem Holzstück kamen heraus. Natürlich hat der Medizinmann etwas nachgeholfen. Jetzt, nach überstandenem Augenverdrehen und großen Schmerzen, möchte dein Vater dich sehen. Ich denke, nach all dem solltest du ihm diesen Wunsch erfüllen.»

Ich nickte zustimmend, denn ich war voller Mitgefühl für meinen Vater.

Frühmorgens am nächsten Tag brachen wir auf. Mein Großvater und der Keto-Mann trugen volle Netze, gefüllt mit Süßkartoffeln, Gemüse und Schweinefleisch.

Die schmalen, oft steil ansteigenden oder abfallenden Wege waren nach langem Regen sehr beschwerlich zu gehen. Erst nach Stunden erreichten wir Minowaro.

Unser Kommen wurde bereits vor dem Dorf mit viel Geschrei angekündigt. Es war ein herzliches Wiedersehen mit meinem Vater und ein noch lebhafteres mit meinen Spielgefährten.

Opa Kerenga kehrte schon am darauffolgenden Tag zurück nach Mainyero.

Mit einer Schar von größeren und kleineren Mädchen zog ich in unser Spielparadies, hinunter zum nahen Fluß. Die starke Strömung war hier selbst in regenloser Zeit nicht zu unterschätzen.

Unsere Wasserspiele begannen immer am jenseitigen Ufer an einer fast senkrecht ansteigenden Böschung. Um an diesen Platz zu gelangen, trugen die größeren Mädchen uns Kleine auf Rücken und Schultern durch den Fluß.

Während die größeren Mädchen Stöcke suchten, mit denen sie vom Ufer aus im Spiel auf das Wasser schlugen, kletterten wir, die kleineren, auf einen großen Steinblock und schauten zu.

Ich sah nach oben, weit hinauf zur Uferböschung, und erspähte plötzlich einen Mann – und was für einen! Er trug nicht den *monambi*-Schurz, auch keine *kini*-Blattbüschel auf seinem Hintern, sondern er trug einen blütenweißen *laplap* rund um seinen Körper gewickelt.

Das hatte ich noch nie gesehen. Sofort rief ich die anderen Mädchen, die ihr Spiel unterbrachen und einen Augenblick regungslos und voll Entsetzen auf die Erscheinung zwischen Himmel und Erde starrten. Dann stürzten die größeren Mädchen auf die kleineren zu, packten sie und schwangen sie auf ihre Schultern und Rücken und sprangen ins Wasser. So schnell es die Strömung zuließ, durchwateten sie den Fluß, rannten den Hang hinauf und verschwanden im Busch.

Der Mann mit der seltsamen Bekleidung hatte uns beobachtet und stieg nun vom Weg herab zum Fluß hinunter. Inzwischen hörte ich die Mädchen im Busch umherschreien. Eines der größeren fragte die anderen:

«Wo ist Okani geblieben?»

Sie standen alle ratlos zusammen, bis Jaira, ein älteres Mädchen, sagte: «Vielleicht ist sie ertrunken», und hetzte allein hinunter zum Fluß.

Ich hatte mich inzwischen am jenseitigen Ufer hinter einem Baum versteckt und beobachtete den fremden Mann, der immer näher kam. Jaira erreichte den Fluß und sah mich noch auf der anderen Seite hinter einem Baum kauern. Sie lief durch das Wasser, so schnell sie konnte, und rannte auf mich zu. Wie ein Baumkänguruh hielt ich mich mit den Händen um ihren Hals und mit den Beinen um ihren Bauch fest. Huckepack ging es zurück durch den Fluß.

Auf einmal, nur wenige Schritte vor dem rettenden Ufer, glitt Jaira an einem Stein aus und verlor das Gleichgewicht. Ich wurde von der Strömung erfaßt, aber Jaira hielt mich am Rindenschnurgürtel fest, der um meine Hüften hing. Sie zog mich weiter durch das Wasser.

Da geschah das Unglück: der Gürtel riß, Jaira hatte nur noch meinen Schurz in ihrer Hand, während mich die weißschäumenden Wassermassen davonrissen.

Ich tauchte unter, schluckte Wasser, kam hoch, tauchte wieder unter, wurde an Steine geschleudert, wieder weggerissen, hinein ins Wasser – weiter flußabwärts. Ich hatte kaum noch die Kraft, mich über Wasser zu halten, und sah mich auf einen riesigen Steinblock, mitten im Fluß, zutreiben.

Ein heftiger schmerzender Aufprall – halb besinnungslos hielt ich mich mit beiden Armen fest. Das Wasser schien mich zu erdrücken – immer tiefer sank ich, meine Finger krallten sich förmlich in den Stein.

Jaira hatte mich nicht aus den Augen gelassen. Sie war längs dem Ufer flußabwärts gerannt und sah mich verzweifelt am Stein hängen. Sie brach ein langes Bambusrohr im Gebüsch ab und hielt es mir herüber. Vorsichtig löste ich zunächst eine Hand vom Stein und griff nach dem Ende der Bambusstange, das ich sofort umklammerte.

Zum Glück hatte Jaira die Kraft, mich ans rettende Ufer zu ziehen. Völlig erschöpft lag ich am Boden. Erst jetzt spürte ich einen stechenden Schmerz an einem Knie. Im Wasser mußte ich wohl gegen einen spitzen Stein geschleudert worden sein. Das Knie war zerschunden und blutete stark.

Jaira machte sich sofort daran, ringsum Blätter des *kiru-karu*-Baumes abzureißen und zu sammeln. Von einem Schlinggewächs drehte sie einen neuen Lendengürtel für mich, band ihn um meine Hüften und verdeckte mit den Blättern meine tageslichtscheuen Partien. Mit den gleichen Blättern verband sie mein verletztes Knie.

Inzwischen hatten sich die anderen Mädchen wieder am Flußufer eingefunden. Kurze Zeit darauf stand der vornehme Herr mit dem weißen *laplap* vor uns. Nicht nur mein Knie, sondern auch die Mädchen waren von den Geschehnissen so mitgenommen, daß wir uns nicht mal mehr vor dem «*laplap*-Wesen» ängstigen konnten.

Er schimpfte nun die Mädchen aus. Er ärgerte sich über unser Davonlaufen, noch mehr aber darüber, daß die Kinder mich im Stich gelassen hatten. Er sei weder ein *Nokondi* noch ein böser Mensch. Er sei ein Mann wie alle anderen. Der *laplap* sei eben ein Teil der neuen

Zeit, meinte er belehrend, und werde bestimmt bald bei allen jungen Leuten in Mode kommen.

Der Mann wusch sein Gesicht, trank etwas Wasser aus einer kleinen Quelle, kletterte wieder die Uferböschung hinauf und verschwand.

Die Mädchen erklärten mir nun:

«Wenn dein Vater dich fragt, was geschehen sei, so sage ihm, dein Schurz sei beim Spielen weggeschwommen und du habest dein Knie an einem Stein verletzt. Denn wenn du die Wahrheit sagst, wird er schimpfen und es unseren Eltern erzählen. Sie würden uns verprügeln und vor allem uns verbieten, wieder am Fluß zu spielen.»

Mir war es egal, was ich sagen sollte, und im übrigen fand ich diese Ausrede gar nicht so schlecht.

Sie trugen mich vorsichtig ins Dorf hinauf. Als mein Vater mich sah, fragte er natürlich, was passiert sei. Ich erzählte ihm die Geschichte mit dem spitzen Stein so, wie mir die Mädchen geraten hatten. Er sah mich an, und ich merkte, daß er mit dieser Erklärung nicht zufrieden war. Er zog seine Augenbrauen hoch und ging wieder seiner Arbeit nach.

65 Mythologische Darstellung von Flußgeistern. Während einer Initiationsfeier für Knaben (Nasendurchbohrungszeremonie) zeigen sich plötzlich zwei «Flußgeister» der verängstigten Jugend aus dem Dorf Nonambaro.

66 *Oben links:* Das «Steinzeitfeuerzeug» war im gesamten Hochland von Neuguinea verbreitet. Es besteht aus einem angespaltenen Holzstab, einem Klemmstück (Holz oder Stein), einem dünnen Bambus und dem leicht entflammbaren Glimmmaterial, trockenen Baumrindenfasern. *Oben rechts:* Die Kunst des Feuersägens war noch vor nicht allzu langer Zeit eine lebenswichtige Fertigkeit, die ausschließlich von den Männern praktiziert wurde (vgl. S. 135). *Unten:* Erhitzen von Steinen für die Kochtonne (maru).

67 *Oben:* Der Garten von Okani. Neben Süßkartoffeln und Taros hat sie Bananen, Zuckerrohr und Bambus gepflanzt. *Unten:* Mit einem einfachen Grabstock wird die Süßkartoffel geerntet. Sie bildet neben anderen Knollenfrüchten noch immer das wichtigste Grundnahrungsmittel der Hochlandbevölkerung; sie enthält Zucker, Stärke und Wasser, aber auch Fett und Eiweiß.

68 *Oben:* So tragen Bergpapuafrauen ihre Lasten. Die schweren Netztaschen werden mit dem Tragband über den Vorderkopf gehängt, das Hauptgewicht liegt auf dem Rücken. *Unten:* Zubereiten der Hauptmahlzeit; mit dem Bambusmesser werden die bereits geschälten Süßkartoffeln zerteilt und zusammen mit spinatähnlichem Blattgemüse gegart.

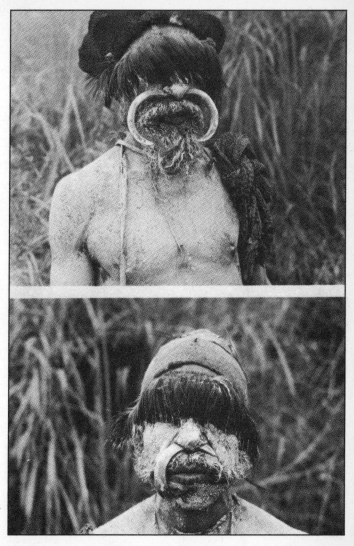

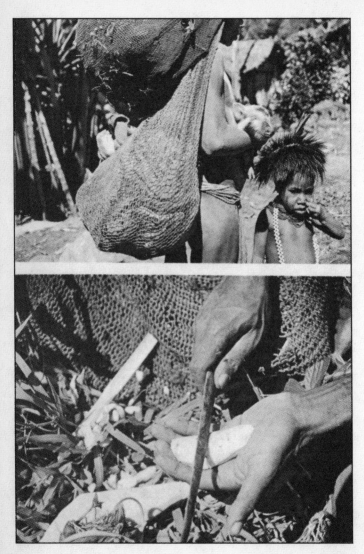

Doch durch andere Mädchen kam die wahre Geschichte heraus. Alle Eltern schimpften auf ihre Töchter. Als mein Vater davon erfuhr, fragte er mich, warum ich ihm nicht die Wahrheit gesagt hätte. Ich erwiderte ihm, daß die Mädchen mir geraten hätten, nichts zu sagen, weil alle Eltern ihnen sonst verbieten würden, am Fluß spielen zu gehen.

«Ist schon gut», meinte er und sagte weiter: «Geh du nicht mehr mit den großen Mädchen zum Fluß, bleib hier, bis das Knie ganz verheilt ist. Opa Kerenga soll davon nichts wissen, denn sonst glaubt er, wir würden uns nicht um dich kümmern, und schimpft auf uns.»

Nachdem die Verletzung abgeheilt war und nur noch eine lange weiße Narbe an den Unfall erinnerte, kehrte ich nach Mainyero zurück.

Die Rattenmahlzeit

Es dauerte nicht allzulange, vielleicht lagen zwei Monde dazwischen, bis Opa Kerenga sich wieder mit mir auf nach Minowaro machte. Eilig folgten wir dem Wunsch meines Vaters, der diesmal einen besonderen Grund haben sollte.

Auf gut halbem Weg, bereits im Keto-Gebiet, hatte ich Opa endlich so weit gebracht, daß er mir das Geheimnis verriet. «Weißt du, mein Kind», sagte er, Stolz in der Stimme, «alle Erstgeborenen unterliegen bestimmten Sitten und Zeremonien. Da du zu denen gehörst, gibt es auch für dich in nächster Zeit wieder ein besonderes Fest.»

«Ist das etwa wieder ein Fingeraderschnitt?» fragte ich besorgt.

«Nein, nein», beruhigte mich Opa, «diesmal ist es ganz was Harmloses, aber etwas Besonderes.»

Dabei streifte er mit seiner Hand durch meine Haare, zog sie etwas an den Enden und lachte vergnügt.

«Ja, ja», sagte Opa, «was ich zuwenig auf dem Kopf habe, hast du zuviel. Es ist die Zeit gekommen für deinen ersten Haarschnitt, Okani, und das wird in Minowaro gefeiert. Deine Eltern haben extra für dich ein Schwein großgezogen, das bei dem Haarschnitt-*Singing* geschlachtet werden soll.»

Diese Botschaft beunruhigte mich in keiner Weise, im Gegenteil, ich war froh darüber, endlich die langen Haare loszuwerden. Manchmal war ich richtig unglücklich wegen meiner auffallenden Haare, denn ausgerechnet ich, als einziges unter allen Kindern weit und breit, hatte eine schulterlange Mähne. Seit meiner Geburt hatte man mir die Haare nicht gekürzt. Sie wurden zwar von vielen Leuten bewundert, aber es wurde auch nicht selten daran gezupft und gezogen. Im Gegensatz zu allen anderen hatte ich nur leicht gewelltes und gekraustes Haar, so wie meine verstorbene Mutter Monambi es gehabt hatte.

In jenen Tagen vor der Haarschnittzeremonie strolchte ich zusammen mit den anderen Kindern von Minowaro abwechselnd mal im Busch, dann wieder im Dorf umher. Wir versuchten die Leute zu ärgern, die sich hochnehmen ließen, und hatten dabei unseren Spaß.

Es gab zum Beispiel zwei alte Männer im Dorf, Arafi und Rambiwe. Eines Morgens, nachdem der Regen aufgehört hatte, gingen sie in den Busch, um Feuerholz zu sammeln. Außerdem suchten sie auch nach Leckerbissen, die etwas Abwechslung ins alltägliche Süßkartoffelessen bringen sollten.

Sie fanden *randide fand riwafundu*, das sind Pilze, die auf abgestorbenen, morschen und faulen Bäumen wachsen, und steckten sie in ein Bambusrohr.

Während Rambiwe bereits mit gefülltem Bambusrohr und gesammeltem Brennholz zurück ins Männerhaus ging, suchte Arafi noch nach anderen Spezialitäten.

Nach einer Weile stöberte er eine Rattenfamilie auf. Die Rattenmama konnte noch im letzten Augenblick entwischen. Der Rattenpapa war zum Glück nicht anwesend, so mußten eben die vier Rattenkinder herhalten. Er brachte sie lebend in seiner Netztasche zurück ins Männerhaus.

Die Baumpilze schmorten bereits im Feuer. Arafi wickelte nun sorgfältig jede einzelne Ratte lebendig in ein großes Kochblatt und umwickelte die Päckchen mit Rindenschnur. Dann legte er die vier «lebendigen» Bündel zum pilzgefüllten Baumbusrohr ins Feuer.

Draußen vor der Tür standen wir Kinder heimlich und beobachteten neugierig die Blätterbündel im Holzkohlenfeuer. Als es den armen Rattenkindern zu schwül wurde in ihrer fest umwickelten Blätterwohnung, begannen sie zu piepsen. Die beiden Alten sahen sich mit frohen Augen an, als sie das Piepsen im Feuer hörten. Sicherlich lief ihnen schon das Wasser im Mund zusammen.

Nach einer Weile verstummte das Piepsen. Arafi und Rambiwe holten ihre Braten aus Feuer und Asche und klopften die graubraun gewordenen Blattpakete in ihren Händen aus.

Während sie die Blätter ausrollten, ertönte auf einmal wieder das piepsende Quartett. Da erhob auch der alte Arafi zusammen mit den Rattenjünglingen seine Stimme zu einem Lobgesang. «*Dindi, dindi andara – mindara*, piepsen, piepsen, verspeisen. *Faraku, kifangai, kifangai andara – mindara*, verspeisen.»

Selbst wir Keto-Kinder konnten nicht jedes Wort des verzückten alten Opa Arafi in Ur-Keto-Sprache verstehen.

Leider hatte die wundersame Rettung aus dem Feuerofen den armen Rattenkindern nichts genützt. Denn während seines schwungvollen *Singsings* haute der alte Arafi die Kleinen so kräftig auf die Ohren, daß sie endgültig das Piepsen vergaßen. Dann schmorte er sie nochmals in der Holzkohlenglut.

Endlich war es soweit. Die beiden Alten teilten ihre Leckerbissen ehrlich untereinander auf. Jeder bekam zwei Ratten und eine Portion Baumpilze. Nur wir Kinder mußten uns mit Zuschauen begnügen.

Während bei dem köstlichen Imbiß dem Rambiwe eine Ladung, die er gerade in das lückenhafte Gehege seiner Zähne schieben wollte, entfiel, ließ er spontan erfundene neue *Singsing*-Reime ertönen.

«*Funduara fengoni rua*, Baumpilze, weiße, Baumpilze, braune. *Ke oruso amire*, wer fand und brachte sie? *Nami oruso amore*, ich fand und brachte sie!»

Wir beschlossen nun, zusammen zu den beiden Alten zu gehen, um sie ein bißchen hochzunehmen und das *Singsing* nochmal zu hören.

So tauchten wir vor dem Männerhaus auf und baten mit harmloser Miene Arafi und Rambiwe, das *Singsing* der Ratten- und Baumpilzmahlzeit abermals vorzutragen.

Als die beiden noch mißtrauisch und unschlüssig die Glaubwürdigkeit der Bitte aus unseren Gesichtern abzulesen versuchten, platzten wir lachend los. Sie fühlten sich gefoppt und blamiert, griffen nach Holzscheiten, rappelten sich auf und schimpften in vorgetäuschter Wut uns nach.

Mein Schwein – die Ursache eines Krieges

Während ich mich bei meinen Eltern in Minowaro und mit den Kindern des Dorfes des Lebens erfreute, warteten alle auf die vollkommene Rundung meines Schweines.

Ihm selbst wurde die Zeit bis zu seinem Schlachtfest anscheinend zu lang, und so hatte es sich von Minowaro ins oberhalb liegende Gartengebiet begeben. Dort lagen nicht nur Gärten der Ruraro- und Minowaro-Leute, sondern auch der nicht freundlich gesinnten Ombinowaro-Sippe. Und ausgerechnet in einen ihrer Gärten war über Nacht mein Schwein eingebrochen.

Am nächsten Morgen entdeckten Ombinowaro-Männer das fremde Tier, und einige Pfeile bereiteten ihm ein vorzeitiges Ende.

Als dies passierte, herrschte zum Glück kein heißer Krieg, und die Ombinowaro handelten relativ fair. Sie steckten das Schwein nicht in ihre eigenen Kochtöpfe, sondern riefen nach Minowaro hinunter:

«Wir haben eines eurer Schweine erschossen. Es brach in unsere Gärten ein und richtete Schaden an. Ihr könnt es euch holen.»

Die Leute im Dorf begannen ihre Schweine zu suchen und zu zählen. Nach einiger Zeit stellte man fest, daß das zu drei Vierteln gemästete Festschwein fehlte. Das war natürlich unerhört. Mein Vater hielt Rat mit den Minowaro-Männern, die ihm sagten:

«Es ist das Schwein deines erstgeborenen Kindes. Du wolltest doch ein *Singsing* veranstalten. Die Ombinowaro haben nicht gut gehandelt, ausgerechnet dieses Schwein zu töten. Das müssen wir rächen.»

Der alte Nokuwe entsann sich, was in jener Zeit geschah, und schilderte die Situation:

Wir setzten unseren Plan in die Tat um. Vier Männer wurden in die Gärten geschickt, um das erlegte Schwein zu holen. Zugleich zogen alle übrigen wehrfähigen Leute mit Stöcken, Äxten und Pfeil und Bogen bewaffnet in die andere Richtung. Wir wählten einen Schleichpfad nach Ombinowaro. Überraschend fielen wir ins Dorf ein, prügelten wild und wütend umher und brachten so manches zu Boden.

Die überrumpelten Ombinowaro griffen nach den Waffen und stürzten aus ihrem Männerhaus.

Nach dem ersten wirren Durcheinander hatten sich bald die Parteien zurechtgefunden. Gebrüll, Drohungen und Beleidigungen folgten – ein Wort gab das andere –, und es dauerte nicht lange, da schwirrten die ersten Pfeile über die Köpfe hinweg. Das Kampfgeschrei wurde noch heftiger – plötzlich ertönte der Schmerzensruf eines Verwundeten. Wo, konnte im Augenblick des Wirrwarrs niemand sagen, das war jedoch das Signal zum offenen Kampf.

Auch die Frauen hatten nun in die Auseinandersetzung mit eingegriffen. Schreiend und kreischend zogen sie aufeinander los und schlugen sich mit Knüppeln die Köpfe weich.

Auf der Seite der Minowaro befand sich Uni, die Stiefmutter von Okani, und knüppelte sich den Weg frei. Bei den Männern stand ihr Vater in der vordersten Linie. Oma Kama war ebenfalls mitgezogen, sie hatte Okani allein beim Haus in Minowaro gelassen.

Wie die alte Kama, so waren alle Alten, denen noch die Beine gehorchten, mit zum Sturmangriff nach Ombinowaro gezogen. Doch die Alten hielten sich auf Beobachtungsposten in sicherer Entfernung und mußten die Versorgung sicherstellen. Sie kämpften nicht mit, trugen aber Knüppel, Pfeil und Bogen in Reserve, um ihren Söhnen und Schwiegertöchtern, denen solche kriegsentscheidenden Geräte verlorengingen, Ersatz zu liefern.

Okani erzählt nun weiter...

Während oben in Ombinowaro um Leben und Tod gekämpft wurde, hatten die vier Minowaro-Männer das erschossene Schwein gefunden und zu einem alleinstehenden Schweinehaus meiner Stiefmutter gebracht. Die kleine Hütte lag einige Baumlängen vor dem Dorf Minowaro.

Ich hörte das Rufen der Männer, die mich aufforderten zu kommen, um das Schwein zu bewachen.

Ohne meine Ankunft abzuwarten, zogen sie eilig hinauf nach Ombinowaro, um mit in den Kampf einzugreifen.

Ich hatte natürlich Angst, allein zum Schweinehaus hinunterzugehen. Ich suchte und fand ein anderes kleines Mädchen, das verängstigt im Dorf umherschlich.

Ich bat es, mit mir zu gehen, und versprach ihm, zum Dank dafür bekäme es später auch ein Stück vom kaputten Schwein.

So gingen wir los. Das Mädchen hatte zwei Süßkartoffeln in den Händen, vielleicht wollte es nicht mit mir teilen, denn es blieb auf dem Weg zum Schweinehaus etwas zurück und steckte die Kartoffeln zwischen die Astgabel eines Baumes. Dann kam es nach.

Wir fanden das Schwein von Ameisen übersät, die wir mit Stöckchen zu entfernen versuchten. Ein Geduldsspiel!

Die Arbeit hatte mich so sehr beschäftigt, daß ich das Davonschleichen des Mädchens zunächst überhaupt nicht bemerkte. Nun stand ich allein da.

Während ich überlegte, was ich tun sollte, hörte ich plötzlich unweit der Schweinehütte das Spielen einer Flöte. Ich ging hinüber zum Gebüsch, konnte aber niemanden entdecken. Suchend eilte ich weiter zum nächsten Busch, doch keine Menschenseele war hier.

Auf einmal vernahm ich ganz deutlich neben mir eine Männerstimme, die mir warnend im Keto-Dialekt sagte:

«Okani, hei, Männer kommen. Geh schnell ins Dorf zurück und versteck dich im Haus.» Ich konnte aber weit und breit niemanden erblicken, der zu mir gesprochen hätte. Jetzt überfiel mich Angst. So schnell ich konnte, lief ich zurück in das menschenleere Dorf und versteckte mich in meinem Elternhaus.

Nur der alte Konowe, der nicht zum Kampf ausgezogen war, befand sich mit seiner Frau im Dorf. Er hatte mich zusammen mit dem kleinen Mädchen gesehen, als wir das Dorf verließen und zum Schweinehaus gingen. Er glaubte, ich sei noch immer im Schweinehaus, da er mich nicht hatte zurückkommen sehen.

Auf einmal erblickte der Alte vor dem Dorf eine Gruppe bewaffneter Ombinowaro-Männer, die zum Schweinehaus eilten. Er konnte erkennen, daß es sich um Leute des tiefergelegenen Nachbarortes handelte, der direkt an Foindamo grenzte und dessen Bewohner ja vor Jahren nach Minowaro Omuna übergesiedelt waren. Die feindliche Gruppe hatte am Kampf in Ombinowaro teilgenommen. Als aber einer ihrer Leute tödlich verletzt wurde, wollten sie ihn sofort rächen.

Sie glaubten das leicht tun zu können, verließen unbemerkt das Kampfgebiet und strebten auf Minowaro zu. Sie vermuteten, in dem alleinstehenden Schweinehaus einige Minowaro-Leute anzutreffen, die unterdessen mit dem Zerlegen und Kochen des Schweins beschäftigt wären.

Der alte wachsame Konowe aber erkannte die heraufziehende Gefahr und rief, ich solle sofort ins Dorf zurückkommen.

Verwundert und zufrieden registrierte er meine Anwesenheit, als ich ihm zurief, daß ich mich bereits in der Hütte versteckt hätte.

Die Feinde hatten die Warnrufe von Konowe gehört. Sie wandten sich vom Schweinehaus ab und kamen dem Dorf näher.

Als sie Konowe bei seinem Haus entdeckten, begleitete ihn ein Pfeilhagel ins Haus. Da bekam der alte Konowe wieder junge Beine. Er hatte Schild, Pfeile und Bogen ergriffen und stürmte mit Geschrei aus seinem Haus. Abwechselnd schoß er, zugleich den Pfeilen der Feinde geschickt ausweichend, dann wieder suchte er Deckung hinter dem Schild. Er entsann sich seiner Jugend und kämpfte für alle. Vom Kampfgeist angespornt rannte johlend seine alte Frau an seine Seite, und mit ihm im gleichen, von den schwirrenden Pfeilen bestimmten Rhythmus die Beine schwingend warf sie Steine gegen die Angreifer. Zugleich schrien die beiden nach ihren erwachsenen Söhnen.

Durch die Hilferufe getäuscht, glaubten die Feinde, es seien noch mehr Leute im Dorf und flüchteten. Aus meinem Versteck heraus konnte ich den gesamten Kampfverlauf beobachten. Die abziehenden Feinde waren nicht zu ihrem kleinen Heimatort nahe Foindamo oder zum Hauptort Ombinowaro zurückgekehrt, sondern hatten sich im Busch an einem Bach versteckt.

Der alte Konowe schoß noch wütend hinter ihnen her – er war stolz, das Dorf allein gerettet zu haben. Im Busch hatte sich unterdessen ein tragischer Überfall ereignet, wie Kare, ein Minowaro-Mann, später berichtete.

Er kam aus seinem entfernten Garten zurück und hörte schon weit vor Minowaro den Kampflärm in Ombinowaro. Er wußte sofort, wer gegen wen kämpfte.

Der Nachzügler wollte den Bach entlang von hinten über Foindamo nach Ombinowaro und seinen Leuten im Kampf beistehen. Ahnungslos ging er auf der Uferböschung. Plötzlich sausten ihm Pfeile entgegen. Er rutschte aus und fiel mit einem Pfeil im Bauch den steilen Abhang hinunter.

Wohl mehr dieser Sturz als der Pfeil kostete ihn das Leben, wenn auch nicht sofort.

Als der Kampf gegen Abend zu Ende war und die Minowaro-Leute mit ihren Verwundeten zurückkehrten, hörten sie Kare um Hilfe rufen. Sie fanden ihn stark blutend im Bach und trugen ihn ins Dorf.

Vorsichtig versuchte man, ihm den Pfeil aus dem Bauch zu ziehen. Man preßte ihm ein Stück Zuckerrohr zwischen die Zähne – vier Männer hielten ihn –, jedoch mit der Pfeilspitze, die besonders große Widerhaken hatte, kamen die Eingeweide heraus. Ich wandte mich schaudernd ab.

Kare starb zwei Tage später. Seine Frau war schon vor einer ganzen Weile in die Ahnenwelt eingegangen. Nun blieben zwei verwaiste kleine Mädchen zurück.

Die Minowaro-Leute hielten Rat und sagten schließlich meinem Vater:

«Deinetwegen und wegen deines Schweines starb der Vater der Mädchen, darum sollst du für sie sorgen.»

Kopowe stimmte dem Vorschlag zu. Nach Jahren wurden die beiden verheiratet, die eine nach Chuave, die andere nach Kuifamo.

Noch am Abend nach dem Kampf wurde das Schwein, die Ursache

77 *Oben links:* Noch bevorzugen die Alten beim Zerteilen eines Schweines das Bambusmesser. Bei den Keto werden die Innereien den Jungschweinen als Kraftfutter gegeben (vgl. S. 54). *Oben rechts:* Der Schweinekopf wird bei den Komengarega nur von den Männern zubereitet und verspeist. *Unten:* Die Kochtonne wird gefüllt: Zunächst wird der Boden mit den erhitzten Steinen wannenförmig ausgelegt. Darauf folgen die Nahrungsmittel, verpackt in Bananenblätter; anschließend wird eine weitere Lage heißer Steine daraufgelegt. Die Speisen schmoren im eigenen Saft. Die Garzeit von Schweinefleisch beträgt bei dieser Kochmethode ca. 2½ Stunden.

78 Okanis Hände bei der Rindenschnurherstellung. *Oben links:* Die fasrige Innenrinde bestimmter Straucharten wird abgezogen... *Oben rechts:*... und auf dem Oberschenkel zu einer festen Schnur gedreht. Mit Schnüren dieser Stärke werden vor allem die typischen Netztaschen angefertigt. *Unten:* Rindenbaststoffherstellung; mit einem gerippten Steinschlegel wird die Innenrinde (vorwiegend des Maulbeerbaums) zu einem weichen, filzartigen Material geklopft. Nachdem der Baststoff weich genug ist, wird er zum Beispiel zu einem Ziergürtel weiterverarbeitet.

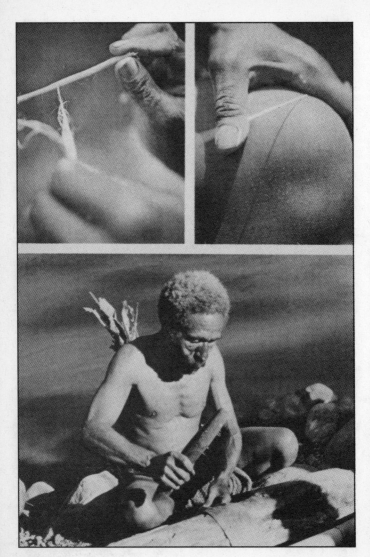

des Krieges, zerschnitten, um am nächsten Morgen gekocht zu werden. Während der Nacht traf Opa Kerenga ein. Mein Vater hatte noch vor Beginn der Auseinandersetzung einen Boten nach Mainyero gesandt, um Kerenga Bescheid zu sagen über den bevorstehenden Krieg. Er fürchtete, der Kampf könne länger dauern und eine Gefahr für mich werden. Opa Kerenga sollte mich deshalb zurück nach Mainyero in Sicherheit bringen.

Doch als Opa in der Nacht ankam, war der Kampf, zumindest vorläufig, zu Ende, denn die Ombinowaro hatten zunächst genügend Beschäftigung mit Totenklage und Begräbnis. Mit Gegenangriff und Blutrache war also einstweilen nicht zu rechnen.

Trotzdem beobachteten Männer, versteckt auf Bäumen sitzend, Tag und Nacht die Umgebung des Dorfes. Bald darauf erinnerten sich unsere Minowaro-Leute wieder an friedlichere Pflichten und Sitten, wie zum Beispiel an meinen ersten Haarschnitt.

Die Haarschnitt-Zeremonie

Als in den Morgenstunden des nächsten Tages das zu drei Vierteln gemästete Schwein im großen *maru* schmorte, bauten einige Männer ein *foromo*, ein liegenartiges Gestell, inmitten des Dorfplatzes auf. Darauf legten Frauen eine große Anzahl von *kuruwa-kommane*, die als Gesäßbekleidung der Frauen dienen, und eine ebenso große Menge *kuruwa-andowanofu*, die Vorderschurze der Frauen. Es folgten einige Netze, die sorgfältig über die ganzen Schurze gebreitet wurden, auf die Netze legte man einige *kefaruna*, Felle von Baumkänguruhs.

Die Gegenstände wurden nun mit Bananenblättern abgedeckt. Darauf folgten *ka* und *mafo,* die großen Knollenfrüchte waren gekocht, die kleinen *mafo* blieben roh. Zwischen die Früchte steckte man Salzklumpen und deckte das Ganze wieder mit Bananenblättern ab.

Über diese Blätter streute man *kambafine*, schwarze, glänzende Erde, die auch zum Färben des Gesichtes verwendet wurde.

Auf die Farbe wurden *kuro-ira*, Früchte des *kuro*-Baumes, gelegt. Und zum guten Schluß wurde der «Geschenktisch» mit *kini kundiri,* den grünen Blattbüscheln der Männer-Hinternbekleidung, abgedeckt.

Als der Zeremonientisch fertig war, kam aus dem Männerhaus eine Gruppe geschmückter Männer singend und tanzend auf den Dorfplatz. Jeder schwang einen Pfeil in der Hand. Begleitet von vier Trommlern, kamen sie mit langsamen Tanzschritten dem Zeremonientisch näher.

Die Gruppe tanzte um den *foromo* herum und steckte dabei die Pfeile in den Boden, die den Zeremonientisch gegen böse Einflüsse von außen schützen sollten. Dann traten die Tänzer in den Kreis der Zuschauer zurück.

Nun wurde ich von zwei Männern gepackt und auf den Zeremonientisch gesetzt. Als ich oben thronte, mußte ich das Stück Bauchfleisch, das mir zuvor eine Frau in beide Hände gedrückt hatte, wieder abgeben.

Schlagartig, wie auf ein geheimes Kommando, verstummte das *Singsing*. Ein Mann trat an mich heran, packte meine Haare, zog sie hoch und schnitt die etwa zehnjährige, lästig gewordene Mähne mit einem Bambusmesser ab. Danach kam Karafa, ein Vetter meines Vaters, und hob mich vom *foromo* herunter.

Diese Zeremonie wiederholte sich noch dreimal, denn es warteten noch drei andere Erstgeborene auf ihren ersten Haarschnitt.

Nachdem der letzte der drei Jünglinge seine Wollhaare verloren hatte und vom Zeremonientisch heruntergehoben wurde, begann der große Ansturm auf das *foromo*. Die Zuschauer stürzten von allen Seiten auf die aufgestapelten Sachen und versuchten, etwas zu ergattern. Unter Schieben, Gedränge und Gelächter brach das *foromo* zusammen. Einige hatten vier Vorderschurze, andere zwei Hinterschurze, manche nur etwas schwarze Farbe in der Hand.

Diese Haarschneide-Zeremonie ging sehr lustig und unbeschwert aus. Die Leute verteilten sich, zogen sich zurück zu ihren Kochstellen und hielten Festtagsschmaus. Ich erhielt mein Stück Bauchfleisch wieder, das ich nun in Ruhe essen durfte.

Am Abend, um die Hüttenfeuer herumsitzend, besann man sich des überstandenen Kriegszuges vom Vortag. Ich wurde gefragt, was ich im Schweinehaus erlebt hätte, während sie in Ombinowaro kämpften.

Ich erzählte ihnen, daß ich dort keine Feinde gesehen hätte, weit und breit war niemand gewesen. Nur aus dem nahen Gebüsch hätte ich Flötenspiel gehört. Und als ich näher herangetreten sei, hätte ich durch die Blätter sehen, aber niemanden erkennen können. Da sei ich von einer Männerstimme angesprochen worden – im Keto-Dialekt. Es habe den Anschein gehabt, als sei die Stimme direkt neben mir. Sie habe mich aufgefordert, sofort ins Dorf zurückzulaufen, weil Männer kämen, die nichts Gutes im Sinn hätten.

Meine Erzählung löste große Verwunderung unter allen Leuten aus. Nach genauem Befragen der gesamten Dorfschaft wurde festgestellt, daß alle Männer und Frauen in Ombinowaro beim Kämpfen waren – mit Ausnahme von Kare, der keine feindliche Gruppe gesehen hatte und dann aus dem Hinterhalt erschossen worden war. Und der alte Konowe mit seiner Frau hatte zuerst die Feinde entdeckt und noch nach mir gerufen. Aber ich hatte mich längst in Sicherheit gebracht – ich hatte ja Konowe geantwortet.

Plötzlich bekam mein Vater funkelnde Augen. Er richtete sich auf im Kreis der Männer und fragte ernst:

«Könnt ihr euch noch erinnern, daß unten beim Schweinehaus mein Bruder Koripauma erschossen wurde?»

Alle nickten und sagten:

«So war es wohl, der gefallene Koripauma hat das Kind gewarnt und gerettet.»

Eine andere Erklärung wurde nie gefunden.

Nachdem feststand, daß der wachsame Geist des verstorbenen Koripauma mir das Leben gerettet hatte, schlachtete mein Vater ihm zum Dank ein kleines Schwein. Es wurde noch in der gleichen Nacht gekocht und verspeist.

Da ein Rachezug der Ombinowaro und ein langer Krieg zu erwarten waren, zog Opa Kerenga es vor, bereits am nächsten Tag mit mir zurück nach Mainyero zu gehen.

Als wir die Wachposten von Minowaro passierten, die gut versteckt auf den Bäumenn saßen, bekam ich plötzlich Angst. Die Ereignisse der letzten Tage gingen mir wieder durch den Kopf. Ich umklammerte fest die Hand von Opa und fragte ihn leise:

«Opa, hast du keine Angst vor den Feinden?»

Mit ruhigem Blick antwortete Kerenga:

«Nein, mein Kind, wir brauchen uns vor niemandem zu fürchten.»
«Warum nicht, Opa?» fragte ich mehr zweifelnd als glaubend.
«Weißt du, wir Raiya-Leute haben keinen Streit mit den Ombino-waro. Warum sollten sie uns dann etwas anhaben? Keiner würde es wagen, uns anzugreifen. Vor Jahren habe ich den Ombinowaro ge-holfen, als sie von den Minowaro-Leuten vertrieben wurden. Sie konnten ihr Leben nur noch durch Flucht zum fernen Mainyero ret-ten. Zum Glück war ich im Dorf, als die fliehende Meute ankam, denn unsere Leute griffen bereits zu den Waffen. Sie hätten kurzen Prozeß mit den Ombinowaro gemacht. Ich mußte als Sippenführer unseren Leuten ein energisches Halt gebieten und ordnete an, die Flüchtlinge zu beherbergen und ihnen etwas zum Essen zu geben. So-mit haben wir Elend auf beiden Seiten verhindert.»
Nach dieser Erklärung war ich richtig stolz auf meinen großen Opa Kerenga. Meine Furcht war wie weggeblasen, und meine Gedanken eilten schon voraus nach Mainyero.
Doch eine kleine Unterbrechung gab es. An einer Weggabelung, noch im Feindesland, tauchten unerwartet vier bewaffnete Ombinowaro-Männer mit gespannten Bogen auf.
Als sie Opa sahen, entspannten sie die Bogen und begrüßten ihn: «*Raiya we namba ya moinaiye* – der Führer der Raiya zieht des We-ges.»
Opa lächelte ihnen zu; ohne stehenzubleiben, zogen wir unbehelligt weiter Richtung Mainyero. Dort gab es ein herzliches Wiedersehen mit Oma Kiyagi.

Ein folgenschweres Spiel

Wieder einmal wurde ich Zeugin blutiger Stammesfehden. Der An-laß der Auseinandersetzungen war diesmal die «neue Zeit», die Zivi-lisationsgeschichte unseres Landes.
Neben unserem gewohnten Dasein entwickelte sich eine neue, uns spürbar fremde Atmosphäre, die von den Weißen ausging. Wie ein schwerer Nebel lagen Eindrücke und Rätsel der «neuen Zeit», von der die Weißen immer sprachen, in unseren Köpfen. Mißverständnis-

se aller Art häuften sich in einem ungewöhnlichen Ausmaß. Hatte wirklich eine neue Zeit begonnen?

Tatsächlich! Als ich bei meinen Großeltern in Mainyero weilte, kämpften eines Tages Männer des Keto-Stammes aus Minowaro und Ruraro mit den Ona-Leuten von Kenengi und Koningi.

Aber nicht mit Knüppeln oder gar Pfeilen und Bogen, sondern im friedlichen Wettkampf mit einem Ball auf dem Fußballplatz. Wohl auch ein Teil der neuen Zeit.

Die Eindrücke sammelten sich in mir; zuerst die Weißen, dann der *laplap*-Mann und jetzt ein Fußballspiel, das auf einem der sehr wenigen einigermaßen ebenen Plätze der Siane-Gebirgslandschaft ausgetragen wurde. Solche erfreulichen Früchte hatte die zehnjährige Anwesenheit der drei Weißen und ihrer Polizisten in unser Stammesgebiet gebracht. Das kultivierte, neuzeitliche Fußballspiel änderte an unserer Mentalität vorerst nichts.

Die Keto-Leute hatten das Spiel gewonnen. Die Ona-Männer fühlten sich nach dieser Niederlage nicht sehr glücklich. Man sah deutlich die Wut in ihren Gesichtern. Im Ärger, alle Vorsicht vergessend, trumpften sie auf:

«Wolltet ihr uns im Fußballspiel heimzahlen, daß wir Damu Hana erschossen haben?»

Das über ein Jahrzehnt lang streng gehütete Geheimnis war geplatzt. Damals hatten Keto-Männer Damu, von einem Pfeil durchbohrt, im Busch gefunden.

In diesem Augenblick der Überraschung – alles stand erstarrt – spannte mein Onkel Karafa wütend seinen Bogen. Ein Pfeil schwirrte los, und Nonomare, ein Ona-Mann, sackte tödlich getroffen zusammen.

Das Ergebnis eines Freundschaftsspiels waren Tumult und Kampf – ein neuer Krieg hatte begonnen.

Der Kampf dauerte schon einige Tage und hatte auf beiden Seiten viele Verletzte gefordert. Plötzlich hallte der Ruf *«nimakarawe»* über Berge und Täler. Das Kampfgeschehen hörte abrupt auf – die Blicke richteten sich auf den großen Weg.

Zwei Polizeikolonnen marschierten heran – die eine kam aus Kundiawa, die andere aus Goroka. Überall wimmelte es von Polizisten.

Ich glaube, spätestens hier, in diesem Augenblick, wurde uns überdeutlich bewußt, daß eine «neue Zeit» angebrochen war, die sich nicht nur im *laplap* oder im Fußballspiel offenbarte.

Die Ona hatten die Leiche des Erschossenen auf einen mannshohen *foromo* unter freiem Himmel neben dem großen Weg bei der Kenengi-Brücke aufgebahrt.

Die Polizisten unterbrachen den Kampf und standen wie ein Zaun zwischen den Stämmen Keto und Ona. Da sahen sie, wie sich mein Onkel aus dem Staub machen wollte. Eine Handvoll Polizisten rannte hinter ihm her; sie schnappten ihn, noch bevor er sich im Busch verstecken konnte.

Nun begann das große Palaver. Die Ona verlangten, Karafa müßte unter der Leiche festgebunden werden. Nur so, erklärten sie den Polizisten, könnte weiteres Blutvergießen vermieden werden. Sollte diese Forderung nicht erfüllt werden, würden sie nach Abzug der Polizei den Kampf gegen die Keto wieder aufnehmen.

Der Anführer, ein weißer Polizist, gab kurze Anweisungen. Daraufhin wurde mein Onkel mit Händen und Füßen an die Bahre gebunden.

Wir dachten alle, die Polizei würde endlich abrücken, aber sie blieb.

Drei Tage und drei Nächte harrte Karafa in seiner mißlichen Lage aus. Unsere Leute brachten ihm Süßkartoffeln, Schweinefleisch und Wasser. Im weiten Umkreis standen Polizeiposten und überwachten das Gelände.

Am dritten Tag tropfte entsetzlich stinkende Brühe aus der Leiche auf Karafa. Kurz darauf jedoch band man ihn los. Die Strafe war nach Ansicht der Polizei verbüßt.

Nachdem die Ona ihren Mann unter Polizeiaufsicht begraben hatten, folgte eine große Rede. Der weiße Polizistenanführer – ein australischer Polizeioffizier, wie ich später erfuhr – hielt eine sehr lange, vor allem laute Ansprache.

Durch einen Dolmetscher ließ er uns wissen, man dürfe andere Menschen nicht töten. Er meinte auch, nicht im Kampf um die Blutrache, sondern in Gerichten müsse Gerechtigkeit gesucht werden.

Von dieser frommen Belehrung aus einer uns fremden Welt verstanden wir kaum etwas. Der Kampf war doch berechtigt gewesen!

Die Polizisten zerbrachen sämtliche Pfeile und Bogenstäbe und verbrannten sie. Unser Haß und unser Kampfgeist wandelten sich in Bestürzung. Was sollte noch geschehen?

Zu unserem Erstaunen zogen sich die Polizeitruppen nach der totalen Entwaffnungsaktion wieder zurück. So schnell und überraschend sie gekommen waren, verschwanden sie auch. Viele von uns dachten: «Na endlich!» Denn als die Polizisten in der Ferne auf dem großen Weg verschwanden, flammte wieder ein heißer Kampf zwischen den streitenden Parteien auf. Mit Knüppeln wurden dabei viele Köpfe sehr unsanft behandelt. Platzwunden und Prellungen zählten bereits zum Alltagsschmuck eines Mannes.

Es dauerte nicht lange, da rückten wieder Polizeitruppen an, diesmal aber waren sie mit Donnerstöcken bewaffnet. Mit Warnschüssen in die Luft trieben sie die keulenschwingenden Männer auseinander.

Die Frauen und Kinder wurden gesondert, etwas abseits des Kampfplatzes, festgehalten. Auf der anderen Seite des Platzes stapelten die Polizisten die Keulen und Knüppel zu einem Haufen.

Wir fühlten alle, daß sich Unheil zusammenbraute. Es entstand Nervosität auf beiden Seiten. Die raunende Unruhe schlug bald in bedrücktes Schweigen um, denn die Polizisten drohten: Wer weglaufe, werde erschossen. – Die Wirkung der neuzeitlichen Waffen war uns seit Jahren bekannt.

Mein Großvater, der nur als «Kriegsberichterstatter» unbeteiligt in die Geschehnisse mitverwickelt wurde, befand sich auch unter den Keto-Männern. Kopowe, mein Vater, machte den Polizisten klar, daß er nicht zu ihrem Stamm gehöre und auch nichts mit dem Kampf zu tun habe. Er sei nur zu Besuch hier und im übrigen ein Raiya-Mann.

Die Polizisten belehrten meinen Opa und meinten, er brauche sich nicht zu fürchten. Er solle aber ruhig zusehen, dann könne er nachher seine Leute in Raiya aufklären, daß man nicht töten und Krieg führen dürfe – sonst gäbe es Prügel zur Strafe.

Ein Mann vom Stamm Kemanemoi, aus dem Dorf Wenamo, woher auch Uni, meine Stiefmutter, stammte, befand sich als Dolmetscher bei den Polizisten. Er konnte ein wenig *Pidgin-Englisch* und übersetzte die Belehrung.

Während sich die Knüppel zu einem ansehnlichen Berg häuften, sicherte ein Teil der Polizisten mit schußbereiten Gewehren, auf deren Mündungen blanke Messer blitzten, die beiden Gruppen, die eingeschüchtert und mit ängstlichen Mienen stumm das Geschehen beobachteten.

Nun wurden alle Männer aufgefordert, ihre «Hosen», nämlich ihre grünen oder verwelkten Blätterbüschel, von ihren Hinterteilen abzuschnallen und beiseite zu legen.

Zögernd folgten sie dieser Aufforderung.

Die Keto- und Ona-Männer mußten sich dann in Reihen aufstellen. Danach packten zwei Polizisten den ersten Mann aus der Ona-Reihe und warfen ihn unsanft auf eine bereitgestellte Holzliege. Vier Polizisten achteten auf «stramme Haltung», indem sie Arme und Beine des Opfers festhielten. Ein hinzugekommener Ordnungshüter griff nach einem Knüppel und drosch erbarmungslos auf das verlängerte Rückgrat ein.

So wurde abwechselnd einer aus der Ona-Reihe, dann wieder einer aus der Keto-Reihe gepackt und verprügelt. Zehn abgezählte Hiebe für widerstandsfeste Hinterteile jüngeren Jahrgangs, fünf Schläge für die älteren und drei für ganz alte, fleischlose Backen.

Zerbrach mal ein Prügelstock auf einem der ledernen Hintern, so wurde nach einem anderen gegriffen, denn an Knüppeln fehlte es wahrhaftig nicht. Während die dunkelbraunen, zum Teil faltigen Hinterteile unter den taktlosen Schlägen wippten und zuckten, heulten Frauen und Kinder. Viele verbargen ihr Gesicht in den Händen und wandten sich ab. Besonders bei den alten Männern fand ich diese Knüppelzeremonie ehrverletzend.

87 *Oben links:* Holzbearbeitung mit der Steinbeilklinge. Ein Komongu-Mann demonstriert, wie sein Vater seinerzeit noch neben dem gebräuchlichen Steinbeil mit dem Faustbeil gearbeitet hat. Das Steinbeil war über Jahrtausende hinweg ein unentbehrliches Werkzeug. *Oben rechts:* Anspitzen eines Zaunpfahls mit einem Steinbeil. *Unten links:* Bearbeitetes Holz für den Hausbau. *Unten rechts:* Rohbau eines Rundhauses (Frauen- und Familienhaus) in Ombinowaro.

88 *Oben:* Gesichtstatauierung eines jungen Komongu-Mädchens (vgl. S. 169). *Unten:* Rückentatauierung einer Ona-Frau aus dem Dorf Koningi. Dabei werden Strichornamente sowie Rautenmuster häufig angewendet.

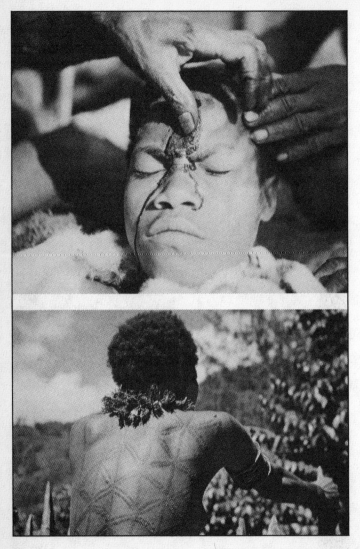

Nach einer Weile kam der Vetter meines Vaters an die Reihe. Er sagte den Polizisten:

«Ihr dürft mich schon schlagen, aber nicht zu hoch, denn da sitzt noch eine Pfeilspitze von einem früheren Treffer.»

Er wollte aufrecht stehenbeiben, um so seine Hiebe in Empfang zu nehmen. Aber auch er wurde gepackt, auf die Liege geworfen und verprügelt. Allerdings nicht zu hoch, sondern etwas tiefer, wie er das gewünscht hatte.

Karafa wurde nicht geschlagen, denn durch die dreitägige Fesselung unter der Leiche war er genügend bestraft worden. Er starb übrigens 1972 in Ruraro.

Nach Abschluß dieser neuzeitlichen Knüppelzeremonie sagten die Polizisten, daß das für uns alle eine Lehre gewesen sein sollte. Mit den Worten, wir sollten niemals mehr gegeneinander Krieg führen, zogen sie ab. Aber Krieg gab es immer wieder – allerdings auch unzählige polizeilich geschändete Hinterteile!

Opa Kerenga sah keinen Grund, mit mir weiterhin im unruhigen Keto zu bleiben. Er packte meine «Schmucksachen», wie Schürze, Federn, Erdfarben, Kupferdrahtkranz mit Ziermuscheln in sein Netz und meinte:

«Du kannst hier unmöglich für immer bleiben, mein Kind, denn hier ist ständig was los!»

Die Nasenflügel-Durchbohrung

Wieder einmal war es soweit. Als Erstgeborene hatte ich ein Alter erreicht, in dem gewisse Sippenpflichten zu erfüllen und zu ertragen waren. Daran erinnerte uns ein Bote, den mein Vater fünf Monde nach dem denkwürdigen Ereignis der polizeilichen «Hinternbehandlung» nach Mainyero schickte.

Diesmal ging es um die Nasenflügel, die im Rahmen einer Zeremonie durchstochen werden sollten. Der gesamte Ablauf dieser Jugendfeier glich dem Zeremoniell beim ersten Haarschnitt vor eineinhalb Jahren.

Zusammen mit den anderen Leidensgenossen, drei erstgeborenen

Kindern aus Minowaro, thronte ich auf dem zu diesem Anlaß errichteten *foromo*. Wir saßen eng beisammen auf denselben aufgehäuften Kostbarkeiten wie damals und warteten. In einem großen Halbkreis waren wieder alle Dorfbewohner im prächtigen Tanzschmuck um uns versammelt.

Die Zeremonie begann. Sechs geschmückte Männer kamen tanzend und trommelnd aus dem Männerhaus auf den Festplatz. Es folgten vier Männer in feierlicher Zeremonientracht, die mit Tanz und Gesang langsam auf den von Pfeilen umgebenen Tisch zukamen. In den Händen hielten sie dünne, spitz geschliffene Nadelknochen, die einmal Flughunden gehört hatten.

Die Männer traten an uns heran. Hinter uns standen ebenfalls vier Männer, die mit einem Arm unsere Oberkörper zusammen mit den Händen festhielten und mit dem anderen Arm unsere Köpfe nach hinten an ihre Körper preßten.

Nun stimmte mein Vater ein *Singsing* an – es war ein Wechselgesang – zuerst sangen die Männer, dann kamen die Frauen dran. Währenddessen begann die Nasenflügel-Durchbohrung.

Mit einem Zuckerrohrstück wurde von innen der Nasenflügel nach außen gedrückt, bis die Haut gespannt war. Dann wurde mit der spitzen Knochennadel in drehender Bewegung in einem Zug durchgebohrt. Dasselbe geschah mit dem zweiten Nasenflügel. Es war eine unblutige, etwas schmerzhafte Angelegenheit.

Nachdem die Löcher gebohrt waren, wurden kurze gelbe Orchideenhalme eingeführt.

Als wir das *foromo* wieder freimachten, fielen die Zuschauer über die Sachen auf der Liege her.

Als Sippenführer und *luluai* verband mein Vater zwei Anlässe zu einem großen Fest. Nachdem die Pflicht der Nasenflügel-Durchbohrung erledigt war, folgte ein großes *Singsing* und Schweineschlachtfest für die ganze Sippe Orongigu von Minowaro-Omuna und Ruraro.

Der Grund war die Wiedergutmachung und Versöhnung innerhalb der eigenen Sippe, speziell zu Ehren der von der Polizei Geschändeten. Vor versammelter Sippschaft sprach mein Vater auf dem Dorfplatz:

«Ich bin die Ursache für die Schläge, ich allein bin schuld an euren blauen Hinterteilen. Bei meinem Vater Damu, der vor langer Zeit von den Ona erschossen wurde, liegt die Wurzel allen Übels. Aber mein toter Vater kann nichts mehr für euch tun. Somit bin ich als sein Sohn und Nachfolger, Führer der Sippe, verpflichtet, euch allen Schweinefleisch zu geben.»

Über zwanzig Schweine wurden geschlachtet und verspeist. Zufrieden und satt zogen die Leute von Omuna und Ruraro nach Hause. Die blauen Flecken waren bald verblaßt und vergessen.

Auch Opa Kerenga wollte nach dem großen *Singsing* mit mir zurück nach Mainyero. Doch mein Vater wünschte, daß ich sieben Tage in Minowaro bliebe, bis die durchbohrten Nasenflügel geheilt seien.

Nach den sieben Tagen ließen sich die Holzstifte schmerzlos herausziehen, wurden aber dann durch andere ersetzt und Monde hindurch immer wieder ausgewechselt.

Bevor Opa allein den Heimweg antrat, zählte ich ihm vor: «*Kamaande, fringe-frurikotto ande, fringa lera ano*. Das heißt: Eine ganze Hand mit fünf Fingern und die andere Hand mit zwei Fingern machen zusammen sieben. Und nach so vielen Tagen komm mich bitte holen.»

Die untergehende Sonne läßt jenseits des Tales die dichten Baumketten auf den Berggraten erglühen. Wie drohend steht auf einer Kuppe ein mächtiger Baum, dessen große blattlose Äste sich gegen den Himmel abheben.

Aus dem langgezogenen Tal, das mit einem dünnen Nebelschleier bedeckt ist, dringt das gewaltige Rauschen eines Flusses zu uns herauf. Von Osten schiebt sich der dunkelblaue Vorhang der Nacht rasch über die Berge und hüllt alles in tiefe Ruhe. Ein Nachtvogel schreit ganz in der Nähe. Weit unten aus dem schmalen Tal ruft eine Eule zurück. Der Vollmond geht über einem bewaldeten Berg auf und wirft lange, schwarze Schatten in die Täler. Ein türkisleuchtender Stern folgt seiner Himmelsbahn.

Die Nasendurchbohrungs-Zeremonie

Sieben Tage später – wie versprochen – kam mein Großvater nach Minowaro, blieb über Nacht und zog am nächsten Morgen mit mir zurück nach Mainyero.

Die Leute im Dorf bewunderten alle meinen Nasenschmuck, und Opa registrierte stolz die teils offenen, teils heimlichen Blicke der Bewohner.

Am Tag darauf entwickelte sich geschäftiges Treiben im Dorf, ungewöhnlich für einen normalen Alltag. In der Mitte des Dorfplatzes hoben Männer mit angespitzten Pfählen einen Erdofen aus. Frauen schleppten Feuerholz und stapelten Kochsteine zu kleinen Haufen. Andere machten ihren Tanzschmuck zurecht, und einige waren daran, ihre Schweine mit Federn aufzuputzen.

Von Neugier getrieben lief ich zu meinem Großvater und fragte ihn, was diese Vorbereitungsarbeiten bedeuten sollten.

Er war gerade damit beschäftigt, bei meiner Großmutter einigen Kopfläusen den Garaus zu machen; er tat so, als hätte er meine Frage völlig überhört und lächelte mich nur verschmitzt an. Aber ich ließ nicht locker:

«Opa, warum wird hier ein Schweineschlachtfest vorbereitet?»

Seine alte Dame schrie auf: *«Aijeé!»*, hielt ihren Kopf und rannte aus der Hütte. Er hatte wohl ein kleines vernarbtes Geschwür mit einer Laus verwechselt.

«Warum sagst du es mir nicht?» bohrte ich weiter.

«Du wirst es noch rechtzeitig erfahren – und auch spüren!»

Auf diese rätselvolle Antwort reagierte ich sehr unzufrieden und schmollte:

«Wenn du mir nicht erzählst, was hier vorbereitet wird, gehe ich sofort wieder zurück nach Minowaro. Schließlich bin ich kein kleines Kind mehr.»

Ich steckte mir den entfallenen Orchideenpflock wieder in den Nasenflügel zurück.

Opa starrte mich wütend an, sagte aber nichts. Diese erste offene Widerrede – ausgerechnet von seinem Liebling –, das war ungewohnt. Er setzte sich an die Feuerstelle und schien zu überlegen. Nach einer Weile sagte er:

«Du hast ja recht, niemand sagt, daß du noch ein kleines Kind bist, aber...», er unterbrach sich und schüttelte seinen Kopf.

«Warum willst du schon alles im voraus wissen, du Dickkopf!»

«Weil ich eben ein großes Kind bin», erwiderte ich aufrichtig.

Opa erhob sich vom Feuer, dabei krachten seine Kniegelenke beängstigend, und er suchte verlegen mit den Händen nach seinen schon längst entwurzelten Kopfhaaren.

«Ja, ja», sagte er, «so wird es wohl sein. Also, hör zu. Für morgen habe ich ein *Singsing* angeordnet. Dabei werden Schweine geschlachtet, wie üblich.»

«Ist das alles?»

Sein Gesicht legte sich in Falten. Es schien, als ob er für einen Augenblick mit den Ohren wackelte. Ich mußte mir das Lachen verkneifen.

«Dir wird das Grinsen noch vergehen», drohte er, «spätestens morgen.»

Dann rückte er endlich mit dem Geheimnis heraus.

«Neben dir sind noch drei andere Erstgeborene für eine längst fällige Sippenfeier vorgesehen. Siehst du das Loch?»

Mit dem Zeigefinger fuhr er in den Mund, zog ihn mit einem Speichelfaden wieder heraus und steckte ihn quer durch seine Nase.

«Das wird morgen auf euch zukommen.»

Mit diesen Worten schloß er seine Erklärung ab und ging beleidigt aus der Hütte.

Nun wußte ich Bescheid. Es war für mich nicht beängstigend, an das «Nasendurchbohrungsfest» zu denken, denn mit dieser Zeremonie hatte ich schon seit längerem gerechnet. Auch der Ablauf war mir vom Zuschauen bereits bekannt, und ich überstand den Vortag ohne große innere Aufregung.

Die Männer, Frauen und Kinder waren mit ihrem farbenprächtigen Tanz- und Festtagsschmuck erschienen. Sie hatten sich in einem großen Kreis um den Erdofen auf dem Dorfplatz versammelt.

Mit dem Schlachten von drei Schweinen eröffnete Opa Kerenga das Sippenfest. Nach ihm schlachteten seine beiden Söhne ebenfalls drei Schweine.

Es begann das Zerlegen und Zerteilen der Schweine; die Kochsteine wurden erhitzt, Bananenblätter, Salzklumpen, Farnkräuter und Ingwer herbeigebracht, und das große Kochen nahm seinen Anfang.

Die Zuschauer, die nicht direkt an den Kochvorbereitungen beteiligt waren, vertrieben sich die Zeit mit Gesängen und Tänzen.

Oma Kiyagi tauchte plötzlich im festlichen Geschehen auf. An einer

Buschleine zerrte sie ein kleines, widerstrebendes, quietschendes Schwein hinter sich her.

«Hier, nimm dieses Schwein, es ist von mir und Kerenga. Ein Geschenk, das dich eine Zeitlang an diesen denkwürdigen Tag erinnern soll. Sorge gut für das Tier, damit es groß und fett wird.»

Ich freute mich, wieder ein Schwein zu besitzen.

Mit langen Bambusholzzangen machten sich Frauen daran, den Erdofen abzudecken. Blätter und Steine wurden zur Seite gelegt. Männer hoben die dampfenden, blätterumwickelten Pakete aus dem Ofen und füllten die vier bereitstehenden *rape* mit den heißen Gartenfrüchten. Darauf legte man je ein Stück Bauchfleisch.

Jeweils zwei Männer nahmen uns in die Mitte und führten uns singend, mit stampfenden Tanzschritten, vor die großen, gefüllten Holzschüsseln.

Hinter jedes Kind stellte sich ein Mann und hielt ihm Kopf und Arme fest. Aus dem Rund der festlich geschmückten Dorfbewohner kamen jetzt ebenfalls singend und tanzend vier Männer langsam auf uns zu, die «Zeremonienmeister». Sie trugen in ihrer linken Hand ein kleines gespaltenes Stück Zuckerrohr, in der rechten einen neu angespitzten Kriegspfeil.

Erst in jenem Augenblick, als sich die «Operationswerkzeuge» meinen Augen näherten, bekam ich Herzklopfen und weiche Knie. Der Männergesang verstummte plötzlich. Mit einem Ruck wurde mir der Kopf nach hinten gerissen, die Orchideenhalme wurden aus den Nasenflügeln gezogen. In dieser Stellung verharrte ich.

Nun spürte ich, wie das Zuckerrohrstück gegen meine linke Nasenscheidewand gepreßt wurde. Es folgte ein stechender, langanhaltender Schmerz. Langsam drehte sich die Pfeilspitze von der anderen Seite durch die Nasenscheidewand und bohrte sich ins Zuckerrohrstück. Sogleich brach man die restliche Pfeilspitze an einer Einkerbung ab, so daß eine fingerdicke Spitze in der *kora kéfora,* unten in der Nasenscheidewand, zurückblieb.

Diese hölzerne Pfeilspitze war Nasenschmuck und zugleich das Kennzeichen für Erstgeborene. Bei anderen Kindern wurde die Pfeilspitze sofort nach der Durchbohrung der Nasenscheidewand herausgezogen und durch ein Stöckchen ersetzt.

Nach der herz- und nasenzerreißenden Zeremonie fand das große Essen statt. Zwei Kinder hatten noch Schmerzen und weinten unentwegt. Ihre Eltern trösteten sie:

«Beim nächsten *Singsing* werdet ihr wunderbar geschmückt sein. Ihr dürft *kora wera*-Schmuck tragen. Jeder sieht dann, wie groß ihr schon geworden seid. In euren Nasen werden dünne Mondsicheln aus Muscheln, *okani*, eingehängt sein.»

Die abgebrochene Pfeilspitze blieb zunächst für die Dauer eines Mondes in der Nase stecken. Dabei mußte ich mehrmals täglich die Spitze sowie die Pflöcke der Nasenflügel drehen, um ein Festkleben zu vermeiden.

Erst nach einigen Wochen war meine Nase schmerz- und druckunempfindlich geworden, so daß ich die Spitze endlich herausnehmen durfte. Ich gab sie meinem Großvater, der sie zur Erinnerung bis zu seinem Tode in seinem Utensiliennetz aufbewahrte.

Die Pfeilspitze wurde zwölf Monde lang jede Woche durch ein neues Stöckchen ersetzt, wenn nicht gerade – bei festlichen Anlässen – die schmalgeschliffene Muschelsichel getragen wurde. Der einjährige «Stöckchenschnurrbart» wie auch die Pflöcke der Nasenflügel verhinderten, daß die Löcher zuwuchsen.

Spätere Wiederholungszeremonien – nochmal zwei Nasenflügelbohrungen und eine Bohrung auf der Nasenspitze selbst – verliefen ohne Schweineschlachtfest und *Singsing* nur im engsten Familienkreis.

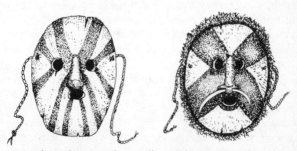

Gesichtsmasken aus Holz; sie stellen Buschgeister dar und wurden bei Knaben-Initiationsfeiern gebraucht

Ein unheimliches Erlebnis

Ich verließ mit Opa Kerenga das Dorf, um auf die Jagd zu gehen. Wir folgten einem Pfad, der tief in wilden, unbewohnten Busch führte.

Auf einmal blieb mein Großvater stehen. Er winkte mir und deutete vor sich auf den Pfad, der im hellen Licht des Mondes lag. Wenige Schritte vor uns lag ein dünner, gerader, schwarzer Ast quer über dem halben Weg.

Achselzuckend schaute ich meinen Großvater an. Mit dem Zeigefinger deutete er eine Zickzackbewegung an. Ich erschrak. Sofort kam es mir in den Sinn – eine Schlange!

Mit einer Handbewegung gab mir Opa Kerenga zu verstehen, daß er sie nicht erlegen wollte. Er sagte mir später, die Haut wäre zu schmal gewesen, um damit eine Trommel zu bespannen. Matt glänzten die Augen, unablässig schoß lautlos die dünne gespaltene Zunge aus dem Maul der Schlange. Vielleicht hatte sie eine Ratte entdeckt, denn langsam schob sie ihren langen Körper weiter und verschwand jenseits des Pfades im hohen Gras.

Schon fast senkrecht stand der kleiner gewordene Mond über uns. Sterne am Himmel. Man hatte den Eindruck, als berührten sie die Bergspitzen.

Plötzlich sahen wir kleine Lichtpunkte am Horizont aufblitzen – einmal, zweimal, dann nichts mehr. Wieder blitzte es auf, aber nicht an derselben Stelle, die Lichter waren näher gekommen. Ein feines Summen erfüllte die Luft, wurde lauter und lauter.

Endlich konnten wir es deutlich erkennen: Ein Riesenvogel flog uns mit Donnergetöse entgegen. Kerenga hielt mich fest in seinen Armen. Er zitterte am ganzen Leib.

Immer näher kam der Vogel und brauste mit ohrenbetäubendem Krach in die Goroka-Richtung, dem Kefeya-Berg zu. Deutlich konnte ich seine leuchtenden Augen sehen, die immer wieder aufblitzten.

Kurz darauf verschwand er hinter einem Berg. Wir hörten ihn noch eine Weile brummen, dann war es wieder still, als wäre nichts gewesen.

Mein Großvater hielt mich fest umklammert, Schweißperlen standen auf seiner Stirn. Ängstlich blickte er noch immer zu dem Berg, hinter dem der Riesenvogel verschwunden war. Leise flüsterte er mir ins Ohr:

«Hast du das gesehen, Okani? Das war der schwarze Totenvogel. Komm schnell, wir gehen zurück.»

«Was glaubst du, wollte er von uns?» fragte ich.

«Ich weiß nicht, mein Kind», erwiderte Kerenga. «Ich habe ihn auch zum erstenmal gesehen. Wir müssen schnell zurückkehren und unsere Leute warnen.»

Wir hasteten auf einem Kasuar-Jagdpfad zurück. Als wir zu einer Wegegabelung kamen, die den großen Weg nach Goroka kreuzte, merkte Opa verlegen, daß wir uns verlaufen hatten. Wir waren bereits weit ins Komongu-Gebiet eingedrungen.

Wir rannten den großen Weg entlang, aber jetzt in entgegengesetzter Richtung.

Bei Anbruch der Morgendämmerung erreichten wir endlich erschöpft unser Dorf.

Die Bewohner standen in heller Aufregung vor ihren Häusern. Die Frauen hielten ihre weinenden Kinder auf den Armen, vor ihren Füßen lagerten vollgepackte Netze. Die Schweine waren vor den Hütten angebunden. Es sah aus, als hätten sie nur auf uns gewartet, um gemeinsam das Dorf zu verlassen.

Opa Kerenga eilte ins Männerhaus. Dort saßen alle Männer schwer bewaffnet um die Feuerstelle herum und unterhielten sich leise.

«Endlich», rief Oromba Riyo, «hast du den riesengroßen Geistervogel gesehen? Heute nacht hat er uns geweckt. Mit einem sonderbaren Geschrei flog er über unsere Häuser hinüber zu den Komongu. Was sollen wir tun, Kerenga? Wir haben Angst, der Geistervogel könnte zurückkommen. Vielleicht tötet er uns dann.»

Stumm blickte Kerenga in die Runde, er sah ausschließlich verängstigte und sorgenvolle Gesichter.

«Und wenn wir nach Minowaro ziehen?» sagte ich zu Opa ins Männerhaus hinein.

Kerenga überlegte. Noch bevor er eine Entscheidung fällen konnte, wurde er unterbrochen. Ein Komongu-Mann aus Rurape kam schweißüberströmt und erschöpft ins Dorf gelaufen. Schwer atmend blieb er vor dem Männerhaus stehen und rief Kerenga.

Neugierig hatte sich alles um den Rurape-Mann versammelt, der hastig erzählte:

«Der Riesenvogel ist tot. Er hat sich selbst verbrannt, er ist tot.» Nach einer kurzen Atempause fuhr er fort:

«Die Fetokawe schickten einen Boten in unser Dorf, er verkündete die Nachricht vom Tod des Riesenvogels. Er sagte, einige Männer wurden während der Jagd am Uka Faka von dem Riesenvogel überrascht. Er donnerte über ihre Köpfe hinweg – dann verstummte er plötzlich. Mit unbeweglichen, ausgestreckten Flügeln schwebte er unhörbar am Kefeya-Berg vorbei und stürzte kopfüber in den Urwald. Die Männer hörten dann drei laute Donnerschläge. Sie sahen, wie weißgelbe Feuerbälle aus dem Vogel in alle Richtungen schossen. Danach war es wieder still. Der Riesenvogel und alle Bäume um ihn herum standen in Flammen.»

Opa Kerenga schüttelte zweifelnd den Kopf und fragte den Rurape-Mann: «Ist er auch wirklich ganz tot?»

Der Rurape-Mann nickte: «Ja, ganz bestimmt. Die Fetokawe sahen, wie das Feuer ihn aufgefressen hat. Es ist nur noch ein großes Knochengerüst übriggeblieben.»

Erleichtert nahmen wir die Nachricht vom Tod des Riesenvogels auf. Kerenga ließ ein kleines Schwein schlachten und gab es dem Rurape-Mann mit als Dank für die befreiende Botschaft.

Vor dem Männerhaus saß Opa Kerenga und sprach mit sorgenvoller Miene zu einigen Alten der Sippe.

«Was tun wir, wenn der Geistervogel doch wieder kommt? Wie können wir uns vor ihm schützen?»

Ratlosigkeit stand in den Gesichtern. Keiner wußte eine Antwort.

«Mag er auch tot sein», setzte Kerenga fort, «aber vielleicht hat er einen Bruder? Was dann? Er wird kommen und ihn suchen. Wenn er ihn tot im Kefeya-Busch findet, wird er sich rächen.» Noch lange Zeit grübelten sie der Frage nach, wo man sich in Sicherheit bringen könnte. Es müßte ein großes Versteck sein, in dem alle Dorfbewohner Platz hätten.

Da kam meinem Großvater der rettende Gedanke. Er entsann sich der großen Nora-Höhlen am Fuße des Elimbari. Kerenga ließ Brennholzvorräte sammeln und in die Höhle bringen. Somit waren wir alle auf eine Überraschung vorbereitet.

Tage und vor allem Nächte erhöhter Wachsamkeit vergingen, aber es geschah nichts. Kein Riesenvogel ließ sich hören oder sehen.

Bald darauf kamen die Weißen mit ihren Polizisten ins Dorf. Ein Raiya-Mann, der für die Weißen als Dolmetscher arbeitete, sagte zu Kerenga, daß er von jetzt an *«namba wan»* sei. Er wurde offiziell zum Dorfführer und zugleich zum *luluai* ernannt. Sie steckten ihm eine kleine glänzende Scheibe auf das Stirnband und meinten, dies sei das Zeichen der *«namba wan»* im Dorf Mainyero.

Mein Onkel Oromba Riyo wurde zum Stellvertreter Kerengas ernannt und erhielt den Namen *tultul.*

Die Weißen sagten, daß alle Dorfführer so hießen. Sollte es Streit, Krieg oder andere Schwierigkeiten geben, so würden die Weißen nur mit Kerenga oder Oromba Riyo verhandeln.

Mein Großvater hielt von der ganzen Bestimmung nicht sehr viel. «Was gehen die Weißen unsere Angelegenheiten schon an», meinte er einmal.

Hinzu kam, daß er die Weißen nicht besonders leiden konnte, denn seit sie gekommen waren, hatten sie viel Unruhe und Verwirrung gestiftet. Kerenga fand sie samt ihren Salzwasserpolizisten sehr störend.

Andererseits – so hatte ich das Gefühl – freute sich mein Großvater, daß die Weißen ihn respektierten.

Sie blieben nicht lange bei uns im Dorf. Einer der Weißen gab Polizisten und Trägern das Zeichen zum Aufbruch. Der andere schüttelte Kerenga heftig die Hand.

Da erinnerte sich mein Opa und erzählte über den Dolmetscher das Tage zurückliegende Ereignis mit dem laut brummenden Geistervogel und seinen aufleuchtenden Augen. Aufmerksam hörten die Weißen ihm zu, nickten immer wieder, sahen einander öfters erstaunt in die Augen und verabschiedeten sich mit besorgten Mienen.

Kerenga war froh, daß die Weißen nun über diesen Vorfall Bescheid wußten, denn insgeheim hoffte er bei einem weiteren Auftauchen des Geistervogels auf ihre Hilfe. Nur sie hatten Donnerstöcke und könnten den Geistervogel vielleicht töten.

Nach drei Tagen kamen die Weißen wieder in unser Dorf. Opa sagte ihnen, er habe sie nicht rufen lassen, in Mainyero sei alles in Ordnung.

Der Dolmetscher gab Kerenga zu verstehen, daß sie den großen Geistervogel gefunden hätten – der gar keiner war. Und im übrigen gäbe es keine Geistervögel.

Auf diese Behauptung hin wurde mein Großvater sehr ärgerlich und widersprach heftig. Es dauerte eine ganze Weile, bis sie ihn beruhigen konnten.

Einige Männer der Sippe hatten sich hinter den Häusern versteckt und beobachteten das erregte Gespräch. Unauffällig, Weißen und Polizisten verborgen, hielten sie Pfeil und Bogen schußbereit.

Bald entspannte sich die Situation, denn die Weißen gaben endlich zu, daß es doch Geistervögel geben könnte. Sie hätten zwar noch nie welche gesehen, meinten sie skeptisch, aber dennoch hier bei uns in den Bergen könnte alles möglich sein. Kerenga sagte ihnen: «Was wißt ihr schon über unsere Geistervögel?»

Dann schaltete sich wieder der Dolmetscher ein und sagte:

«Die Weißen sind nicht gekommen, um mit dir zu streiten. Schon gar nicht über Geistervögel. Sie wollten lediglich ein Mißverständnis aufklären.»

Was wir nun zu hören bekamen, verschlug uns die Sprache. Es ging über unsere Vorstellungen hinaus, wir konnten nur daran glauben. Mit ernstem Gesicht begann der Weiße zu erzählen, der Raiya-Mann übersetzte:

«Wir haben den Geistervogel in der Nähe des Kefeya-Berges gefunden. Es war zwar ein Vogel, wenn wir es so nennen wollen, aber er wurde von Weißen gebaut.»

Es folgten Erklärungen, wie der künstliche Vogel sich in der Luft fortbewegen kann. Wir verstanden weder Sinn noch Zusammenhang, Kerenga klagte bereits über Kopfschmerzen.

Zum Schluß sagten sie, daß dieser Vogel *big balus*, großes Flugzeug, heiße. In seinem Bauch waren vier Weiße gewesen, die mit ihm verbrannten. Sie hätten deren Leichen bereits an Ort und Stelle begraben. Dann wurden wir aufgefordert, die Absturzstelle niemals zu betreten, wobei Kerenga abfällig meinte:

«Keiner von uns würde das Wohngebiet von *Nokondi* betreten.»
Niemand von uns glaubte an den *big balus*. Viel eher glaubten wir, daß der Dolmetscher uns angelogen hatte, da er mit den Weißen schon lange unter einer Decke steckte.
Erst nach Jahren kam Licht in das Geheimnis der großen Geistervögel, als die Nachricht von der Existenz vieler Missions- und Regierungsflugzeuge zu uns ins Hochland drang.

Im Schatten eines Pandanusbaumes sitzt ein junges Mädchen und spielt auf der Maultrommel. Zu seinen Füßen liegt ein kleiner, halbverhungerter Hund, der mit ruhigen Blicken und wachsamen Ohren den Klängen lauscht. Sein braunes kurzhaariges, struppiges Fell ist von vielen eitrigen Wunden und Fliegen übersät. Das beseelte Wesen verrät nichts von Schmerz oder Sterben. Unschuldige, reine Augen sehen mich an. Ich kann diesem Blick nicht ausweichen; es ist, als wolle er mit meiner Seele verschmelzen.
Mainyero liegt jenseits des Berges, und als wir es erreichen, verschwindet die Sonne hinter den bewaldeten Hügeln. Über uns beginnen für wenige Augenblicke die Wolken zu erglühen.
Im Osten, diesseits des Tales, schieben sich langsam und bedrohlich weiße, milchige Nebelschleier über die Bergrücken. Geheimnisvolle Stille breitet sich aus – zeitlos und unermeßlich.

Das Geheimnis des Lebens

Schweigsam saßen wir am Feuer und aßen Süßkartoffeln. Kiyagis Schmatzen und das Knistern des Holzscheits störten die Ruhe nicht, die sich in der Hütte ausgebreitet hatte.
«Ich habe heute vor dem Dorf etwas Merkwürdiges gesehen», sagte ich zu meiner Oma, die allein mit mir zu Hause war.
«So, so», meinte sie und aß bedächtig weiter.
Meine Beobachtung schien sie nicht neugierig gemacht zu haben, denn mit flinken Händen holte sie eine neue Süßkartoffel aus der Glut – es muß die sechste oder siebte gewesen sein –, klopfte die Asche ab und begann wieder zu kauen.

«Ich habe heute etwas Unmögliches gesehen», rief ich ihr laut ins Ohr.

Erschrocken fuhr sie zusammen und sah mich mit funkelnden Augen an. Ich dachte schon…, aber sie fing wieder an zu schmatzen.

«Was denn?» fragte sie endlich und streckte dabei ihre dünnen, runzligen Beine aus.

«Ich sah zwei Schweine wenige Schritte vor dem Dorf am Weg stehen.»

«Na und?»

«Das Mutterschwein stand am Boden und das Vaterschwein sprang von hinten immer auf das Mutterschwein und dabei grunzten sie.»

«Waas, das hast du gesehen?» unterbrach mich Kiyagi und legte schnell ein neues Holzscheit ins Feuer. Etwas verlegen begann sie leise zu erzählen.

«Okani, das, was du gesehen hast, waren ungezogene Schweine.»

«Wieso?» fragte ich erstaunt.

Sie winkte nur ab und fuhr fort: «Gewöhnlich sieht das keiner, was die Schweine da getrieben haben. So etwas findet normalerweise tief im Busch statt, wo es niemand sieht.»

«Und was haben die Schweine genau gemacht?» fragte ich ungeduldig weiter.

«Sie haben Kinder gezeugt, junge Schweine. Das macht man so, aber nicht vor den Augen anderer. Ich sagte dir schon, man geht in den Busch.»

«Das verstehe ich nicht, Oma. Wie werden denn die Kinder, ich meine, die Ferkel, gemacht?» fragte ich neugierig.

«Nun, mein Kind, das, was ich dir jetzt sage, ist das Geheimnis des Lebens. Sprich darüber zu niemanden, hörst du! Du wirst das später alles einmal selbst erfahren.»

Ich nickte aufgeregt.

«Also, paß auf. Das männliche Schwein hat einen *kok*, das Mutterschwein eine *kané*. Hätte das Vaterschwein keinen *kok*, so hätten wir nie Schweinefleisch zu essen, verstehst du!»

«Nein», sagte ich, «was hat das mit dem *kok* zu tun?»

«Das Vaterschwein muß seinen *kok* in die *kané* des Mutterschweins stecken. Nach einiger Zeit wachsen im Bauch des Mutterschweins die

Kleinen heran. Und nach einer bestimmten Zeit schlüpfen die jungen Schweine aus der *kané* und werden vom Mutterschwein großgezogen.»

Nachdenklich starrte ich ins Feuer und begann langsam zu verstehen. Kiyagi holte hörbar Luft, als ich keine Ruhe gab: «Und die Menschen, Kiyagi, woher kommen sie – du und ich?»

«Wir sind genauso entstanden wie die Schweine», fuhr sie sachkundig fort. «Dein Vater ging mit deiner Mutter in den Busch und machte das gleiche wie das Vaterschwein mit dem Mutterschwein. Nachdem er mit deiner Mutter zusammen war, hat es neun Monde gedauert, dann warst du hier, und deine Mutter hat dich an ihrer Brust großgezogen.»

«Wir pflanzen uns also fort wie die Schweine», sagte ich zu Kiyagi.

«Genau so ist es, Okani», nickte sie, stand auf und ging in die kühle Nacht hinaus.

Teil II

JUGEND

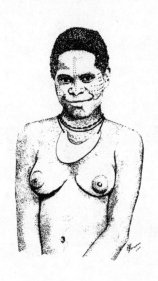

Meine Vor-Verheiratung

Einen Tag nach der Nasendurchbohrungszeremonie übersandte Opa Kerenga durch einen Boten meinem Vater einen großen Teil von den Festschweinen mit der stolzen Nachricht vom Nasenquerschuß seiner Tochter. Zugleich aber – für mich als Kind damals weniger wahrnehmbar – wickelten sich für mein künftiges Leben sehr bedeutsame Ereignisse ab.

Es fand *komere en dai* statt, meine Vor-Verheiratung mit dem abwesenden Kindino, den ich noch nie gesehen hatte. Opa Kerenga sandte auch ihm und seiner Mutter Sepe einen fetten Anteil vom Schweineschlachtfest.

Drei Tage nach dem «ferngesteuerten» *komere en dai* kam Mama Sepe mit einigen Frauen von Kofeyaro, jedoch ohne ihren Sohn Kindino, nach Mainyero. Mit meinen Großeltern besiegelten sie bei einem Festessen – unter Ausschluß der «armen harmlosen Braut» – die Vor-Verheiratung. Sepe, meine zukünftige Schwiegermutter, versprach mir lediglich, daß ich später von ihr ein schönes *kuruwa*, einen Kordelschurz für Frauen, bekommen würde.

Wer aber waren jener mir fremder und ferner Bräutigam und seine Mutter Sepe? Die Antwort auf diese Frage bekam ich erst viel später. Sepe war eine Komongu-Frau aus dem Dorf Rurape und gehörte zur Sippe Nimalere. Meine Großmutter Kiyagi war ebenfalls von Rurape, stammte jedoch von der Sippe Inarunguna. Diese Sippen, die ursprünglich das Dorf Rurape bewohnten, waren später aus Antipathie gegen die Weißen, die sich in Rurape einnisteten, weiter bergauf gezogen und hatten sich getrennt. So bewohnte die Sippe Nimalere die Dörfer Kofeyaro und Kurefu, die Sippe Inarunguna das Dorf Kuifamo. Beide Sippen blieben aber weiter in Kontakt und unterhielten freundschaftliche Beziehungen. Doch das gute Verhältnis der Sippen untereinander war nicht der Anlaß der Verbindung von Kindino und mir. Es waren andere Gründe – vom Schicksal geknüpfte Bande – ausschlaggebend.

Sepe und meine früh verstorbene Mutter Monambi waren *auwafo*. So werden alle jene genannt, die am gleichen Tag desselben Jahres geboren sind. Solche Menschen sind schicksalhaft voneinander abhängig.

Aus diesem *auwafo*-Verhältnis entstand das voreheliche Band von Kindino und mir.

Kindino, einige Jahre älter als ich, war sich der Vor-Verheiratung voll bewußt. Was ihn jedoch nicht hinderte, der Sitte gemäß mit den übrigen Jungen von Kurefu zum allabendlichen *Singsing* die Mädchenhäuser anderer Dörfer aufzusuchen und Freundschaften zu schließen.

Mir selbst fehlte damals der Sinn für das voreheliche Geschehen. Ich fühlte mich immer noch bei meinen Großeltern am wohlsten. Trotz der Geborgenheit und Nestwärme erfuhr ich bald von ihnen die wahren Absichten, die meinen Lebensweg bestimmen sollten. Opa Kerenga und Oma Kiyagi hatten meine Vor-Verheiratung nach gültiger Sippenpflicht geregelt. Diese Regelung brachte sie in einen seelischen Zwiespalt. In mir sahen sie ihre Tochter Monambi und fürchteten sich, sie ein zweites Mal zu verlieren. Ein lebenslanges, vielleicht kaum bewußtes, verborgenes Leid um sie zeigte sich in einer oft widersprüchlichen Liebe und Sorge um mich. So schon im sogenannten Familienstreit, als mein Vater Kopowe mich, damals sechsjährig, bei meinen Großeltern abholen wollte.

Eine andere Bestätigung für meine lange Bindung an das Großelternhaus zeigte folgendes Verhalten:

Opa und Oma gaben mir zu keiner Gelegenheit den *kuruwa*, den kleinen Mädchen- oder Frauenschurz, sondern immer nur ein *monambi*, einen Jungen- oder Männerschurz. Ich sollte wie ein Junge sein, der nie von ihnen wegziehen würde. Denn Mädchen heiraten immer in fremde Sippen ein im Gegensatz zu den Jungen, die im Dorf bei ihrer Familie bleiben.

Von dieser Hoffnung getragen, sagte mir Opa Kerenga eines Tages unmißverständlich: «Okani, du ersetzt uns deine Mutter. Du weißt, wir hatten viel Arbeit mit dir, dich als kleines Kind nach dem Tod deiner Mutter am Leben zu halten und zu ernähren. Wir haben uns für dich all die Jahre bis heute abgeplagt.»

Was meine Großeltern damit meinten, hatte ich bald begriffen. Sie wollten, daß ich unverheiratet bliebe und als Erwachsene durch Arbeit meinen Lebensrettern alle vorausgeleisteten Mühen abzahlen würde. Im Widerspruch zu diesen Bestrebungen stand nicht nur die

Vor-Verheiratung oder der neue Männerschurz, den ich zu diesem Ereignis bekam, sondern auch das Männerwerkzeug, nämlich Pfeil und Bogen. So zog ich in der folgenden Zeit mit den Jungen des Dorfes in den Busch zur Jagd auf Vögel und Baumkänguruhs.

Eine tragikomische Verwechslung

Nach der für mich kaum wahrnehmbaren Vor-Verheiratung folgte wieder der graue Alltag. Das Leben im Dorf Mainyero bei meinen Großeltern nahm seinen gewohnten Lauf.

Eines Tages sagte Oma Kiyagi zu mir: «Okani, ich gehe schon voraus in den Garten. Komm du bald nach, denn ich kann nicht alles allein nach Hause schleppen. Mir reicht schon das volle Süßkartoffelnetz. Du solltest das *namba*-Gemüse tragen.»

Sie zog mit Netzen, Grab- und Setzhölzern los.

Nachdem das Dorf fast menschenleer geworden war – die Leute arbeiteten in den Gärten, waren auf der Jagd oder im Busch –, folgte ich ihr.

Auf dem Weg zum Garten hörte ich spielende Kinder, die mich bald kommen sahen und mir zuriefen: «Okani, komm! Wir werfen *urumbi irawa!*»

Schnell vergaß ich Garten, Kiyagi und *namba*-Gemüse und gesellte mich zu den Spielenden. Wir warfen die harten Früchte ins Wasser und zielten darauf. Die Jungen schossen mit Pfeil und Bogen, wir Mädchen mit den *kia*-Lanzen.

Vom Spiel wurde ich schließlich hungrig und ging zurück ins Dorf.

Der Eingang unserer Hütte, den Kiyagi am frühen Morgen mit fünf übereinandergesteckten Latten verschlossen hatte, war noch zu. Ich zog die zwei obersten Hölzer beiseite und kletterte ins Haus.

Vorsichtig, etwas unsicher, schlich ich durch den dunklen Schweinestall in den zurückliegenden, ein wenig erhöhten Wohn- und Schlafraum, der durch einen niedrigen Zaun abgegrenzt war. Unterhalb der Decke hingen einige *ana*-Früchte, auf die ich es abgesehen hatte.

Ich stieg auf den Zaun und versuchte, mit ausgestrecktem Arm die hochhängenden Früchte zu erreichen. Aber gerade in diesem Augenblick hörte ich draußen das Grunzen der Schweine. Ich dachte sogleich, meine Großmutter kehre schon zurück. Mit einem Fuß auf dem Boden stehend, mit dem anderen auf dem niedrigen Zaun, spähte ich durch die schmale Türöffnung hinaus.

Tatsächlich, da kam Kiyagi, beladen mit zwei Netzen voller Süßkartoffeln. Sie trottete tief gebückt hinter ihren sechs Schweinen auf das Haus zu. Sie legte ihre schwere Last auf das *foromo*-Gestell und sprach zu den unruhig gewordenen Schweinen: «Ihr schreit schon nach Süßkartoffeln, aber sie sind ja noch nicht gekocht. Weg mit euch!»

Mit ihrem dünnen Bein versetzte sie den dreckigen Rüsselnasen einen Stubs.

Kiyagis Blick fiel auf den oben offenen Eingang. Sie glaubte, ein Schwein sei bereits eingebrochen und im Haus. Schnell zog sie die restlichen Hölzer weg, nahm einen schweren Knüppel und kam aus der Helle des Tages in den dunklen Raum hinein.

Ich war vor Schreck wie gelähmt und stand noch immer mit dem einen Bein am Boden, mit dem anderen auf dem Zaun. Dazu kam mein schlechtes Gewissen, da ich Oma nicht im Garten geholfen hatte.

Sie tastete sich langsam durch Zwielicht und Dunkelheit, blieb vor mir, dem vermeintlichen Schwein, stehen und kreischte: «Was hast du jetzt schon hier zu suchen? Schau, daß du hinauskommst!»

Dabei schlug sie mit dem Knüppel auf mich los.

Mit einem gellenden Schrei stürzte ich zu Boden – ein Volltreffer – und sogleich folgte ein zweiter gellender Schrei, diesmal von Oma Kiyagi. Der Knüppel entfiel ihren zittrigen Händen und landete auf ihren Zehen. Noch ein Schrei. Sie bückte sich, hob mich auf, schleppte mich humpelnd vor das Haus. Dabei jammerte sie:

«Ich glaubte, es sei ein Schwein. Warum hast du nichts gesagt?» Mit großen unglücklichen Augen starrte sie mich an.

«Ich hatte Angst», erwiderte ich. «Deshalb sagte ich nichts.»

Da ergriff meine alte Oma wieder einen Prügel, genauer gesagt einen Teil der Tür, hinkte zu einem in der Nähe stehenden Schwein und haute es mit einem kräftigen Rundschlag um. Das Tier quietschte, zuckte und röchelte. Die Großmutter schlachtete es für mich als Trost und Wiedergutmachung.

Inzwischen waren einige Leute herbeigeeilt, um zu sehen, was geschehen war. Es sah so aus, als sei mein Oberschenkel gebrochen, was sich zum Glück doch nicht bewahrheitete. Nachdem einige Männer mit Wunderfahrung meine Verletzung beäugt hatten, sagten sie: «Wir dürfen Kerenga nicht erzählen, daß Kiyagi die Verletzung verursacht hat, sonst schlägt er sie.»

Ein Mann eilte vor das Dorf und rief: «Kerenga, komm schnell! Ein Schwein hat Okani gebissen.»

Die Nachrichtenübermittlung funktionierte. Aus weiter Ferne kam Kerengas Antwort. Er hatte verstanden.

Es dauerte nicht lange, da kam er ins Dorf und lief geradewegs auf mich zu. Schnaufend ging er um mich herum, musterte mich und fragte: «Wo hat dich ein Schwein gebissen?»

Ich gab keine Antwort und hielt nur mein schmerzendes Bein.

Natürlich erkannte Opa sofort, daß die starke, blutende Prellung nicht nach einem Schweinebiß aussah. Es hätte schon ein sehr eigenartiges, vor allem zahnloses Schwein gewesen sein müssen. Wortlos und mißtrauisch schaute er in die schweigende Zuschauerrunde.

Etwas zögernd erklärte ihm dann ein älterer Mann: «Kiyagi kam vom Garten zurück, sah den halb offenen Eingang und dachte, ein Schwein sei im Haus. Sie glaubte auch, ein Schwein drinnen zu sehen und schlug drauf los. Na ja, du siehst selbst, es war Okani.»

Da heulte Opa Kerenga auf: «Deine Mutter starb. Ich habe dich mit soviel Mühe aufgezogen, und nun schlägt die blinde Kiyagi dich halbtot.»

Spontan schnappte der wieder heißblütig gewordene Kerenga ein schweres Türholz und ging auf Kiyagi los. Meine Großmutter wechselte ihre Farbe wie ein Buschleguan, sie wurde fast grau vor Angst.

Zum Glück blieb es beim Schreck, denn einige Männer stellten sich dem vor Wut schäumenden Kerenga in den Weg und nahmen ihm sanft den Knüppel ab. Er weinte und schluchzte herzzerreißend.

Das Schwein wurde zerschnitten und gekocht. Ich bekam zum Trost die Rückseite und die zwei Vorderbeine.

Das Versöhnungsfest wurde im Kreise aller Sippenangehörigen gefeiert. Neben dem Essen wurde ergiebig und ausreichend geheult, wie es sich zu solchen Anlässen gehört. Auch Komba, der noch junge Sohn von Kerenga, weinte. Aber er bedauerte nicht mich, sondern sich selbst. Er klagte sein Leid mit halb von Tränen, halb von Süßkartoffeln erstickter Stimme: «Ich habe soviel Arbeit mit den Schweinen, versorge und füttere sie und hole Feuerholz. Okani jedoch läuft nur herum und spielt den ganzen Tag. Ich möchte auch ein Schwein haben, sonst will ich nichts mehr für sie tun.»

Die Eltern vertrösteten ihn auf später. Sie mußten ihm im Laufe der Zeit öfters seelischen Beistand leisten, da ich ihm einige Male gründlich einen Denkzettel verpaßte.

Mein Urgroßvater Kambanofu

Mein Urgroßvater Kambanofu lebte zusammen mit Opa Kerenga in Mainyero. Was der altehrwürdige Herr unter meiner kindlichen Unvernunft zu erdulden hatte – das war beileibe nicht zuwenig! Da war zum Beispiel die Sache mit seinen Ohren.

Mein Uropa war der einzige, beneidenswerte Mann in unserer Sippe, der in seinen durchbohrten Ohrlappen den Schmuck aus langen, geringelten Baumkänguruhschwänzen trug. Schon beim Anblick dieser Fellohren überkam mich stets die unwiderstehliche Versuchung, ganz einfach daran zu ziehen.

Häufig machte ich mir die Gelegenheit zunutze, wenn er zusammengekauert vor der Feuerstelle hockte, sich wärmte und sinnend in die Holzkohlenglut starrte. Leise schlich ich mich von hinten an ihn heran, um plötzlich an seinem baumelnden Ohrgehänge zu ziehen.

Was dann kam, war mir längst bekannt: Mit einem Ur-Schrei zuckte er erschrocken zusammen, sprang auf und schimpfte mit schmerzverzerrter Miene: «*Kato, minoto, kamba! Aijee*. Laß das! Zerreiß mir nicht die Ohren!»

113 Okani-Informant Rumbiawe aus der Nimalere-Sippe. Er zog vor fast 50 Jahren als Träger mit der ersten australischen Regierungspatrouille durch sein Stammesgebiet und ist heute knapp 70 Jahre alt.

114 Okanis Ehemann Kindino in Festtracht. Typisch für alle Männer des Stammes ist der Kasuarfederkopfschmuck. Ein Kasuarfederkiel ziert Kindinos Nase.

Danach sah ich ihn jedesmal sehr mitleidsvoll an, streichelte sanft seine Ohren und erklärte ihm etwas verlegen, daß ich nur zufällig an seine Baumkänguruhschwänze gekommen war. Eigentlich hätte ich ihm ja nur eine Fliege vom Ohr wegscheuchen wollen.

Natürlich überzeugte ihn diese Art von Ausreden kaum. Aber Kambanofu konnte schnell vergessen.

Uropa Kambanofu versuchte, sich in seinem hohen Alter noch nützlich zu machen. Oft ging er hinaus in den Busch, um Feuerholz zu schlagen. Darauf warteten wir Kinder immer. Es war für uns eine willkommene Abwechslung im Alltag.

Mit langen Bambusstöcken bewaffnet schlichen und huschten wir hinter ihm her.

Kambanofu war nicht nur uralt, sondern auch – obwohl noch rüstig – mager und klapprig. In seinem Baumrindengürtel um die verrunzelten Lenden hing vorn der Schurz aus Baumrindenfasern. Sein Hinterteil wurde mit einem nicht immer grünen Büschel von *kini*-Blättern spärlich bedeckt. An der Seite, zwischen Gürtel und Hüfte, steckte sein Steinbeil.

Mitten im Dickicht machte Uropa schließlich halt, nahm sein Beil zur Hand, schaute sich vorsichtshalber noch einmal um nach den lästigen Fliegen, den Kindern des Dorfes. Ohne jemanden zu entdecken, begann er zu arbeiten. Weit ausholend schwang er das Steinbeil und ließ es auf trockene oder morsche Äste sausen.

Unter den Hieben des Beiles und dem Brechen des Holzes hatten wir uns mit den langen Stöcken im dichten Gestrüpp an Kambanofu herangeschlichen. Wir warteten auf einen uns bereits bekannten, sehr lustigen Augenblick.

Beim emsigen Schlagen im Schweiß seines Angesichts pflegte meinem klapprigen Uropa der Gürtel mit dem Blätterbüschel über den zusammengeschrumpften, kürbisähnlichen Hintern herunterzurutschen.

Nun schob sich durch Geäst und Blätterwerk, vorsichtig von Kinderhand gesteuert, langsam ein langer Stock auf den Altmännerpo zu. Plötzlich stieß sein Ende unsanft auf das Hinterteil. Kambanofu drehte sich blitzschnell um, wir waren jedoch bereits außer seiner Reichweite.

Wütend schleuderte er uns das Steinbeil nach, das freilich das Ziel weit verfehlte, sagen wir mal, die grobe Richtung stimmte annähernd. Schnaubend und keuchend rannte er wie ein *Nokondi* ein Stückchen hinter uns her.

Doch der arme, hilflose Greis erntete nur respektloses Gelächter von der «modernen Jugend». Aus sicherer Entfernung drehten wir ihm Nasen und zeigten ihm die Zunge.

Wir taten so, als liefen wir zurück ins Dorf. Aber außer Sicht des Uropas machten wir kehrt und schlichen uns wieder an ihn heran. Glaubte Kambanofu sich nach scharfem Äugen und aufmerksamem Horchen rundum von der lästigen Meute befreit, nahm er sein Beil wieder auf und schlug den Urwald zu Kleinholz. Seine Hiebe zeigten deutlich, daß nicht nur Kraft, sondern auch eine ganze Menge Wut in ihm steckte.

Wieder rutschte ihm im Eifer des Gefechts die «Hose» weg – und abermals zuckte das Hinterteil zusammen. Und auch diesmal hörte er nur noch schnell leiser werdendes Gekicher.

Abschaben einer gekochten Taroknolle mit einem Bambusmesser

«Die Jugend wird immer frecher und unanständiger. Zu meiner Zeit hat es so etwas nicht gegeben. Und die Okani habe ich auch unter diesem Gesindel mitlaufen und mich auslachen sehen», klagte er nach Feierabend seinem Sohn Kerenga. «Ich glaubte, sie würde mir helfen, die Kinder zu vertreiben, aber sie half sogar noch mit, mir das Leben und die Arbeit sauer zu machen», berichtete der zutiefst enttäuschte Uropa. Oft verteidigte ich mich und sagte: «Ich helfe dir doch. Ich schlage die anderen Kinder, wenn sie dich ärgern.»

Nicht immer wirkte diese zweifelhafte Beteuerung, und Opa Kerenga verhaute mich. Aber er schlug mich meist mit zuviel Herz und zuwenig Holz – letztlich bedeutete das weder dem Opa noch dem Uropa einen Erfolg.

Schon wenige Tage später ging Kambanofu wieder in den Busch. Er sammelte Brennholz für die Küche und die kalten Nächte – zum Wohl für den Magen und den Schlaf seiner Urenkelin.

So lief ich Undankbare wieder durch das Dorf, sammelte die Kinder, und das alte Spiel mit dem Uropa begann von neuem.

Ich dürfte um die dreizehn Jahre alt gewesen sein, als Kambanofu die verdorbene Welt verließ und zur ewigen Ruhe in die Geisterwelt einkehrte.

Mit sechzehn erst den *kuruwa*

Ich mag um die sechzehn Jahre alt gewesen sein, als ich endlich den langersehnten *kuruwa,* den Frauenschurz, bekam. Normalerweise wäre das erste Tragen eines *kuruwa* mit einer Zeremonie und einem *Singsing* gefeiert worden. Aber bedingt durch die schon erwähnte Situation meiner Großeltern, fand die Feier im allerengsten Familienkreis statt.

Es war noch früh an einem Abend in der Hütte meiner Großmutter Kiyagi. Nur Kerenga, sie und ich waren im Haus. Der Eingang war mit dem Bananenblättervorhang zugezogen, das war ungewöhnlich und für mich rätselhaft. Denn normalerweise schlossen wir den Vorhang erst beim Schlafengehen.

Schweigsam starrten die beiden Alten ins Feuer und wechselten verstohlene Blicke.

Frauenschurz «kuruwa»

Nach einer Weile fragte ich: «Ist etwas geschehen? Habt ihr Sorgen?»
Opa Kerenga kratzte sich verlegen an den Armen, Oma Kiyagi legte
geschäftig Feuerholz nach.
«Sagt doch, ist etwas?» fragte ich weiter.
Endlich begann Opa Kerenga zu reden: «Liebes Kind, es ist an der
Zeit. Wir haben beschlossen, dir den *kuruwa* zu geben. Du kannst
unmöglich länger in dem *monambi* herumlaufen. Jeder sieht ja, daß
du alles andere als ein Junge geworden bist. Deine Brüste sind bereits
so groß, daß du deine eigenen Kinder ernähren könntest. Obwohl du
noch nicht die erste Mutterblutung bekommen hast, bist du nun zu
einem heiratsfähigen Mädchen herangewachsen.»
Oma Kiyagi stand zu Tränen gerührt auf und suchte verlegen unter
dem Dach in ihrem Grashalmversteck. Sie zog ein altes verräuchertes
Bambusrohr hervor und kam mit unsicheren Schritten auf mich zu.
Sie nahm den Blätterpfropfen aus dem Behälter und zog einen zu-
sammengerollten, neu geknüpften *kuruwa* heraus.

«Hier, nimm ihn», sagte sie mit belegter Stimme, wandte sich ab und heulte wie ein Hund.

Ich band sogleich den neuen Schurz über meinen alten, löste dann den *monambi* ab und gab ihn Opa Kerenga.

Bedrückt rollte er ihn zusammen und steckte ihn in das Bambusrohr. Oma Kiyagi verstaute das Andenken im alten Dachversteck. Kerenga schlich aus der Hütte und ging zurück ins Männerhaus. Ich saß noch einige Zeit mit Oma vor dem wärmenden Holzkohlenfeuer, bevor wir uns schlafen legten.

An diesem Abend war ein Lebensabschnitt zu Ende gegangen, und ein neuer hatte begonnen.

Dieses große Ereignis erzählten sich säuselnd die Winde, welche die Nachricht von meinem *kuruwa* über die Berge und Täler bis nach Kofeyaro und Kurefu ins Komongu-Gebiet wehten.

Auch Mutter Sepe und Sohn Kindino vernahmen das Geflüster. Schon am nächsten Tag, bei meinem ersten *Singsing*-Abend im Mädchenhaus von Mainyero, tauchte unverhofft mein Bräutigam auf. Er schien sich nicht sonderlich für mich zu interessieren, denn er lachte mit einigen anderen Mädchen, die ihm scheinbar besser gefielen.

Es kümmerte mich damals überhaupt nicht, wie viele Mädchen Kindino küßte oder mit wem er in den Busch hinausging. Ich kannte weder Eifersucht noch ähnliche Gefühle, da ich zu diesem Zeitpunkt überhaupt keine innere Beziehung zu Kindino hatte.

Vielleicht lag es auch an uns beiden – er hatte jedenfalls nicht soviel Anziehungskraft, daß ich auf ihn geflogen wäre. Er war ein Junge wie alle anderen. Nur eines hatte er ihnen voraus – die Gewißheit, daß er mich einmal heiraten oder besser gesagt besitzen würde.

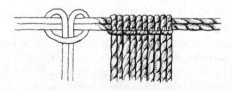

Typischer Knoten an Frauenschurzen

119

Zikaden, ein Leckerbissen aus der Papua-Küche

Wieder einmal hatte ich meine Heimatdörfer gewechselt und wohnte seit Tagen bei der alten Kama in Minowaro. Die schrillen Rufe der Zwergpapageien weckten mich. Eine ganze Kolonie hatte sich unweit unserer Hütte auf einem großen Baum niedergelassen. Sie kämpften wohl um die besten Plätze in der ausladenden Baumkrone.

Die ersten Strahlen der aufgehenden Sonne berührten Kamas Hüttendach. Auch die Alte wurde vom Papageiengekreische aus ihren Träumen gerissen, denn sie rappelte sich von ihrem Schlaflager auf und kroch wärmesuchend an die glimmende Feuerstelle.

Ich blies die Asche beiseite und legte etwas Brennholz auf die hellrot leuchtende Glut. Im Nu entwickelte sich ein wärmespendendes Feuerchen, dessen glühende Funken steil in die Höhe stoben und sich im schwarz verrußten Hüttendach verloren.

Kama legte einige Süßkartoffeln ins Feuer und starrte mit leeren Augen durch die Hüttentür in den blauen, wolkenlosen Himmel. Was würde dieser Tag bringen?

Schweigend saßen wir an der Feuerstelle und aßen unsere Süßkartoffeln. Irgendwo im Dorf heulte ein Hund ganz jämmerlich, und in einer Hütte schrie ein Baby. Ein neuer Tag hatte begonnen.

Nach dem kargen Frühstück ging ich zum Männerhaus, um mich dort mit der Jugend von Minowaro zu treffen. Wir beschlossen in den Busch zu gehen, um *rike* – das sind Zikaden – zu fangen. Diesen Rat hatten wir von den Alten bekommen, die glaubten, gerade heute nacht eine Menge *rike* im Busch gehört zu haben.

So zogen wir los und hielten Ausschau nach den *rumbi-* und *afai-*Bäumen, in deren Astgabeln sich diese kleinen Schreihälse mit Vorliebe ihre Ruheplätze suchten.

Steil führte der Pfad bergab. Je tiefer wir in den kleinen engen Talkessel eindrangen, um so heißer wurde es. Im Schatten des Regenwaldes stand die Luft, stickig und schwül. Aber gerade hier waren sehr viele *rumbi-* und *afai-*Bäume.

Jeder von uns hatte ein dünnes, spitzes Stöckchen, auf dem wir die Zikaden aufspießten und aneinanderreihten.

Nach einiger Zeit des Suchens und Sammelns trafen wir uns alle in einer Lichtung und zählten die Beute. Wer die meisten *rike* gefunden hatte, durfte sich ausruhen und brauchte nicht mehr zu sammeln. Die anderen zogen noch einmal los und kletterten auf die Bäume.

Nach einer Weile trafen wir uns abermals, zählten die erbeuteten *rike*, und wieder durfte sich das Kind ausruhen, das am meisten gefangen hatte. Diese spielerische Arbeit wiederholte sich noch einige Male.

Singzikade (Cicadidae), Originalgröße

Gegen Nachmittag kehrten wir nach Hause zurück. Jedes Kind brachte die Beute seiner Mutter, die schon vor der Tür stand und auf die Delikatesse wartete. Als die alte Kama mein volles *rike*-Stöckchen sah, gingen ihr die Augen über. Wer konnte schon solchen Leckerbissen widerstehen? Neue Lebenskräfte überkamen die fast leblos wirkende Greisin. Leise singend und mit entzückten Blicken nahm sie mir gierig die *rike*-Sammlung ab. Dann machte sie sich betelnußkauend am Feuerchen zu schaffen.

Sie zog die brennenden Holzstücke raus und legte das *rike*-Stäbchen über die schwache Holzkohlenglut. Dabei meinte sie: «Wenn du nur wüßtest, wie gut sie schmecken. Aber das kannst du ja gar nicht wissen und wirst es auch nie erfahren. Ich werde für dich einige *rike* mitessen.»

Die alte Kama konnte gut reden, denn sie durfte diese Tierchen nach Herzenslust essen. Alle Erstgeborenen, also auch ich, waren nach unserem Glauben vom *rike*-Genuß ausgeschlossen. Würden wir sie verzehren, bekämen wir eine schwere Lungenkrankheit und müßten sterben.

Während ich mich mit Süßkartoffeln begnügte, knackte Kama genüßlich die frisch gerösteten Zikaden und verschlang sie mit leidenschaftlichen Gebärden.

Ein Rascheln im Dachgebälk schreckte mich plötzlich von der Abendmahlzeit auf. Mit einem brennenden Holzscheit leuchtete ich das schwarze Innendach aus und sah eine Ratte, die sich an einer hochgehängten Pandanusfrucht zu schaffen machte. Sie ließ sich vom Schein des Feuers nicht beeindrucken und knabberte munter an den *ana*-Kernen weiter. Jetzt lief mir das Wasser im Mund zusammen. Entschlossen kletterte ich mit dem brennenden Holzscheit zwischen den Zähnen auf den Dachbalken. Nach einem kurzen kräftigen Fakkelschlag fiel die Ratte neben Kama in die Feuerstelle.

Zufrieden und satt würdigte Kama mein Jagdglück.

Ihr Wohlwollen hielt jedoch nicht lange an. Wie es der Zufall wollte, löste sich die aufgehängte Pandanusfrucht aus der Lianenschlaufe, sauste herunter und prallte auf Kamas Hinterkopf. Sie sackte ohne Reaktion zusammen.

Eilig holte ich aus dem Männerhaus meinen Vater, der sich um Kama bemühte. Mit einer mächtigen Beule kam sie kurz darauf zu sich. Die Augen verdrehend sprang sie meinem Vater an die Kehle und schimpfte ihn aus. Sie glaubte, er wäre es gewesen. Kopowe hielt sie an beiden Armen fest und erklärte ihr den wahren Sachverhalt. Kopfschüttelnd zog sie sich in ihr Schlafgemach zurück.

Durch den Pandanuszwischenfall und seine nachhaltige Wirkung hatte ich meinen Rattenschmaus ganz vergessen. Ich konnte ihn wirklich vergessen, denn er war längst verbrannt.

---

123 Okani mit einem Kind aus ihrer Sippe. Ihre Halskette aus Eberhauern galt vor Jahren als Teil des Brautpreises.
124 Komongu-Junge mit farbenprächtigem Kopfputz. Der gelbleuchtende Paradiesvogelbalg bildet einen reizvollen Kontrast zu den Federn des Zwergpapageis.

Aus dem Männerhaus dringen Rauch, Gesang und Trommelklänge in den nächtlichen Urwaldhimmel.

Über zwanzig Männer sitzen im Kreis um die Feuerstelle: ihre Gesichter sind mit Ruß bemalt, ihre Nasen mit Schweinezähnen verziert; im Schein der Flammen funkeln ihre Augen groß und gespenstisch.

Sie singen immer weiter – Lieder ohne Text – einen melodischen Singsang – von den Urvätern übernommen.

Es ist ein bedeutungsvoller Gesang, der die Verbindung zu den Ahnen herstellen soll. Es geht um den Tod.

Noch bleiben die Geister der Ahnen stumm.

Kiyagis rätselhafter Tod

Mit Kiyagi ging es bergab. Über Nacht war meine Großmutter krank geworden und lag im Sterben.

Mit einigen Frauen der Sippe wachte ich am Krankenlager.

Andere saßen um das große Hausfeuer, unterhielten sich leise und fragten sich, wann sie zu den Ahnen gehen würde.

Fast unheimlich klang die gleiche Frage gesungen aus dem Männerhaus zu uns herüber. Opa Kerenga saß dort mit den ältesten Männern der Sippe, um zusammen mit ihnen die Ahnengeister zu befragen.

Erregung lag in der Luft. Was mochte der Grund der so überraschenden und nicht erklärbaren Krankheit sein?

Man rätselte bis spät in die Nacht. Der Gesang im Männerhaus war verstummt.

Schweigend, einen kurzen scheuen Blick zum Sterbelager werfend, zogen sich die Leute in ihre Hütten zurück und legten sich schlafen.

Unheimliche Stille breitete sich in der fast leeren Hütte aus. *Kerefa*, der Schatten des Todes, war in das Haus meiner Großmutter eingezogen.

Ich hielt ihre kalten Hände fest in meinem Schoß und sagte immer wieder leise: «Du darfst jetzt nicht sterben. Du mußt wieder gesund werden.»

Sie drehte ihren Kopf und schaute mich an. Ich erschrak. Ein seltsames Lächeln stand in ihrem Gesicht; ihre Augen waren ungewöhnlich dunkel geworden, fast schwarz, und sie glänzten matt im Widerschein des Feuers. Plötzlich überkam mich das Grauen, ich sprang auf und lief aus dem Haus.

Eine Frau namens Korame übernahm die Nachtwache. Sie entfachte ein großes Feuer, das Kiyagi und sie wärmen sollte, setzte sich und betrachtete die Sterbenskranke, die sich unruhig stöhnend auf ihrem Lager hin und her wälzte.

Nach einer Weile gespannter Beobachtung schlief Korame ein.

Irgendwann, zwischen Mitternacht und dem ersten *fiore*-Vogelschrei, wachte sie vor Kälte auf. Sie wunderte sich sehr, daß das Feuer erloschen war. Auch hörte sie kein Stöhnen mehr.

Rasch streifte sie mit den Füßen durch die Asche, um glühende Holzkohle zu finden – nichts. Alles war ausgebrannt.

Korame tastete sich vorsichtig im Dunkeln an das Sterbelager. Ihre Hände berührten Kiyagis Füße – sie waren eiskalt. Schnell lief sie in ihre Hütte, riß ein brennendes Holzscheit aus dem Hausfeuer und eilte zurück, um sich genau zu vergewissern, was mit Kiyagi los war.

Der Schein der Fackel traf auf den Schatten des Todes. Weit aufgerissene, starre Augen trafen den Blick der Korame.

Sie wandte sich schaudernd ab, rannte vor die Hütte und schrie: «Kiyagi ist gestorben, Kiyagi ist tot!!!»

Jäh wurden wir durch das schrille Rufen der Korame aus dem Schlaf gerissen. Erschrockene und halb verstörte Gestalten strebten dem Frauenhaus der Kiyagi entgegen.

Im Nu hatte sich die gesamte Dorfschaft im Haus und davor versammelt. Opa Kerenga blieb schweigend vor der Hütte stehen. Er hatte sein Gesicht bereits mit gelbem Lehm beschmiert, um es vor Kiyagis Totengeist zu verstecken.

Einige *fea*-Fackeln wurden angezündet. Da sah ich meine Großmutter. Sie lag aschgrau, eingefallen und gekrümmt auf der Bastmatte. Ein jämmerlicher Anblick.

Das laut einsetzende Klage-*Singsing* ging mir durch Mark und Bein.

Ein paar Männer stellten sogleich mit Verwunderung fest, daß das Feuer in der Hütte erloschen war. Mehr noch: Als sie prüfend mit den Händen durch die Holzkohlenasche streiften, bemerkten sie, daß die Feuerstelle völlig kalt war, als ob in der letzten Zeit überhaupt kein Feuer gebrannt hätte. Es schien, als seien die Flammen gleichzeitig mit dem Leben der Kiyagi erloschen.

Vor Kiyagis Haus wurde ein großes Feuer entfacht. Mein Großvater hatte es angeordnet zum Schutz gegen die *kerefa*, die die Seele der Kiyagi ins Reich der Toten führten.

Kerenga selbst hatte nun seinen ganzen Körper mit Lehm beschmiert. Zusammen mit den Dorfältesten sang er, daß Kiyagis Seele noch eine Weile hier bleiben solle. Dann sprach er: «Kiyagi hat die Schweine gehütet, den Garten bestellt, für Essen gesorgt. Sie war zu allen Verwandten und Freunden gut und hat sie reichlich bewirtet. Nun ist sie tot. – Warum?»

Kerenga sandte sogleich Boten nach Komongu, der Heimat von Kiyagi, und nach Keto, um den Tod seiner Frau zu melden. Die Abgesandten hatten zu ihrem Schutz ebenfalls die Gesichter mit gelbem Lehm beschmiert – auf den Pfaden durch den Busch waren sie besonders von den Totengeistern bedroht. Zudem trugen sie Speere, Pfeile und Bogen mit.

Die Morgendämmerung zeigt den neuen Tag an; kurz danach geht die Sonne auf. Schwer liegt der Tau auf den Gräsern, Sträuchern und Bäumen. Es ist ein kalter Morgen. Blauweiße Rauchsäulen stehen über den Hüttendächern.

Der dichte Nebel wird langsam dünner und verschwindet schließlich hinter den Bergen.

Eine unheimliche, belastende Stille liegt über dem Dorf.

Plötzlich setzt wieder das Klage-Singsing der Frauen ein.

Monoton und ergreifend.

Leichenbefragung – die Seele Kiyagis antwortet

Kiyagi beschäftigte ihre Hinterbliebenen. Einige Männer standen auf dem Dorfplatz und rammten armdicke, mannshohe Pfähle zu einem Rechteck in die Erde. Die Längsseiten wurden oben an den Enden mit Stangen verbunden. Das *aka*-Gerüst war fertig. Andere Männer verfertigten eilig eine Bahre aus Bambus, die mit dünnen Stücken von Rotanglianen zusammengebunden wurde. Zwei alte Männer rollten mit zittrigen Händen die tote Kiyagi in eine *kunu*-Matte ein und umwickelten sie fest mit Baumrindenschnüren. Lediglich die Füße schauten heraus.

Von neuem erhob sich großes Wehgeschrei. Die Greise zogen langsam an den Spalier stehenden Dorfbewohnern vorbei. Auf ihren Schultern ruhte das Leichenpaket. Viele rissen sich dabei kreischend Kopfhaare aus und warfen sie auf die Bahre.

Andere lagen auf dem Boden und wälzten sich in Weinkrämpfen. Die Bewohner heulten sich allmählich in Trauerstimmung.

Männer hoben die Bahre mit der toten Kiyagi auf das *aka*. Schlagartig verstummte das Trauer-*Singsing*. Eine fast unheimliche Stille lag über dem Dorfplatz von Mainyero.

Ein Bruder von Kiyagi befestigte eine lange Rindenschnur am großen Zeh seiner toten Schwester und zog sie geradewegs in deren Haus.

Dort übergab er das Ende der Schnur Mandame, dem zweitältesten Sohn meiner Großmutter. Dieser setzte sich nun genau auf die Stelle, wo Kiyagi gestorben war. Neugierig setzte ich mich dazu und wartete, was wohl geschehen mochte.

Nichts rührte sich, nur der Wind sang leise durch die Ritzen des Hauses, in dem die Leute dichtgedrängt am Boden saßen.

Alles starrte gebannt auf die straff gezogene Rindenschnur, die Mandame mit beiden Händen festhielt. Geduldiges Warten im schweigenden Rund – nichts passierte.

Und doch, nach einer Weile begann die Schnur leicht zu vibrieren, immer heftiger schlug sie aus, bis sie schließlich den Boden berührte.

Nach wenigen Augenblicken war alles vorbei. Ein Aufatmen ging durch das Haus.

Mandame erhob sich, wickelte beim Hinausgehen die Schnur auf und sagte: «Die Seele von Kiyagi hat das Haus verlassen und ist der Schnur folgend in ihren Körper zurückgekehrt.»

Den Innenkreis um das *aka* bildeten die Männer des Dorfes. Dahinter saßen die Frauen mit ihren Kindern. Ein Schwein, das unter dem Gestell sein Mittagsschläfchen zu halten versuchte, wurde weggescheucht. Opa Kerenga stand auf und rief in die sitzende Menge hinein:

«Findet ihr nicht, daß der Tod von Kiyagi sehr rätselhaft war? Glaubt ihr nicht auch, daß sie gar vergiftet worden ist?»

Raunend nickten die Alten Kerenga zu, der nun Mandame aufforderte, mit der Befragung zu beginnen.

Zwei völlig lehmverschmierte Männer hoben die Bahre von den Pfosten und legten sie sich auf die Schultern. Mandame trat seitlich an das Kopfende der Toten und schlug mit einem *korofa*-Grashalm leicht gegen das Leichenpaket. Einmal, zweimal. Dann fragte er:

«Kiyagi, haben dich die Yamowe-Leute vergiftet?»

Wieder berührte er zweimal mit dem *korofa*-Halm die Matte.

Still und in gespannter Erwartung sahen wir alle zu. Aber nichts ereignete sich.

Mandame fragte weiter: «Haben dich die Komouigopari vergiftet?» Noch einmal ein Schlag gegen das *kunu*. Keine Reaktion.

Er fragte weiter: «Haben die Koruagu dich vergiftet?» und schlug mit dem *korofa*-Halm auf die Matte.

Da, auf einmal ein heftiger Ruck. Wie elektrisiert tanzten die beiden Träger auf der Stelle. Es schien, als ob die Bahre mit der Leiche die beiden Männer vor- und zurückzerren würde. Die Träger drohten zu stürzen. Schnell kamen ihnen zwei andere zur Hilfe. Zu viert brauchten sie alle Kräfte, die Bahre festzuhalten.

Sie wurden etwa ein Dutzendmal hin- und hergerissen, bis endlich die Last stehenblieb.

Nachdem Kiyagis Seele geantwortet hatte, setzte die Totenklage der Frauen von neuem ein. Kiyagi wurde in ihr Haus zurückgetragen und dort über Nacht aufgebahrt.

Frauen der Sippe saßen um die Tote, streichelten fortwährend ihre runzelige, ledrige Haut und heulten, schon tränenlos geworden, vor sich hin.

Die Trauerzeremonie

Im Morgengrauen holten zwei Männer die Leiche und legten sie nochmals auf das *aka*.

Jeder war nun damit beschäftigt, seinen Körper mit Lehm einzureiben, dann erst fanden die offiziellen Trauerfeierlichkeiten statt. Die Frauen übernahmen abwechselnd das Klage-*Singsing* für ganze drei Tage.

Ein Aufschrei durchdrang die kühle Morgenluft, weitere Schmerzenslaute folgten. Dann setzte wieder der Trauergesang ein. Besonders deutlich schallte er aus dem Männerhaus.

Oromba Riyo, der älteste Sohn der Kiyagi, Anefa, ein Bruder von Kerenga, und dessen Frau bekundeten ihren Schmerz noch intensiver: Sie schlugen sich selbst mit einem Steinbeil je ein Fingerglied ab.

Durch die Schreie aufmerksam geworden, eilte ich hinüber zu den dreien, die gerade mit dicken Rindenschnüren dreifach an Oberarm, Handgelenk und oberhalb des Fingerstumpfes abgebunden wurden.

Noch immer spritzte das Blut schubweise aus den Wunden. Frauen hatten alle Hände voll zu tun, es in Bananenblattschüsseln aufzusammeln. Den Verletzten stülpte man eine *nomu fando*, eine Bambushülse, über den Fingerstumpf. Sie diente zugleich als provisorischer Wundschutz.

Während man die drei versorgte und jeden Tropfen des kostbaren Blutes auffing, brach plötzlich Tumult aus. Von allen Seiten drangen lehmbeschmierte Gestalten in das Dorf ein. Knüppelschwingend und mit Kriegsgeheul stürmten sie auf uns zu und verprügelten uns.

Aber nur scheinbar. Die Hiebe wurden lediglich angedeutet. Das war die typische Trauergeste von auswärtigen Angehörigen: Die Komongu- und Keto-Leute waren eingetroffen.

Angestrengt hielt ich Ausschau nach meinem Vater und Uni, aber es war unmöglich, sie zu entdecken. Die dick lehmverkrusteten Gesichter sahen alle gleich furchterregend und fremdartig aus.

Ein breiter Menschenstrom umtanzt die Bahre. Die Erde bebt von den stampfenden Schritten. Wie dünner Bodennebel hüllt ein Staubband die Füße der Tänzer ein.

Die Sonne steht bereits senkrecht über dem Dorf. Weiße Wolkenballen schieben sich langsam über den bewaldeten Bergkamm, aber die Bäume, so scheint es, hindern sie am Weiterziehen.

Jetzt beginnen die Wechselgesänge. Zuerst singen die Männer, nach einer Weile fallen die Frauen schrill und kreischend ein. Sie tanzen. Der

Schweißgeruch wird immer stärker. Dutzende von Fliegen kleben auf den Köpfen der Trauernden. Schweißströme ziehen glänzende Bahnen in die Lehmfratzen.

Das *Singsing* um Kiyagi schien kein Ende zu nehmen.

Tief beeindruckt von der Anteilnahme der Tanzenden, zog ich mich rasch zurück und beschmierte mir ebenfalls Kopf und Gesicht mit gelbem Lehm.

Plötzlich stand Opa Kerenga kopfschüttelnd vor mir und sagte: «Du darfst dich nicht bemalen», und stemmte dabei seine Arme in die Hüften. Mit fast sanften schimpfenden und belehrenden Worten fuhr er fort: «Kiyagi starb, ich aber lebe und sorge für dich. Also wasch dir sofort den Kopf – oder willst du sterben?»

Erschrocken blickte ich Kerenga an und fragte ihn: «Warum sollte ich sterben?»

«Was glaubst du denn?» meinte Kerenga. «Wenn dir Farberde von deinem Kopfhaar ins Essen fällt, dann mußt du sterben. Nun geh und wasch dich.»

Bestürzt lief ich zu einer dorfnahen Quelle und wusch mich, gründlicher denn je. Denn so früh wollte ich auch nicht sterben.

Es dauerte noch eine ganze Weile, bis ich aufgeklärt wurde, warum ich mich nicht hatte mit Lehm beschmieren dürfen. Der Sitte und dem Glauben unseres Stammes gemäß durften sich Kinder beim Tod ihrer Mutter, Großmutter oder auch einer anderen Frau, die die Mutterposition einnahm, nicht wie alle anderen mit Erde bestreichen. Man sagte, der Totengeist würde Gift in die Trauerfarbe der hinterbliebenen Kinder mischen. Wenn nun vom Kopf des betreffenden Kindes Trauerfarbe ins Essen fiel, so bedeutete das den sicheren Tod des Kindes.

Drüben, im Schatten eines Hauses, behandelte unser angesehener Medizinmann die drei Fingeramputierten. Brav streckten sie ihm die noch immer blutenden Fingerstümpfe entgegen. Der Alte behandelte die Wunden gleichzeitig und blies sie mit dem Rauch einer selbstgerollten Zigarette an. Das wiederholte er etliche Male. Dann nahm er aus seiner Netztasche einige Blätter einer bestimmten Heilpflanze und kaute sie. Den speichelgetränkten Brei strich er auf die Wunden.

131

Mit roten Blättern einer anderen Heilpflanze wickelte er die gekürzten Fingerkuppen ein.

Das *Singsing* hatte nun aufgehört. Erschöpft und heiser ruhten sich die Leute vom Tanz aus. Sie saßen in kleinen Gruppen zusammen und aßen ihre mitgebrachten gekochten Süßkartoffeln.

Den Mainyero-Leuten war allerdings keine Ruhe gegönnt. Emsig bereiteten sie die große Trauermahlzeit vor.

Schweine wurden geschlachtet, Erdöfen ausgehoben, *marus* zum Kochen vorbereitet. Brennholz, Blätter und Farnkräuter wurden herbeigeschleppt, Kochsteine erhitzt und mit Wasser gefüllte Bambusrohre bereitgestellt.

Nach Einbruch der Dunkelheit begann der Leichenschmaus. Mit zufriedenen Mienen und vollen Mägen dankten die Hinterbliebenen insgeheim der Kiyagi, die für ihr Wohl zumindest diese Nacht gesorgt hatte.

Eine Gruppe alter Frauen saß im Kreis zusammen und mischte das aufbewahrte Blut mit *angorango*-Gemüse. Nachdem sie beides gründlich vermengt hatten, verschlangen sie diese Delikatesse gierig.

Kinder und Hunde wurden verscheucht: «Macht euch davon, das ist nichts für euch.»

Draußen am aka spannt eine goldene Radspinne emsig ihre silbernen Fäden zwischen den Pfosten. Sie hat viel Mühe, das Netz fliegensicher zu

133 Dreijähriges Komongu-Mädchen im Singsing-Schmuck. Schon die Jüngsten nehmen aktiv an den Dorffesten teil.

134/135 Mythologische Darstellung von Naturgeistern. Neben zahlreichen anderen Buschgeistern spielten die Geistwesen «Wiwa» und «Nokondi» eine wesentliche Rolle im Leben der Siane-Bevölkerung. Nur noch selten werden heute im Rahmen von Initiationsritualen diese «Geisterpersönlichkeiten» vorgestellt. Wiwa (134) werden ausschließlich positive Eigenschaften nachgesagt. Er hütet bestimmte tabu-Bereiche, schützt Jagdgebiete und vermittelt zwischen den Ahnengeistern und den Lebenden. Nokondis (135) unheimliches, dämonenhaftes Aussehen wird betont durch die aufgesteckten Bambusfingerhülsen und die mit einer Rindenschnur hochgebundene Nase.

136 Sehr variabel ist die Tanztracht bei großen Festen, hier ein Kopfschmuck aus Ziergras. Der Träger gehört zum Ona-Stamm und lebt im Dorf Koningi.

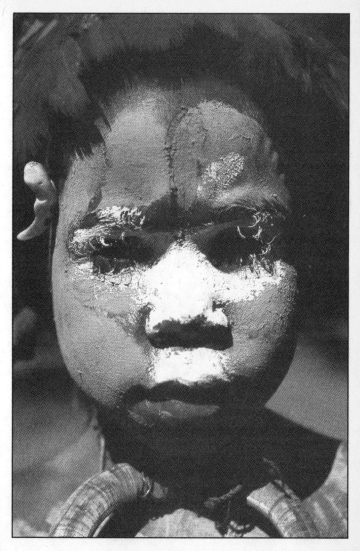

bauen, denn immer wieder zerstören herabfallende Tautropfen Teile ihres Bauwerkes.

Langsam klettert die Sonne über die bewaldeten Hügel des Uka Faka und wirft ihre ersten Strahlen auf das kunu. Schnell verblaßt der Mond und verschwindet. Der anbrechende Tag ist kühl wie die kleine Dorfquelle.

Kiyagi wird verbrannt

Es war der dritte Morgen nach Kiyagis Tod. Die Leiche lag weiterhin auf dem *aka* in der Mitte des Hauptplatzes. Noch war es ruhig im Dorf. Wir alle saßen um die Hausfeuer und rösteten unsere Süßkartoffeln.

Die Sonne stand noch nicht sehr hoch, als Kiyagi von vier alten, mit schwarzen Kasuarfedern geschmückten Männern aus dem Dorf getragen wurde. Ihnen folgten die Männer von Mainyero, Minowaro und Rurape. Frauen, die Köpfe beladen mit Feuerholz, bildeten das Ende des Zuges, der schweigsam hinter einem Hügel im Busch verschwand.

Nur Opa Kerenga war im Dorf zurückgeblieben. Er hatte zwar die Leichenverbrennung angeordnet, wollte aber selbst nicht zusehen, da er sich von Kiyagis Totengeist noch bedroht fühlte.

Die Frauen stapelten das mitgebrachte Holz zu vier großen, mannshohen Scheiterhaufen, die etwa ein Quadrat bildeten. Vorsichtig wurde die Bahre darauf gestellt.

Die alten Männer, deren Last nun auf dem Scheiterhaufen ruhte, postierten sich an den vier Ecken und machten mit dem Bambushölzchen, dem *keju amana*, Feuer.

Fast gleichzeitig rissen die vier ihre Bambusstreifen – schnell pusteten sie, weißer Rauch entwickelte sich, und im Nu brannten vier kleine Feuerstellen. Mit Fackeln entzündeten sie die Holzstapel. Funken stoben steil in die Luft – ungewöhnlich rasch breitete sich das Feuer aus und erfaßte bald das Leichenpaket.

Die straffgezogenen Lianenbänder um das *kunu* sprangen in der Hitze auf. Es schien, als öffnete sich die Matte – tatsächlich, der Körper von Kiyagi bewegte sich nach oben, als wollte sie aufstehen.

Dann versperrten mir die hochzüngelnden Flammen den Blick zu ihr. Eine gelbliche Rauchsäule stieg senkrecht in den blauen Himmel. Kiyagi, meine geliebte Großmutter, war nicht mehr.

Die Trauergäste aus Keto und Komongu zogen bereits während der Leichenverbrennung in ihre Heimatdörfer zurück. Nur die Mainyero-Leute blieben an der Verbrennungsstätte und warteten, bis das Feuer erloschen war.

Ein unglaublicher Fund

Noch lange schwelten und rauchten die abgebrannten Holzscheite. Abseits davon saßen die Leute im Schatten mächtiger *rambi*-Bäume und aßen ihre Süßkartoffeln. Einige Frauen machten sich mit Holzzangen daran, die nicht verbrannten Gebeine der Kiyagi aus der Feuerstelle zu scharren. Plötzlich hielten sie inne, starrten gebannt in die Holzkohlenasche, schrien auf und rannten weg.

Erschrocken eilten die Männer herbei. Sie machten eine unglaubliche Entdeckung: die Brust der Kiyagi war nicht verbrannt!

Ein aufgeregtes Palaver entstand, so etwas war noch nie vorgekommen. Selbst den Alten war dieses Ereignis neu, rätselhaft und unheimlich. Niemand wußte recht, was Kiyagi damit sagen wollte.

Oromba Riyo zog sich mit einigen Männern der Sippe zurück. Man orakelte über das Geheimnis, das Kiyagi selbst nach Tod und Verbrennung ihren Hinterbliebenen gab.

Nach langem Hin und Her glaubte man die Erklärung gefunden zu haben. Oromba Riyo rief die Leute zusammen und verkündete: «Kiyagi hatte zu ihrem Enkelkind Okani eine so starke Liebe, daß selbst das Feuer sie nicht zerstören konnte. Darum ist ihre Brust nicht verbrannt. Okani muß nun das zweite Feuer anzünden und die Brust verbrennen. Ihre Großmutter will es so haben. Sie hat uns deutlich ein Zeichen gegeben.»

Eilig wurde ein neuer Scheiterhaufen errichtet. Oromba Riyo hob die zwar verkohlte, jedoch deutlich in der Form erkennbare Brust mit feierlichem Gesang auf den Holzstapel. Selbst die runzelige Brustwarze konnte man noch sehen.

Ein Mann gab mir eine brennende Fackel, mit der ich das Holz anzündete. Gespannt blickten alle auf das kleine Feuer. Plötzlich stieg puffend eine kleine gelbliche Rauchwolke in die Luft – und mit ihr der unerklärliche «Liebesbeweis». Zwei Frauen bogen Rinde des *rambi*-Baumes zu einem *rambi-mongana*, einem krugförmigen Behälter, und legten mit Holzzangen die übriggebliebenen Gebeine von Kiyagi hinein. Das Rindengefäß wurde wenige Schritte abseits der Verbrennungsstätte vergraben. Zugleich wurde die Einäscherungsstelle mit frischer Erde verdeckt und mit *dino*, *kini* und anderen blütentreibenden Gewächsen bepflanzt.

Eine Handvoll Asche vergrub ich am Einstieg ihres Hauses. So wollte es Opa Kerenga haben.

Schnell ist die Nacht hereingebrochen. Aus den Hütten leuchten die kleinen Kochfeuer. Rundherum sitzen Frauen und Kinder, dicht zusammengedrängt. Süßkartoffeln schmoren in der Holzkohlenglut. Aus dem Männerhaus dringt angeregtes Stimmengewirr.

Die Berge im Westen stehen fern und dunkel am Horizont. Die Spitze des großen Elimbari liegt in milchige, weich wirkende Wolken eingebettet. Fledermäuse schwirren durch die Nacht und schnappen im Flug nach Fliegen.

Zwischen den mächtigen Regenbäumen blinkt der Mond. Sein Licht läßt im gegenüberliegenden Tal die rindenlosen Bäume in silbrigem Glanz leuchten. Die Zikaden haben mit ihrem nächtlichen Konzert begonnen. Das rätselvolle Leben der Urwaldnacht ist erwacht.

Der Mörder wird gesucht

Opa Kerenga führte das Wort. Er fragte laut: «Wer hat Kiyagi vergiftet?»

Schweigend saßen die Männer um das stark brennende Feuer und hingen ihren Gedanken nach.

Sie entdeckten gewisse Zusammenhänge, die eine mögliche Erklärung für die Tat sein konnten. Ein älterer Mann erinnerte sich und sagte: «Kerenga, hör zu. Vor einiger Zeit starb drüben im Dorf Raiya dein *auwafo*. Seitdem wirst du von den Raiya verdächtigt. Insgeheim werfen sie dir vor, du hättest ihn vergiftet.»

Entschieden wies Kerenga diese Behauptung zurück und sagte: «Glaubt ihr denn das? Es ist mir nie in den Sinn gekommen, meinen *auwafo* zu töten.»

Nickend, von der Unschuld Kerengas überzeugt, stimmten ihm die Männer zu – bis auf einen. Nach langem und scharfem Nachdenken glaubte dieser die wahren Hintergründe eindeutig zu erkennen und erklärte:

«Kerenga, was ich damals von den Raiya am Rande mitbekommen habe, war, daß sie dir die Unschuld am Tode deines *auwafo* nicht abkauften. Im Gegenteil, sie waren fest davon überzeugt, daß du allein die Schuld trägst. Dein Tod war von ihnen längst beschlossen. Doch mußten sie den Mordplan fallen lassen, denn kurz darauf starb auch die Frau deines *auwafo*. Die Raiya planten um. Sie töteten deine Frau und haben somit den Tod deines *auwafo* auf unauffällige Art und Weise gerächt.»

Kerenga meinte nachdenklich: «Deine Überlegungen sind keineswegs schlecht, vielleicht hast du sogar recht. Kiyagis Seele hat uns die Sippe genannt, wo der Mörder zu finden ist. Also, was sollen wir tun?»

Nach kurzem Schweigen fuhr der scharfsinnige Alte fort: «Kerenga, kannst du dich noch entsinnen, als vor langer Zeit ein Mädchen vom Raiya-Dorf einen Mann aus dem Wamba-Dorf in der Koruagu-Sippe geheiratet hat? Bamba, ein Sohn der beiden – heute längst ein erwachsener Mann –, fühlte sich durch seine Mutter mit den Raiya verbunden.»

Kerenga sagte: «Natürlich, so könnte es gewesen sein. Die Raiya weihten den Verwandten in ihren Mordplan ein. Sie beauftragten ihn, Kiyagi zu vergiften. So muß es gewesen sein», schloß Kerenga die Wahrheitsfindung, und die Stimmen im Männerhaus antworteten: «So wird es gewesen sein.»

Angeregt von dem nächtlichen Gespräch verließ ich meinen Horchposten hinter dem Männerhaus und zog mich zurück.

Der Regen hat aufgehört. Der Lehmboden hat sich in gelben Morast verwandelt. In Wasserlachen spiegeln sich die Hüttendächer. Bäume, Sträucher und Gräser sind vom Staub reingewaschen. Die Erde scheint zu atmen, und man kann ihren satten Duft wahrnehmen.

Vergnügt balgen sich zwei kleine Kinder in einer schlammigen Pfütze. Sie bewerfen einander mit Lehm und haben dabei ihre helle Freude. Aus zwei Hütten dringt der mahnende Ruf ihrer Eltern.

Langsam weichen die schwarzgrauen Wolken, und die Sonne kommt wieder zum Vorschein, mit ihr auch die schwirrende Insektenwelt – oft eine Plage für die Dörfer.

Der Giftmörder wird überführt

Oromba Riyo wollte volle Gewißheit haben. Vor allem aber wollte und mußte er den unnatürlichen Tod seiner Mutter rächen. Er hatte vor, allein den mutmaßlichen Mörder im Komongu-Stamm aufzusuchen, und sagte: «Es ist ganz allein meine Angelegenheit, diese Sache nun endlich in Ordnung zu bringen.»

«Und auch meine», fuhr ich Oromba Riyo an.

Verwundert blickte er mich an.

«Du weißt, wie sehr ich Kiyagi gemocht habe und sie mich», sagte ich.

Opa Kerenga kam hinzu und sagte nickend: «Laß sie mit dir gehen, aber paß auf sie auf und halte sie aus allem heraus.» Dem überrumpelten Oromba Riyo verschlug's die Sprache. Verlegen und ärgerlich meinte er: «Dann komm jetzt endlich.»

Opa Kerenga gab uns ein kleines Netz gekochter Süßkartoffeln mit.

Bald erreichten wir die «große Straße», die die weit voneinander entfernten Regierungsstationen Kundiawa und Goroka verband.

An einer Biegung arbeiteten Männer mit neuen Werkzeugen, die ihnen die Weißen gegeben hatten. Sie waren dabei, den Weg zu verbreitern. Frauen trugen schüsselartige Rindenbehälter voller Erde auf dem Kopf zur abfallenden Seite des Weges und kippten sie in den Abgrund.

Oromba Riyo sprach mit dem *Luluai*, der die Männer und Frauen beaufsichtigte. Er erzählte uns, daß die Leute für die Arbeit einige kleine runde und flache harte Scheiben bekamen, die die Weißen *moni*, Geld, nannten. Mit denen könnte man sich vieles in den Läden in Goroka kaufen. Sie wollten erst viele solche *moni*-Scheiben sammeln und dann den langen Weg nach Goroka machen, um zu sehen, was es da Neues zu kaufen gäbe. Mit dem Kopf voller Gedanken über die fremdartigen *moni*-Scheiben, mit denen man etwas «kaufen» konnte, marschierten wir weiter. Oromba Riyo hatte dem *Luluai* versprochen, später wiederzukommen, denn er wollte mehr über die *moni*-Scheiben wissen.

Endlich kamen wir in Wamba an. Das Dorf war etwas kleiner als unseres und recht schmutzig. Ein Kind spielte mit einem schon halb verwesten Eisvogel, aus dessen Körper kleine weiße Würmer krochen. Niemand nahm Anstoß daran. Unsere Ankunft löste kein Erstaunen aus.

Wir hatten Glück, denn das Männerhaus war belegt. Es sah ganz so aus, als würden Kriegsvorbereitungen getroffen. Aber niemand sprach darüber.

Die Männer saßen um das Feuer und schnitzten eifrig Pfeilspitzen. Als Werkzeug benützten sie die scharfen Vorderzähne der Beutelratte, die in einem kleinen Hölzchen eingebunden waren. Sie verfertigten ausschließlich Kriegspfeile mit den scheußlichen Widerhaken.

Mein Onkel rief ins Männerhaus: «Bamba, komm heraus. Ich muß mit dir reden.»

Bamba folgte der Aufforderung mit der halben Sippschaft. Alle musterten uns neugierig und mißtrauisch.

Oromba Riyo trat nun an Bamba heran und schrie ihm ins Gesicht: «Du hast meine Mutter getötet.»

Erschrocken trat der Wamba-Mann einen Schritt zurück. Furcht stand in seinen Augen. Auch die übrigen Männer waren unsicher und unruhig geworden und traten von einem Bein auf das andere.

Oromba Riyo wiederholte: «Du hast meine Mutter vergiftet. Gib es zu!»

Verzweifelt stritt Bamba alles ab. Aber mein Onkel ließ sich nicht beirren. Hastig griff er in mein Netz, nahm eine Süßkartoffel heraus, brach sie in zwei Stücke und sagte erregt: «Nimm und iß, ich esse die andere Hälfte. Nicht, daß du glaubst, ich möchte dich vergiften. Solltest du krank werden, weiß ich, daß du der Mörder bist.»

Zögernd nahm Bamba die angebrochene Süßkartoffel und wollte zurück ins Männerhaus.

«Halt», schrie Oromba Riyo, «Du mußt hier vor allen essen.»

Schweigend starrte Bamba in den Boden, die herumstehenden Leute beobachteten ihn genau. Was sollte er in dieser Situation tun? Ein Austauschen der Kartoffel war nicht möglich. Nach dieser Aufforderung konnte er auch nicht sagen, er würde sie später essen, um sie dann unbemerkt wegzuwerfen.

Bamba aß die eine, mein Onkel die andere Hälfte.

Nachdem beide fertig waren, sagte Oromba Riyo zu Bamba: «Wenn du meine Mutter nicht vergiftet hast, brauchst du nichts zu befürchten» und klopfte ihm auf die Schulter. Aber Bamba sah sehr unglücklich aus – so, als hätte er doch etwas auf dem Gewissen.

Es dauerte nicht lange, bis Bamba gewaltige Bauchschmerzen bekam. Er krümmte sich am Boden und schrie vor Qualen.

Die Männer legten ihn auf ein *kunu* und gaben ihm Wasser. Aber die Pein wurde immer stärker. Bambas Augen wurden eigenartig groß und glänzten fiebrig. Sein Leib schwoll besorgniserregend an. Und das alles in so kurzer Zeit – ganz plötzlich.

Bamba lag schweißgebadet auf der Matte, seine Hände griffen zur Brust, sein Mund stand weit offen. Es schien, als wolle er nach Luft schnappen. Seine Augen traten unnatürlich stark aus den Höhlen hervor, wurden auf einmal ganz rot. Sein Körper bäumte sich auf, ein mattes Röcheln, dann sank er zusammen. Bamba war tot.

Oromba Riyo sagte: «Seht ihr, Bamba war der Mörder meiner Mutter. Ihre Seele zeigte uns den Weg, wo der Mörder zu finden war. Jetzt ist der Tod von Kiyagi gerächt.»

Bestürzt trugen die Männer den Leichnam in das Männerhaus und begannen mit dem Trauer-*Singsing*. Es gab keinerlei Streit, die Wamba-Leute mußten davon gewußt haben.

Zufrieden zogen mein Onkel und ich zurück nach Mainyero. Die Nachricht vom Tod des Mörders wurde mit Genugtuung aufgenommen.

Das Unwetter dauert schon Tage. Wolkenbrüche und heftiger Wind, Donner und Blitz halten uns in den Häusern gefangen. Die grauen Nebelwolken berühren beinah die Dächer. Die Nächte sind unheimlich, fast bedrohlich; selbst tagsüber herrscht empfindliche Kälte.

Von den Bergen rauschen Sturzbäche in die Täler und lassen die Flüsse zu

reißenden Ungeheuern werden. Hin und wieder zittert die Erde. Gefährli-
che Geräusche liegen in der Luft. Man hört das Rutschen von Erde und
Steinen, das Brechen von Bäumen und Ästen. Ganze Bergrücken mit ih-
rem dichten Baumbewuchs schieben sich donnernd in die Tiefe. Nackte,
rotleuchtende Erde markiert diese Stellen.
Dann ist plötzlich alles vorbei. Die schweren grauen Wolken sind ver-
schwunden, die Morgensonne beginnt alles zu trocknen. Die Erde dampft,
und der Tag scheint sehr heiß und feucht zu werden.

Anpassung

Noch lange spürte ich den Schmerz über den Verlust meiner Großmutter. Ihre Menschlichkeit und Herzenswärme konnte mir keine
andere Frau geben. Kiyagi war für mich die eigentliche Mutter, denn
sie hatte mich nach dem frühen Tod meiner leiblichen Mutter mit
Herz und Seele großgezogen. Jetzt war sie tot.

Die Frau von Oromba Riyo trat nun an ihre Stelle. Es war für mich
jedoch sehr schwer, eine innere Verbindung zu dieser Frau, meiner
«dritten Mutter», herzustellen. Nur allmählich ließen sich gewisse fa-
miliäre Bindungen erkennen. Äußerlich gesehen schien dieses Verhältnis normal, aber die innere Zuneigung, die Wärme, fehlte.

Meine Stiefmutter Uni hatte ich nie als Mutter akzeptiert. Sie war für
mich eine Frau wie jede andere im Dorf und bedeutete mir nichts.

An folgende Geschichte kann ich mich noch gut erinnern, sie spiegelt
mein Leben kurz nach dem Tod meiner Großmutter wider. Während des anhaltenden Regens waren die Frauen in ihren Hütten nicht
untätig geblieben. Aus der dünnen Rinde des *nofu*-Strauches stellten
sie Schnüre her, die auf den längst haarlos gewordenen Oberschen-
keln gedreht wurden. Das Material eignete sich besonders gut zum
Anfertigen von Netztaschen.

Diese *nofu*-Rinden waren fast allen Frauen des Dorfes bei ihrer emsigen «Heimarbeit» ausgegangen. Sie baten ihre Kinder, bei nächster
Gelegenheit welche zu sammeln. So machte sich das Jungvolk von
Mainyero an jenem herrlichen Morgen bereit, im Busch danach zu
suchen.

Ich lief mit einer Gruppe Mädchen voraus. Man mußte noch sehr achtgeben, um auf den glitschigen, regennassen Pfaden nicht zu stürzen. Plötzlich entdeckte ich an einer Wegkreuzung, unweit eines Baumes, sitzend ein *yakefa* mit einem Kleinen auf dem Rücken. Es wärmte sein vom Regen noch ganz zerzaustes Fell und machte einen etwas unbeholfenen und unglücklichen Eindruck. Das Unwetter hatte die Tiere nicht verschont. Vielleicht mußten sie aus ihrer Baumhöhlenwohnung fliehen, weil sich Wasser darin breitmachte.

Schnell winkte ich die anderen Mädchen zu mir. Aber anstatt die Baumkänguruhs zu beobachten, schrien sie nach den Jungen. Durch das Rufen völlig verschreckt, hopste das *yakefa* mit seinem Baby auf den Baum zu, kletterte hinauf und verschwand im dichten Blätterwerk.

Ein herbeigeeilter Junge machte sich sofort daran, den Baum zu besteigen. Ich wollte ihn ablenken und sagte ihm, die *yakefa* seien auf diesen oder jenen Baum geklettert. Ein Mädchen jedoch gab dem Jungen heimlich ein Zeichen, daraufhin stieg er weiter hoch.

Er rief herunter: «Hier oben ist kein Baumkänguruh.»

Im Grunde wollte er aber nur erreichen, daß ich mit den anderen Mädchen weiterging, damit er in aller Ruhe die Beute mit den anderen Jungen teilen konnte.

Wütend schrie ich hinauf: «Du lügst! Du willst die *yakefa* für dich allein behalten!»

Er lachte spöttisch und sagte: «Du bekommst sie sowieso nicht.» Mir standen vor Wut die Tränen in den Augen.

Er kletterte noch ein Stückchen weiter und warf die beiden Tiere herunter. Sofort schnappte ein anderer Junge die *yakefa* und rannte davon. Die ganze Kinderschar stürmte hinterher.

«Ich hatte die *yakefa* zuerst gesehen», rief ich mit tränenerstickter Stimme. «Eines müßt ihr mir geben, entweder das Kleine oder das Große.»

Da warf der Junge das kleine *yakefa* zu Boden. Als ich es hochheben wollte, kam ein Junge mir zuvor und schnappte es weg. Das bereits halbtote Tier wurde wie ein Ball hin und her geworfen. Und ich wurde ausgelacht, mit Steinen beworfen und verprügelt.

Ganz unerwartet tauchte mein Onkel mit Pfeil, Bogen und Beil bewaffnet auf, sah mich weinend und verzweifelt auf der Erde liegen und fragte: «Wer hat dir etwas getan?»

Ich gab darauf keine Antwort, sondern heulte weiter. Ein Mädchen, das sich an diesem «heiteren Spiel» nicht beteiligt hatte, deutete auf die beiden *yakefa* und sagte zu meinem Onkel:

«Okani hatte diese Tiere ausfindig gemacht, aber die Jungen nahmen sie ihr weg, verprügelten sie und bewarfen sie mit Steinen.»

Da wurde Oromba Riyo zu einer Furie. Er sauste auf der kleinen Lichtung umher und verbläute alle größeren Kinder. Bei den Mädchen waren es nur Beulen, aber bei den größeren Jungen – na ja, man mußte schon genau hinsehen, um sie nicht zu verwechseln.

Er schrie sie an: «Ihr habt alle eine Mutter, Okani dagegen hat keine. Ihr Vater ist von Keto, aber Okani gehört trotzdem zu uns. Sie ist kein fremdes Kind, Mainyero ist ihr Zuhause. Warum behandelt ihr sie wie eine Ausgestoßene?»

Wütend griff er nach dem Steinbeil, erschlug die schon fast leblosen *yakefa* und zerstückelte sie in viele Teile.

Karorunguana, ein alter Mann aus unserem Dorf, kam vorbei, sammelte die «mundgerechten» Portionen ein, verschnürte sie zu einem Blätterpaket und trug mit wonniger Miene, begleitet von Oromba Riyo, die Abendmahlzeit nach Hause.

Abends staunten die Eltern nicht schlecht, als sie die von meinem Onkel übergebenen «Auszeichnungen» ihrer Kinder entdeckten. Fast aus jedem Haus drang lautes Schimpfen. Zarte Kinderstimmen hörte man weinen, und unzählige Tränen flossen über die angeschwollenen Gesichtspartien.

Trotzdem fand diese «Belehrung» uneingeschränkte Zustimmung bei allen Dorfbewohnern, denn Oromba Riyo war ein geachteter und angesehener Mann. Wenn er Kinder verhaute, so tat er recht!

Die Frauen kehren von der Gartenarbeit zurück. Schwer beladen – die Netze gefüllt mit Gartenfrüchten, auf den Köpfen einen großen Bund Feuerholz, in den Armen, schlafend oder saugend, ein, zwei Kinder, an den Leinen junge Schweine – ziehen sie mit müden und schleppenden Schritten ins Dorf und verschwinden in ihren Häusern.

Die Männer kommen fast gleichzeitig. Einige sind auf der Jagd gewesen

und tragen ihre Beute, meist Ratten, Mäuse oder Vögel, in Blätter gewik-
kelt, ins Männerhaus. Andere bringen Holz für den Haus- und Zaunbau
und stellen es gebündelt hinter dem Männerhaus ab.
Kinder laufen mit leeren Bambusrohren über den Dorfplatz zu einer nahen
Quelle und kommen keuchend mit den schweren Lasten zurück.
Die letzten Sonnenstrahlen, die kurz zuvor noch die mächtigen Baumkro-
nen vergoldet haben, verschwinden rasch hinter den Bergen.

Immer auf der Nahrungssuche

Immer vertrauter wurde ich mit dem ständigen Lebenskampf meines
Volkes bei der Suche nach dem täglichen Brot. Die Süßkartoffeln, die
fortwährend gepflanzt und geerntet werden, bilden unser Hauptnah-
rungsmittel. Neben Taro, Zuckerrohr, Bananen, Pandanus, Papayas
und verschiedenen Gemüsearten, deren Wachstums- und Reifezeiten
sich über mehrere Monde hinwegziehen, sind wir immer auf Jagd
nach nahrhaften «Delikatessen», um etwas Abwechslung zu haben.
So machen wir uns oft nach Einbruch der Dunkelheit auf den Weg
hinunter zum Fluß. Mit brennenden Fackeln suchen wir am Flußufer
nach *kera-rok-rok*. Diese schmackhaften Frösche verlassen während
der Dämmerung ihre Verstecke im Wasser und eilen hüpfend auf
Ufersteine oder Sträucher und beginnen mit ihrem nächtlichen Ge-
quake. Mit bloßen Händen sammeln wir die glitschigen Gaumenge-
nüsse ein, lebend werden sie in Bambusrohren über Nacht im Haus
aufbewahrt.
Am nächsten Morgen werden die Frösche herausgenommen und ihnen die Beine gebrochen. Sie werden einzeln in vier Blätter eingerollt
und in der Holzkohlenglut geröstet. Der besonders leckere zarte
«Froschbraten» gilt auch als wirksamer Schutz gegen die Malaria.
Wer tagsüber abkömmlich ist von Gemeinschaftsarbeiten, wie zum
Beispiel Gartenbestellung oder -rodung, wird es selten versäumen,
den immer lohnenden Weg in die nahen Tropfsteinhöhlen zu ma-
chen. Denn dort hängen seitlich oder an den Decken die *ritimdi*,
Zwergfledermäuse.
Mit Bambusstangen werden die schlafenden Tiere heruntergestoßen,

in Blätter des *korowandi*-Baumes gewickelt und in Bambusbehältern eingesammelt. Zum abendlichen Mahl bilden sie eine willkommene Fleischbeilage zu den Süßkartoffeln.

Für uns Kinder waren die Zwergfledermäuse natürlich in erster Linie ein beliebtes Spielzeug. Wir zogen den Tieren die Flügel ganz auseinander und bliesen durch die transparente Flügelhaut, bis es pfiff. Dasselbe Spiel machten wir mit den Grashalmen, aber bei den *ritimdi* machte es noch mehr Spaß.

Ebenfalls als Delikatesse gelten die weißen, dicken Insektenlarven, die in morschen Bäumen zu finden sind. Nur für besondere Anlässe, wie zum Beispiel für Toten-*Singsing* oder die Feier der ersten Periode, werden diese daumengroßen *kailufawa* im Busch gesucht, in Bambusrohren geschmort und danach gegessen. Diese Insektenlarve lebt nur in bestimmten Baumarten, wie *jamba, jai, rumbi, neuge, ketefa* oder *somongowo*.

Die kurze Abenddämmerung hat es in sich, denn das ist die Zeit, in der viele Käferarten erwachen und zum Nachtflug starten. Die Luft ist erfüllt vom Schwirren und Summen der Insekten. Mit einem Handschlag werden die fliegenden Leckerbissen zu Boden geschleudert, eingesammelt, im Feuer geröstet und anschließend verzehrt.

Hauptanbaupflanzen

Taro
(Colocasia esculenta)

Süßkartoffel
(Ipomoea batatas)

Wenn im Dorf die *fuma*-Knetmasse, die zugleich Vitaminspender und Alleskleber ist, ausgeht, begeben sich die heranwachsende Jugend sowie die Männer in den Busch, um welche zu suchen. Für verheiratete Frauen ist der Genuß des süßen *fuma*-Saftes *tabu*, denn nach seiner Einnahme könnten die Mütter ihre Kinder nicht mehr stillen, da er ihnen die Brustwarzen verkleben würde.

fuma ist ein Insekt, etwas größer als eine Fliege, mit braunem, länglichem, feinbehaartem Körper und durchsichtigen Flügelpaaren. Vermutlich ist es eine Art wilder Bienen, die allerdings in unserem Gebiet nicht so häufig vorkommen. Sie leben zusammen in großen Schwärmen und errichten ihre Kolonien in morschen Baumstämmen oder Astgabeln. Ihr Haus hat nur ein Schlupfloch zum Ein- und Ausfliegen, eine mattglänzende runde Öffnung, die sie mit ihrem klebrigen Sekret benetzen.

Der im *fuma*-Haus lebende Schwarm speichert im Laufe der Zeit ein bis zwei Dutzend oft faustgroße Klumpen auf. Diese klebrige Absonderung wird ebenfalls *fuma* genannt.

Mit brennenden Fackeln werden die Nester ausgeräuchert und vorsichtig mit der Steinbeilklinge geöffnet. Schon bei dieser Arbeit läuft einem das Wasser im Mund zusammen. Rinde und morsches Holz werden behutsam herausgebrochen, so daß der große Hohlraum frei wird. Mit den Händen streift man die zähflüssigen Honigklumpen von der Innenwand weg und preßt sie über dem weit geöffneten Mund aus – denn es wäre zu schade, nur einen Tropfen von der süßen köstlichen Flüssigkeit zu verschwenden.

Dieser gesunde Saft stärkt Muskel- und Lendenkraft und wird vorwiegend von Männern gekostet.

Die ausgepreßten *fuma*-Klumpen werden in den Häusern aufbewahrt und je nach Bedarf zu verschiedensten Zwecken verwendet. Beispielsweise bei der «Klangvollendung» einer Handtrommel spielt *fuma* die wichtigste Rolle.

Zunächst wird die Trommelbespannung, meist aus einer Baumkänguruh-, Schlangen- oder Eidechsenhaut, über schwachem Holzkohlenfeuer erwärmt. Dadurch spannt sie sich, und der Klang wird hell,

Kreisel, aus einer Baumfrucht gefertigt

rein und schwingend. Aber das genügt nicht! Jede Trommel, so sagen die Männer, muß ihren eigenen Ton haben – und den gibt *fuma*.

Das Abstimmen von Tanztrommeln ist eine sehr ernstgenommene, langwierige Prozedur, die nur von verheirateten Männern durchgeführt werden darf.

Um den gewünschten Klang zu bekommen, werden kleine *fuma*-Klümpchen geknetet und in die Mitte der Trommelhaut geklebt. Die Klangvariationen der einzelnen Trommeln sind sehr unterschiedlich: hellklingende Trommeln haben nur drei bis vier *fuma*-Klümpchen, dumpf dröhnende dagegen bis zu zehn.

Auch bei der Pfeilherstellung spielt *fuma* eine wichtige Rolle: Vor dem Einsetzen in den gehärteten *pitpit*-Halmrohrschaft wird das Ende der Pfeilspitze mit *fuma* bestrichen. Eine feste Verbindung und ein stabiler Sitz sind somit gewährleistet.

fuma wird auch in der Küche jedes Hauses verwendet. Zum Schutz vor Ratten und Ungeziefer werden die Kürbisbehälter mit *fuma*-Kittmasse abgedichtet. Die Trinkwasserkalebassen sowie die Bambuswasserrohre werden meist mit Blattrollen verpfropft, hingegen die gefüllten, nicht täglich gebrauchten Schweinefettkalebassen werden sorgsam mit *fuma* verschlossen.

Natürlich ist *fuma* auch für die Kinder von großer Bedeutung, denn es hilft ihnen, Spielzeug herzustellen. Die harte Frucht des *rata*-Baumes, oft größer als eine Walnuß, glatt wie eine Haselnuß, wird mit einem spitzen Stöckchen durchstoßen und das Fruchtfleisch in mühevoller Arbeit entfernt. Durch die Schale der ausgehöhlten Frucht werden seitlich zwei gegenüberliegende Löcher gebohrt. Von oben nach unten wird ein angespitztes Stöckchen durch die Fruchtschale gedreht, so daß es als Fuß etwa einen Fingerbreit unten heraussteht. Oben aber ragt das Stöckchen heraus, etwa so hoch wie eine Handspanne. Die vom Holzstift durchbohrten Stellen werden nun mit *fuma* verkittet – und fertig ist der Kreisel.

Der lange Teil des Stöckchens wird zwischen beiden Handflächen schnell hin und her gedreht, mit dem «Fuß» auf den Boden fallengelassen. Der Kreisel dreht sich und gibt einen heulenden Summton von sich; je größer die seitlichen Bohrungen, desto lauter das Heulen.

Ruhig sitze ich kurz nach Sonnenuntergang unter einem Baum, nur wenige Schritte vom Pfad entfernt, und beobachte schweigend die Natur. Die mächtigen Wurzeln des sehr alten Stammes liegen wie riesige Finger über dem Weg, der nach wenigen Windungen direkt ins Dorf führt.

Auf einer noch warmen Wurzelkrone bewegt sich eine kupferfarbige Eidechse auf und nieder. Eine zweite gesellt sich hinzu. Lange Zeit starren sie sich mit ihren mattglänzenden Augen bewegungslos an. Dann beginnen ihre langen schwarzen Zungen sich zu berühren. Es sieht aus, als würden sie einander zärtlich küssen.

Im nächsten Augenblick sind beide hinter einem Felsen verschwunden. Die ersten Sterne werden am Himmel sichtbar, und die Nacht scheint wieder kalt zu werden.

Eine unheimliche Vorahnung

Es war um die Mittagszeit – ich legte zwei Süßkartoffeln in die Holzkohlenglut –, als mich ein ungutes Gefühl beschlich. Ich konnte nichts dagegen tun, immer mehr breitete sich Unruhe in mir aus.

Plötzlich kam mir mein Heimatdorf Minowaro in den Sinn. Meine Gedanken kreisten nur noch um dieses Dorf mit seinen Bewohnern.

«Aber was soll das alles», fragte ich mich. «Gut, es ist schon eine Weile her, daß ich das letzte Mal in Minowaro war. Natürlich wird sich auch einiges verändert haben», überlegte ich und drehte dabei die Süßkartoffeln im Feuer.

Der Gedanke, nach Minowaro zu gehen, verstärkte sich immer mehr. Eine Stimme in mir sagte, du mußt es tun. Mit einer mir nicht erklärbaren Bestimmtheit folgte ich dieser inneren Aufforderung und beschloß, nach meiner kargen Mahlzeit aufzubrechen, um das Dorf noch vor Sonnenuntergang zu erreichen.

Verwundert blickte mich Opa Kerenga an, als ich ihm sagte, daß ich für einige Tage nach Minowaro gehen möchte. Wortlos ging er ins Männerhaus und kam bald darauf mit einem Bündel Zuckerrohr zurück, das er mir mit auf den Weg gab.

«Gib acht, Okani», sagte er, «und komm bald wieder!» rief er hinter mir her.

Der gute alte Kerenga, er war stets um mich besorgt. Ich winkte ihm noch einige Male zu und verschwand schließlich im Urwald.

Das unheimliche Gefühl, das mich die ganze Zeit begleitet hatte, verschwand, als ich noch rechtzeitig vor Einbruch der Dunkelheit Minowaro erreichte. Bei meiner Stiefmutter Uni wollte ich mich vor Sonnenaufgang nicht sehen lassen, denn ihr Geschimpfe, daß ich ihr die ganze Abendmahlzeit wegesse, lag mir von früheren Besuchen noch in den Ohren. Unbemerkt schlich ich in die Hütte meiner Freundin und hatte Glück, sie allein anzutreffen.

Am nächsten Morgen stellte sich wieder das unheilvolle Gefühl ein.

153 Chiefcouncil und Stammesführer der Komongu mit traditionellem Kopf-schmuck. Die sichelförmigen Perlmutt-Muschelstücke in seiner Nase sind ein äu-ßeres Zeichen der sozialen Rangstellung. Er ist oberster Richter für interne Stam-messtreitigkeiten und offizieller Sprecher für kommunale Angelegenheiten seines Stammes bei der Provinzregierung.

154 Der Ruf des «nema»-Geistervogels wird auf der Bambusflöte nachgeahmt. Während einer Initiationszeremonie für Knaben (Riyofiyaro 1979) stellte der Me-dizinmann Rumba-Guri die Geisterflöte vor. Ursprünglich waren diese Bambus-flöten ein wichtiges Kultinstrument innerhalb der Siane-Bevölkerung, und weder Frauen noch Kinder durften sie sehen (vgl. S. 208). Sie galten als Symbol für die Machtstellung des Mannes gegenüber der Frau.

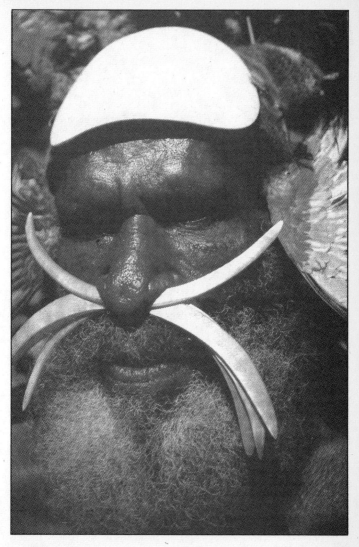

Die innere Stimme sagte, geh schnell zu deiner Stiefmutter. Was war mit mir los? Gedankenverloren eilte ich zum Haus der Uni, blieb im Eingang stehen und schaute hinein.

Uni saß am Boden, mit dem Rücken zur Feuerstelle, und blickte mich regungslos an. Ich wunderte mich, denn sie hatte keinen großen Bauch mehr.

Wo ist das Kind, schoß es mir durch den Kopf, und meine Blicke wanderten vergeblich suchend in der Hütte umher.

Ich hatte noch kein Wort gesagt, als Uni meine Gedanken erriet: «Ja, in der vergangenen Nacht hatte ich das Kind ausgetragen.»

Ihre Stimme klang kalt und gefühllos. «Wieder ein Mädchen», sprach sie weiter und zuckte die Schultern. «Keina war sehr wütend, weil es kein Junge war. Sie hätte es am liebsten gleich vor meinen Augen umgebracht.»

Schweigend blickte ich zu Boden. Jetzt wurde mir bewußt, was die plötzliche Unruhe in mir zu bedeuten gehabt hatte. Das Unheil hatte sich angekündigt.

«Und wo ist das Kind jetzt?» fragte ich Uni besorgt.

«Keina steckte es in ein altes Netz – falls sie es noch nicht in den Fluß geworfen hat.»

Sie rückte etwas zur Seite, denn sie saß in einer großen Blutlache. Schnell streute sie Asche darüber, verbrannte das blutgetränkte Moospaket und schob frisches Moos unter ihr Hinterteil.

«Vielleicht hängt es noch drüben an einem Ast», fuhr sie dann fort. «Unter den *kini*-Bäumchen. Keina wollte aus dem Garten Süßkartoffeln holen, denn sie hatte großen Hunger. Du kannst ja nachsehen, ob sie dem Kind den Schädel schon eingeschlagen hat oder nicht.»

Hier muß ich etwas erklären:

Keina war die Schwägerin meines Vaters Kopowe. Sie hatte fünf *kera*, sogenannte Frösche geboren, jedoch keinen *fita*, Vogel, auf die Welt gebracht, fünf Mädchen, aber keinen Jungen. Dagegen war das erste Kind meiner Stiefmutter Uni ein Knabe, das zweite ein Mädchen und das dritte, nämlich jenes bedauernswerte Würmchen in dem dreckigen Kartoffelnetz, wieder eine Tochter.

Schon beim zweiten Kind der Uni hatte Keina vergebens auf einen Jungen gehofft. Nun, beim dritten Kind, sah sie sich wieder genarrt, denn nach dem ersten Kind der Uni sollte deren nächster Bub der Schwägerin übergeben werden. So forderte es die Sitte.

Man konnte also den Zorn der «betrogenen» Keina verstehen, denn Mädchen waren und sind unerwünscht, nicht nur für Keina, sondern für alle sippenbewußten Leute, so auch für Uni und Kopowe. Diese Sitte ist weit verbreitet und wird bei den Nachbarstämmen ebenfalls praktiziert. Mädchen begeben sich deshalb mit ihrem Eintritt in die rauhe Hochlandwelt in größte Lebensgefahr, besonders, wenn ihre Mutter mehr Töchter als Söhne geboren hat.

Gewöhnlich wird ihnen mit einem Stein der Kopf zerschmettert; das erledigt entweder die Mutter selbst oder eine andere Frau. Die Leichen werden in Bananenblättern eingewickelt in den Fluß geworfen.

So war also der kleine Frosch, das dritte Kind meiner Stiefmutter, zum Tode verurteilt und wartete auf die Hinrichtung. Oder war es bereits getötet? Hatte Keina dem Kind schon den Kopf eingeschlagen, oder wollte sie es erst unten am Fluß besorgen? Selbst Uni wußte es nicht, es war ihr auch egal.

Und was meinen Vater Kopowe anging, er saß wie gewohnt im Männerhaus. Ihn interessierte die Süßkartoffelmahlzeit weitaus mehr als die Frage, ob Keina dem Frosch im Dorf oder am Fluß den Schädel zertrümmerte.

Die verhinderte Kindstötung

Wortlos stand ich noch immer im Eingang, als Uni mich ansprach: «Glaubst du etwa nicht? Geh, schau selbst, was mit dem Kind los ist. Vielleicht hat es Keina schon...»

Mich schauderte, und ich lief hinüber zu den *kini*-Bäumchen.

Da, am dritten oder vierten Baum, hing das alte, schmutzige Netz an einem Ast in der Sonne. Meine Hände zitterten, als ich davor stand und es langsam öffnete. Der Anblick der Bananenblätter mit bereits eingetrockneten, bräunlich-schwarzen Blutflecken ließ mein Herz wie wild schlagen. Vorsichtig legte ich Blattstück für Blattstück beiseite – da blinzelten mir kleine glänzende Äuglein entgegen, und ein schwaches Wimmern war zu hören.

«Es lebt!» Ich schrie vor Freude. Schnell nahm ich das Netz vom Ast und trug meine kleine Halbschwester in den Schatten eines *koriba*-Baumes. Behutsam legte ich es in meinen Schoß und weinte Freudentränen.

Da kam Keina. Sie eilte auf die *kini*-Bäumchen zu, stutzte, drehte sich um und sah mich mit dem Netz unter dem *koriba*-Baum sitzen.

Wutentbrannt stürmte sie auf mich zu und schrie: «Was fällt dir ein, das Netz von den *kini*-Bäumchen wegzunehmen. Ich hatte es dort hingehängt, um den Frosch jetzt zum Fluß zu bringen.»

Ich sprang auf, nahm das Netz mit dem Kind fest in meine Arme und rief weinend: «Nein, nein, es ist weder ein Schwein noch ein Hund, es ist ein Kind! Ich habe Mitleid mit ihm. Ich will es behalten.»

Aber Keina beachtete meinen Protest nicht. Sie schnappte nach dem Netz und wollte es mir entreißen. Mit allen Kräften hielt ich es fest – für nichts auf der Welt wollte ich ihr das Kind überlassen.

Zum Glück blieb unser Geschrei nicht ungehört. Es drang wohl durch das ganze Dorf, denn im Nu hatten sich einige Frauen um uns gesammelt. Sie versuchten, Keina zu beschwichtigen, mehr aus Mitleid mit mir als mit dem Kind.

Keina jedoch war blind und taub vor Wut. Wieder stürzte sie auf mich zu und zerrte an dem Netz. Verzweifelt kämpfte ich weiter, trat gegen ihre Schienbeine, spuckte ihr ins Gesicht, aber sie ließ nicht von mir ab. Ich schrie: «Es ist mein Kind, ich will es aufziehen, Uni soll es nur stillen», und lief vor Keina her.

Zu meiner großen Überraschung hörte ich plötzlich Uni aus der Hütte rufen: «Laß ihr den Willen, Keina, damit sie endlich aufhört zu heulen. Ich stille das Kind und werde es später Okani geben.»

Mein Vater rief aus dem Männerhaus: «Laß Okani in Ruhe, sonst werf ich dir einen Knüppel ins Kreuz!»

Keina mußte aufgeben. Kreischend rannte sie in ihr Haus und schlug mit einem Holzscheit wild um sich. In ihrer Hütte rumorte und polterte es, Fetzen flogen durch die Luft, und der Giebelpfosten des Hauses begann unter den Hieben bedenklich zu wackeln.

Ich brachte das gerettete Kind zu meiner Stiefmutter, die sich sofort um ihre Tochter kümmerte.

Meine kleine Halbschwester erhielt den Namen Ifana. Nach weiteren

157

elf Monden gebar Uni endlich wieder einen Sohn, den Kia. Er wurde der Keina übergeben. Erst zu diesem Zeitpunkt hatten sich die Spannungen zwischen Keina und mir gelöst.

Da ich mich mehr in Raiya als in Keto aufhielt, blieb mir die kleine Ifana fremd. Als eines Tages die Rede davon war, sie solle mit mir nach Mainyero gehen, weigerte sie sich, da sie mich kaum kannte.

Uni fand für mich tröstende Worte, indem sie sagte: «Warte noch einige Monde. Wenn Ifana vernünftiger geworden ist, kannst du sie haben.» Aber daraus wurde nichts.

Leben heißt Sterben. Unnahbar ist der Tod und doch uns näher als wir uns selbst, das Gewaltige und Unmittelbare – die zeitlose Erscheinung im Wandel der Schöpfung. Den Tod, unseren zuverlässigsten Begleiter im Leben, empfinden wir Menschen seit je als eine übernatürliche Realität.

Auf einem kahlen, abgestorbenen Baum bewegt sich unbeholfen ein junges Baumkänguruh. Sein rötlichbraunes, mattglänzendes Fell hebt sich deutlich gegen den klaren, blauen Morgenhimmel ab. Das Tier versucht, auf einem Ast das schützende Blattwerk eines nahen Baumes zu erreichen.

Knapp zwei Baumhöhen über ihm zieht unhörbar ein Adler immer enger werdende Spiralen. Seine mächtigen, weit ausgespreizten Schwingen durchschneiden die Luft. Da – ganz plötzlich – stürzt er wie ein Pfeil auf sein Opfer. Leben heißt Sterben...

Der plötzliche Tod von Karafa

Nur wenige Tage nachdem ich meine Halbschwester Ifana vor dem Tod bewahrt hatte, erreichte uns eine Todesnachricht aus dem nicht allzu fernen Dorf Ruraro. Ich weilte noch in Minowaro, als ein Bote meinem Vater mitteilte, sein Vetter Karafa sei unerwartet gestorben.

Wieder einmal war alles in hellem Aufruhr. Sofort machte sich mein Vater mit einigen Männern der Sippe, bewaffnet mit Pfeil und Bogen, auf nach Ruraro. Mit einem vollen Süßkartoffelnetz auf dem Rücken begleitete ich die davoneilenden Männer.

«Das geht doch nicht mit rechten Dingen zu!» schrie mein Vater vor der Leiche seines toten Vetters.

«Vielleicht wurde er vergiftet», meinte ein älterer Mann aus der Ruraro-Sippe, der neben ihm Platz genommen hatte.

«Das muß ausfindig gemacht werden», forderte Kopowe die Männer auf, die dichtgedrängt um den Toten saßen. Schweigend und ernst nickten die weit über zwei Dutzend lehmverschmierten Gesichter.

«Kopowe hat recht», murmelten auch die Frauen, die sich mit mir neugierig vor dem Männerhaus versammelt hatten.

Kono, der Medizinmann, gab Anweisungen, rote Farbe anzurühren. In einer Schüssel aus zwei zusammengebundenen Bananenblättern wurde rote Erde mit Wasser zu einem dünnflüssigen Brei vermischt. Mit einem Bambusmesser bestrich der Medizinmann die Handflächen des Toten. Dreimal trug er dick die Farbe auf und ließ dabei Schicht für Schicht antrocknen. Danach begann Kono leise zu singen, so setzte er sich mit der Seele von Karafa in Verbindung. Unverständliche Zauberworte flüsterte er dem Toten zu.

Plötzlich sprang er auf und rief: «Karafa, ich habe deine Hände mit roter Farbe beschmiert; geh jetzt und führe uns zu deinem Mörder. Zeig uns den Weg, geh jetzt, geh! Morgen früh werden wir deinen Zeichen folgen.»

Es war Nacht geworden. Vor dem Männerhaus brannte ein großes Feuer, das man zum Schutz gegen die Totengeister schon in der Dämmerung angezündet hatte.

Zwei Männer trugen den toten Karafa hinaus vor das knisternde Feuer. Es war wie schon beim Tod meiner Großmutter Kiyagi: die Seele des Verstorbenen wurde befragt. Kono fragte: «Karafa, wer hat dich vergiftet?» und schlug mit einem Grashalm gegen das *kunu*.

Er zählte verschiedene Dörfer, Sippen und Personen auf und fragte schließlich: «Haben dich die Komongu vergiftet?»

Kaum war diese Frage ausgesprochen, schüttelte sich die Leiche, die Träger hatten alle Mühe, den Toten festzuhalten.

Ein Ausruf des Erstaunens, *«aijeee»*, ertönte aus dem Kreis der versammelten Dorfbewohner. Diese Mitteilung der Seele Karafas überraschte uns alle. Was hatten die Komongu mit dem Tod zu tun? Hatte Karafa geheime Verbindungen gehabt? Rätselhaft!

Die Leiche wurde wieder ins Männerhaus getragen, wo sie über Nacht aufgebahrt blieb.

Während Frauen des Dorfes mit dem Klage-*Singsing* beschäftigt waren, zerbrachen sich die Männer den Kopf, was dieser geheimnisvolle Zusammenhang bedeuten sollte. Denn das stand fest: die Seele von Karafa hatte die Wahrheit gesagt.

Am frühen Morgen machten sich die Männer auf den Weg. Nur die Alten blieben zurück und bewachten den Toten. In kleinen Gruppen zogen sie in verschiedene Richtungen, obwohl alle wußten, daß der Mörder von Karafa nur in einem Komongu-Dorf zu suchen war. Aber die Entscheidung des Sippenführers zählte, er wollte volle Gewißheit haben.

Wie erwartet, fand nur unsere Gruppe, bestehend aus meinem Vater, vier Ruraro-Männern und mir, Zeichen der Wegweisung zum Mörder.

Schon kurz nach dem Dorf entdeckten wir die ersten Handabdrücke von Karafa an einem Baum. Seine Seele hatte über Nacht den Weg durch Busch und Berge, durch Täler und Flüsse markiert. Immer wieder sahen wir in kurzen Abständen die Hände von Karafa an Bäumen oder Steinen. Selbst von einem herausragenden Felsen inmitten eines Flusses leuchtete die rote Hand, und jenseits am Ufer wieder. Doch an dieser Stelle war der Fluß nicht passierbar. Erst ein ganzes Stück stromaufwärts fanden wir entwurzelte Bäume, die uns eine Flußüberquerung ermöglichten. Wir befanden uns bereits im Komongu-Gebiet, als der Weg uns zum Dorf Kurefu führte. Deutlich waren die Zäune davor mit roten Erdflecken beschmiert.

«Hier also haben wir den Mörder zu suchen», rief mein Vater den verwunderten Komongu-Leuten zu und eilte von Haus zu Haus. Die überraschten Komongu hinterher. Endlich blieb er vor einem Frauenhaus stehen. Neben dem Eingang leuchtete der rote Handabdruck von Karafa. Es war das Haus von Nori, einer Frau vom Kossafa-jufa-Stamm, jenseits der großen Goroka-Ebene am Fuße der Berge. Sie hatte vor Jahren nach Komongu eingeheiratet und war die Frau von Nema-Namba Fitara.

Kopowe machte den fragenden Komongu-Männern klar, daß sich in diesem Haus der Mörder von Karafa befinden mußte.

Erschrocken kam Nori aus dem Haus. Kopowe wies auf die roten Handabdrücke und schrie erregt in die versammelte Menge:

«Ihr habt unseren Karafa vergiftet. Gebt es zu!»
Wie gebannt starrten die Komongu auf die roten Flecken, erst jetzt hatten sie sie bewußt gesehen.

Nori und Nema-Namba leugneten heftig, auch alle übrigen Komongu-Leute wiesen die Beschuldigung zurück. Es gab einen fürchterlichen Tumult; das erhitzte Hin und Her führte jedoch zu keinem Resultat.

Selbst Kopowe und seine Männer fanden keinerlei Anhaltspunkte, die ihre Verdächtigungen gerechtfertigt hätten. Beide Parteien waren sich im klaren, daß die Seelen der Verstorbenen die Wahrheit erzählen. Ein Geheimnis lag über Kurefu. Es gab keinen ersichtlichen Grund zu solch einer Tat, denn es bestand keine Feindschaft zwischen den Keto und Komongu.

«Vielleicht ist der Mörder im Ona-Stamm zu suchen», meinte ein Komongu-Mann zu meinem Vater.

«Dann hätte Karafa uns den Weg nicht hierher gezeigt», entgegnete Kopowe mürrisch. «Der Mörder muß hier sein!» schrie er die Komongu-Leute wild an.

Kopfschüttelnd verneinten es die Kurefu und beteuerten ihre Unschuld. «Wir haben mit dem Tod eures Mannes nichts zu tun», versicherte ruhig ein alter, weiser Kurefu-Mann.

Eine Weile schwiegen alle bedrückt.

Nachdem mein Vater sich mit den Ruraro-Männern beraten hatte, forderte er die Komongu auf: «Wir bestehen auf einer neuen Untersuchung. Eine andere Methode soll uns allen beweisen, daß der Mörder doch hier in Kurefu zu suchen ist.»

«Und wie sollen wir das herausfinden?» fragte wieder der alte Kurefu-Mann.

«Wenn ihr unschuldig seid, so habt ihr ja nichts zu befürchten. Wir werden bei uns in Ruraro Bananen kochen, ihr die euren, wir die unseren.»

Jeder wußte Bescheid, was dies zu bedeuten hatte. Bereitwillig nahmen die Komongu den Vorschlag an und folgten uns nach Ruraro.

Es war ungewöhnlich still im Dorf, als die Leiche von Karafa im Freien vor dem Männerhaus aufgebahrt wurde. Zu beiden Seiten des Toten stellten Männer je einen *maru*-Kochtopf auf. Die Frauen brachten Feuerholz und Kochsteine herbei. In einem weiten Kreis um den Dorfplatz lagerten die Dorfbewohner und sahen aufmerksam den Kochvorbereitungen zu.

Die beiden Gruppen führten ihre Arbeiten gleichzeitig aus. Nachdem die Kochsteine erhitzt und die *marus* gefüllt waren, begann das lange, schweigsame Warten. Jeder starrte auf die Kochtöpfe, denn in ihnen steckte der Beweis.

Nach einer Weile ereignete sich etwas Merkwürdiges: das *maru* der Komongu fing an zu zittern – plötzlich hörte man ein unheimliches Getöse, lautes Rumoren, Zischen und Pfeifen. Steine fielen zu Boden, und schwarzer Rauch drang aus dem *maru*. Erschrocken rannten die Komongu auf und davon – bis auf die zwei alten Männer, die unentwegt das *maru* beobachteten. Sekunden später war alles vorbei.

Der Medizinmann rief den Komongu zu: «Die Seele des toten Karafa hat uns erneut gezeigt, daß der Mörder bei euch ist.» Die beiden Alten nickten. «Es muß jemand aus unserem Dorf gewesen sein.»

Absichtlich ließ man die Bananen doppelt so lange schmoren, als es normal nötig war. Dann war es soweit. Der Medizinmann gab das Zeichen zum Öffnen der *marus*. Wieder lag eine bedrückende Stille über dem Dorf. Alles blickte auf die Blattpakete, die vorsichtig geöffnet wurden.

Ein Schrei ging durch die Menge: «*aijeee!*» Die Bananen der Komongu waren noch roh, hart und überhaupt nicht gar, hingegen waren die Keto-Bananen zu einem matschigen Brei verkocht.

Mein Vater gab den beiden Alten aus Kurefu die harten, ungekochten Bananen und sagte: «Geht zurück und zeigt sie euren Leuten; das ist der Beweis, daß der Mörder bei euch zu finden ist. Wenn wir nach drei Tagen nichts von euch hören, werden wir den Tod meines Vetters rächen.»

163 Okani-Informant Rumba Rumba; er hat manche turbulenten Begebenheiten, von denen Okani erzählt, miterlebt.
164 Medizinmann Rumba-Guri, der letzte noch lebende und praktizierende Schamane des Komongu-Stammes. Seine Heilmethoden – vorwiegend Geisterbeschwörungen – waren weit über die Grenzen des Stammesgebietes hinaus bekannt. Nur noch wenige meist alte Leute zählen heute zu seinem Patientenkreis.

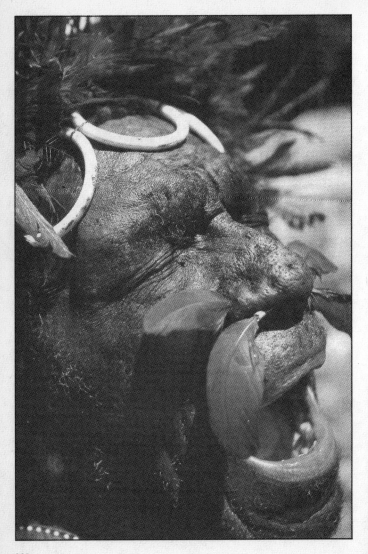

Nachdenklich verließen die Alten Ruraro und zogen zurück in ihr Dorf.

Das Männerhaus von Ruraro glich einem Waffenlager. Die Vorbereitungen für einen Rachekriegszug wurden getroffen, denn niemand glaubte daran, daß die Komongu den Mörder ausliefern würden. Der Plan stand bereits fest. Angeführt von Kopowe wollten die Männer in der Nacht zum vierten Tage unbemerkt durch das Ona-Gebiet marschieren und im Morgengrauen das Männerhaus von Kurefu überfallen. Es sollten Brandpfeile geschossen werden.

Doch zum Glück kam alles anders.

Am dritten Tag kehrten zur Überraschung der auf Rache sinnenden Ruraro-Leute die beiden alten Komongu-Männer mit einem Schwein zurück. Neugierig scharte sich alles um sie.

«Habt ihr den Mörder gefunden?» rief Kopowe ihnen zu.

Sie nickten wortlos, was die Spannung im Augenblick noch erhöhte. Sie nahmen Platz neben der Leiche, die noch immer auf vier Pfählen vor dem Männerhaus aufgebahrt lag. Der tote Karafa wurde allmählich weich, sein Körper fing an zu stinken, und aus der eingerollten Matte sickerte Leichensaft. Gelbbräunliche Tropfen fielen durch den Bambusrost, auf dem der Tote ruhte, in eine große Blattschüssel. Hunderte von Fliegen umschwärmten den kostbaren Saft, aber niemand nahm Anstoß daran.

«Wer war der Mörder?» fragte mein Vater ungeduldig und verschluckte sich dabei an einer Süßkartoffel. Schnell klopfte ein Mann Kopowe den Kartoffelbrocken aus dem Rachen, indem er ihm heftig auf den Rücken schlug. Dann begannen die Alten abwechselnd zu erzählen.

«Sofort, als wir in Kurefu ankamen, riefen wir alle Leute zusammen und zeigten ihnen die ungekochten Bananen. Sie wurden von Hand zu Hand gereicht, jeder konnte sich davon überzeugen. Der Beweis lag unseren Leuten in den Händen. Und trotzdem, die beiden Hauptverdächtigen, Nema-Namba und seine Frau Nori, stritten ab, euren Mann getötet zu haben, und versicherten, daß sie mit dem Toten niemals in Kontakt gestanden seien. Wir glaubten ihnen, denn uns war nichts Gegenteiliges bekannt.»

«Und – wer war es dann?» fragte Kopowe drohend.

«Das fragten wir uns auch», sprach einer der Alten weiter.

«Nema-Namba, seine Frau und wir erinnerten uns noch einmal an die Vorgänge des frühen Morgens vor drei Tagen. Dabei bemerkten wir, daß in all unseren Überlegungen eine Person vergessen worden war. Das war so: Im Haus der Nori war für einige Tage ihr Bruder zu Besuch. Nachts schlief er bei uns im Männerhaus, tagsüber hielt er sich in der Hütte von Nori auf. Genau zu dem Zeitpunkt, als ihr in unser Dorf kamt, hatte er sich sonderbar eilig von Nori verabschiedet und war davongegangen.

Wir alle schimpften nun auf Nori, doch sie wies die Verdächtigungen entschieden zurück. Sie beteuerte, nichts davon gewußt zu haben. Wir forderten Nori sogleich auf, in ihre Heimat zu gehen und ihren Bruder zu holen. Nach zwei Tagen kamen sie aus dem fernen Kossafa-jufa zurück. Zunächst fragten wir ihn, warum er sich so plötzlich verabschiedet hatte, als die Keto-Leute ins Dorf kamen. Er gab keine Antwort. Wir machten ihm deutlich, daß es, wenn er nicht die Wahrheit spräche, in den nächsten Tagen Streit mit den Leuten von Ruraro gäbe. Mindestens einer von uns würde getötet werden. Nach dieser eindringlichen Warnung gestand der Bruder von Nori, daß er Karafa vergiftet hatte.»

«Was war der Grund?» fragten wir ihn.

«Der Kossafa-jufa-Mann erklärte uns, daß sein Bruder vor kurzem gestorben war. Als er dann in diese Gegend kam, traf er einen Mann, der ganz seinem verstorbenen Bruder ähnlich sah. Es war Karafa von Keto. Er hatte denselben Blick, böse und unheilvoll. Deshalb mußte er ihn töten. Wir zogen uns zur Beratung ins Männerhaus zurück, während Noris Bruder – keiner achtete darauf – flüchtete. – Übrigens, das mitgebrachte Schwein ist von Nori, ein Geschenk für euren toten Karafa.»

Verwundert und bestürzt sahen wir uns alle an. Wer hätte das je gedacht.

Nachdenklich sagte unser Medizinmann: «Vermutlich wurde Karafa durch Zaubersprüche getötet. Ich werde seinen Tod auf die gleiche Art und Weise rächen.»

Er stand auf, ging in sein Zeremonienhaus und schloß sich über Nacht darin ein.

Nach wenigen Tagen brachte ein Komongu-Bote die Nachricht vom plötzlichen Tod des Bruders von Nori. Er starb vermutlich an einer Vergiftung in seiner Heimat Kossafa-jufa.

Um die kleine Schlucht zu überqueren, muß man über einen langen, schmalen Baumstamm balancieren. In kurzen Abständen sind in die fuß-breite Laufffläche fingerdicke Kerben eingeschlagen.

Selbstsicher und graziös, trotz der schweren Last auf dem Kopf, geht eine Frau über den glitschigen Stamm. Ihre Zehen greifen in die von Steinäxten geschlagenen Rillen, das gibt ihrem Körper Halt und Sicherheit. Das Gleichmaß ihrer geschmeidigen Bewegungen wird durch nichts gestört; es gibt keine Unterbrechung, kein Zögern. Die ausgeprägten Instinkte sind ein Teil des Ganzen – ein Regulativ zwischen Mensch und Umwelt.

Die tosenden Wassermassen scheinen die Felsen zu durchdringen. Unzähli-ge Luftblasen tanzen auf den weißen Gischtkronen und verschwinden im sprudelnden Wasser der starken Strömung. Der Fluß spannt an dieser Stelle einen hauchdünnen Wasserschleier über die Brücke. Der mit dem Sonnen-licht immer wiederkehrende Regenbogen bildet das imaginäre Geländer.

Die Frau hat das diesseitige Ufer erreicht. Sie hält wenige Augenblicke inne, dann setzt sie ihren Weg fort. Langsam und müde steigt sie die steile felsige Böschung hinauf. Ihr bronzefarbiger Körper glänzt, als sie aus dem Schatten in die Sonne tritt. Nur wenige Schritte von ihr entfernt fängt eine Smaragdeidechse die letzten Strahlen der untergehenden Sonne ein. Auf der wasserbenetzten Haut der Frau schimmern blauschwarz die Schmuckorna-mente auf Brust und Gesicht – ein Schmuck, der ein Leben lang nichts von seiner Schönheit verliert.

Die Gesichtstatauierung

Ich war vielleicht sechzehn Jahre alt, als mir mein Vater eine Nach-richt nach Mainyero überbringen ließ. Der Bote forderte mich auf, bald nach Minowaro zu kommen. Ein großes Schweineschlachtfest-*Singsing* im benachbarten Ona-Stamm sollte in den nächsten Tagen stattfinden, zu dem war auch die Sippe meines Vaters eingeladen. Da ich zu den Keto gehörte, mußte ich der Sitte gemäß dem Ruf meines Vaters folgen. Deshalb machte ich mich wieder einmal auf den Weg von Raiya nach Keto.

Als ich mit meinem Feder- und Muschelschmuck und in gehobener Festtagsstimmung in Minowaro ankam, wartete eine Enttäuschung auf mich. Ich glaubte, eine farbenprächtige Gesellschaft in *Singsing*-Laune und Aufbruchstimmung vorzufinden. Aber nicht die geringsten Anzeichen, die auf ein bevorstehendes *Singsing* hätten schließen lassen, konnte ich erkennen. In keinem Winkel des Dorfes gab es irgendwelche Vorbereitungen.

Ich hatte gute Lust, sofort nach Mainyero zurückzukehren. Mit einer Portion Wut im Bauch ging ich zum Männerhaus. Beim Überqueren des Dorfplatzes stieß ich eine alte Frau über den Haufen – sie stürzte und fing an zu kreischen. Schnell hob ich die Alte auf, stellte sie wieder auf ihre klapprigen Beine und wünschte ihr gute Besserung!

Unbeirrt setzte ich den Weg zum Männerhaus fort. Noch immer war ich wütend, denn mich einfach für nichts und wieder nichts kommen zu lassen, dafür fand ich den Weg zu weit.

Voller Zorn rief ich nach meinem Vater im Männerhaus. Er ließ nicht lange auf sich warten: «Was schreist du denn so aufgeregt – ist etwas los?» fragte er und beugte sich süßkartoffelkauend aus der Tür.

«Ist etwas?» wiederholte er und sah erstaunt auf meinen *Singsing*-Schmuck.

«Du hast mich zum *Singsing* rufen lassen», heulte ich los, «aber niemand bereitet sich dafür vor.» Eine starke Hand griff durch mein Kraushaar und schüttelte mich. Die Tränen trockneten, die Wut verrauchte. Etwas beschämt stand ich vor meinem Vater.

«Hör zu, Okani. Das *Singsing* findet statt, aber es dauert noch eine Weile. In Kenengi und Koningi sind die Vorbereitungen weiterhin in vollem Gange. Wir erfahren es früh genug. Außerdem ziehen jeden Morgen und Abend die *nema* umher, und solange sie zu hören sind, findet ohnehin kein Fest statt.»

Enttäuscht nickte ich meinem Vater zu, der sogleich meinte:

«Du bist keineswegs umsonst nach Minowaro gekommen. Morgen findet hier für alle erstgeborenen Mädchen ein kleines Fest statt. Wir wollen die Tage vor dem großen *Singsing* nützen. – Bis dahin ist alles wieder geheilt.»

«Was ist geheilt?» fragte ich neugierig.

«Das hier, siehst du.» Dabei deutete er mit den Fingern auf seine Stirn.

«*numune korendai*, Markierungen schneiden?» fragte ich ungläubig.

«Natürlich. Es ist an der Zeit, Okani, du wirst langsam erwachsen», stellte mein Vater stolz fest.

Mit dem Hochgefühl des Erwachsenseins eilte ich in das Haus meiner Freundin und überbrachte ihr die freudige Nachricht.

Es war kurz nach dem Morgengrauen, als ich von den dumpfen Klängen einer Trommel geweckt wurde. Ich lauschte dem dröhnenden Klang, der klar und deutlich aus dem Männerhaus ins Dorf drang. Hunde bellten, Kinder schrien, Frauenstimmen waren zu hören. Minowaro war erwacht.

Gewöhnlich war das *numune korendai* eine familieninterne, keine Sippenangelegenheit.

Doch für mich und die anderen drei erstgeborenen Mädchen wurde es eine Sippenfeier. Deshalb mußte die Dorfschaft vier Schweine, Gartenfrüchte und Feuerholz dafür aufbringen. Die Familien mit den meisten Schweinen gaben je ein Schwein, die anderen Familien teilten gerecht Gartenfrüchte und Feuerholz.

Mit Gesang wurden wir von geschmückten Frauen abgeholt und in einer Reihe auf den Tanz- und Zeremonienplatz mitten im Dorf geführt. Dort erwarteten uns singend und trommelnd die Männer, die zu dieser Feier ihren Festtagsschmuck angelegt hatten. Es war für mich ein sehr erhebendes Gefühl, hier im Mittelpunkt zu stehen.

Am Fußende des aus Bambusstangen errichteten *foromo*, der Liege, mußten wir in einer Linie Platz nehmen. Das Mädchen vor mir wurde von ihrem Vater aufgefordert, sich mit dem Rücken auf das *foromo* zu legen.

Nun ging alles sehr schnell. Ein Mann setzte sich auf die Füße des Mädchens und hielt dabei ihre Knie fest. Ein zweiter Mann hielt die Hände und ein dritter den Kopf.

Eine ältere Frau aus dem Dorf übernahm die «Operation». Mit zwei Fingern schob sie die Haut zu einem hochgewölbten Wulst zusammen. Dann ritzte sie mit einem kleinen messerscharfen *fitua* tief die Haut.

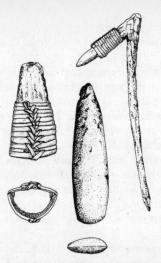

Steinbeil mit schwarzer Walzenklinge.
Stiellänge: 66 cm, Klingenlänge: 14,5 cm, Durchmesser 2,6 cm

Zuerst wurde die Stirn mit kleinen Schnitten markiert, dann folgten Schläfen-, Backenknochen- und Kinnpartien. Nachdem alle Schnitte ausgeführt waren, presste sie *kino wara*, den Saft von Bananen (es wird auch Zuckerrohrsaft verwendet) über die stark blutenden Wunden und wischte sie mit *noinde*-Blättern ab. Nun knieten zwei Männer zu beiden Seiten des *foromo* und verrieben *jumu kina*, schwarze Asche des *rambi*-Baumes, in die Schnittwunden. Währenddessen kauten zwei andere Männer gekochte *kamurue*-Stengel und -Blätter und spuckten anschließend den Speichelbrei auf die schwarzroten, noch immer blutenden Wunden. Die erste Phase der Tatauierung war abgeschlossen. Zwei Frauen führten das Mädchen in das Mädchenhaus zurück.

Die gleiche Prozedur fand noch dreimal statt. Als wir alle vier, betreut von einigen Frauen, zusammen um die Feuerstelle im Mädchenhaus saßen, wurden die Festschweine geschlachtet, und das *Singsing* begann.

170

Uns Mädchen war der Spaß an *Singsing* und Essen gründlich vergangen. Mit starken Schmerzen und geschwollenen Gesichtern saßen wir um das Hausfeuer und ließen die Wunden eintrocknen.

In den folgenden Nächten schliefen wir sitzend, Rücken an Rücken; dabei wurden uns die Arme zusammengebunden. So wurde das Berühren der Wunden vermieden, das in den ersten Tagen zu gefährlichen Infektionen hätte führen können.

Nach zwei Tagen wurde die Gesichtsbehandlung fortgesetzt. In einer Blattschüssel weichte man *yaira kamba*, blaugrüne Erde, mit Wasser auf und ließ sie bis zum Einbruch der Dunkelheit stehen. Erst am Abend, im Schein des Feuers, rieb uns eine Frau das Gesicht damit ein. Juckreiz und Schmerz plagten uns die ganze Nacht.

Am folgenden Tag wurden die Wunden mit warmem Schweinefett beträufelt. Zwischen dem achten und zehnten Tag, je nach Heilung, zupften uns Frauen die Wundkrusten ab. Mit *kamba-fine*, einer schwarzen, pulverisierten, wie Kohle glänzenden Erde mußten wir unsere Gesichter einreiben.

Nach weiteren zwei Tagen war alles ausgestanden. Am Fluß wuschen wir uns mit Wasser und Sand und bestaunten unsere neuen Gesichter.

Vor dem Singsing wird Blut abgelassen

Das angekündigte große *Singsing* in Kenengi, Koningi und Mondo ließ auf sich warten. Nur die *nema*, die Vögel, veranstalteten unverdrossen ihr geheimnisvolles Pfeifkonzert. Auch mein Vater, der Sippenführer des Dorfes, wußte soviel wie alle anderen – nichts.

Ich entschloß mich, für eine Nacht nach Mainyero zurückzukehren. Natürlich hatte es einen besonderen Grund. Getrieben von dem Hochgefühl des Erwachsenseins eilte ich über die Stammesgrenzen hinauf nach Raiya. Nach überstandenen Schmerzen wollte ich Opa Kerenga meinen neuen Gesichtsschmuck zeigen.

Noch rechtzeitig bei Tageslicht erreichte ich Mainyero. Alles, was im Dorf war und laufen konnte, rannte zum Männerhaus, vor dem ich stand, und bewunderte mich. Fast jeder betastete mich an Stirn und Wangen, um sich zu überzeugen, daß die Tatauierungen wirklich echt waren. Eine alte Frau kam an mich heran und wischte mit einem nassen Blatt mein Gesicht ab. Anerkennung und Bewunderung ließen nicht auf sich warten.

Opa Kerenga sah mich immer wieder entzückt und liebevoll an. Und wenn ich zu ihm blickte, wandte er sich ab und sah stolz lächelnd die Umstehenden an.

Nachdem jeder mich begutachtet hatte, ging ich am nächsten Morgen zurück nach Minowaro, denn ich wollte auf keinen Fall das *Singsing* verpassen. Doch statt des ersehnten Festes wartete eine andere Überraschung auf mich.

Kurz vor Minowaro, in Rufweite des Dorfes, traten plötzlich fünf junge Männer meiner Sippe aus dem dichten Bambusgebüsch und versperrten mir den Weg.

Erschrocken fuhr ich zusammen, suchte nach einem Knüppel und fragte drohend: «Wer von euch will zuerst verdroschen werden?»

Knüppelschwingend ging ich auf die Jünglinge zu, die Schritt für Schritt dem unheilvollen Summton in der Luft auswichen.

«Was wollt ihr von mir?» schrie ich sie wütend an, nachdem ich den ersten Schreck überwunden hatte.

«Okani, wir wollen nichts von dir», sagte einer von ihnen etwas verlegen. «Wir sollen dir nur ein Geheimnis verraten. Dein Vater hat uns beauftragt, es dir unten am Fluß zu zeigen. Er sagte, wir sollten hier auf dich warten.»

«Und was ist das für ein Geheimnis?» fragte ich neugierig und folgte ihnen zum Fluß.

Dort erzählten sie mir allerlei «Vorzüge», die die Knaben, aber auch die erstgeborenen Mädchen im Laufe ihrer jungen Jahre bis zur Hei-

---

173 Komongu-Frau aus Kofeyaro in Trauerbemalung. Das Beschmieren mit Lehm oder Ruß ist eine allgemein verbreitete Sitte im gesamten Hochland. Die Bewohner glauben, daß sie mit der Gesichtsbemalung vom Totengeist des Verstorbenen nicht erkannt werden und somit ihr Leben vor dessen negativen Einflüssen geschützt bleibt (vgl. S. 127).

174 Beladen mit Kochblättern kehrt eine Frau von der Gartenarbeit in ihr Dorf Nora zurück. In diese Blätter eingerollt werden Speisen in den hölzernen Kochtonnen gegart.

rat erfahren. So wurde unter anderem allen Jungen das Blut aus der Nase abgelassen. Es ging lediglich das überflüssige Blut verloren, denn es war wichtig zu wissen, daß altes Blut krank machte. So war es unerläßlich, sich von Zeit zu Zeit an das Nasenbluten zu erinnern, um gesund zu bleiben.

«Auch du, Okani, hast viel zuviel Blut in dir», stellte einer der Jungen überzeugend fest. Langsam ahnte ich, worauf sie hinauswollten.

«Wie macht man das?»

«Das wollen wir dir ja zeigen», meinten sie. «Dein Vater sagte, es sei besser, mit weniger Blut in den Adern nach Ona zum *Singsing* zu gehen. Dort würdest du bestimmt die beste Tänzerin sein. Alle anderen Mädchen, von den Frauen ganz abgesehen, würden schwerfällig über den Tanzplatz humpeln; du dagegen würdest durch deine leichtfüßigen und graziösen Bewegungen allen Jungen den Kopf verdrehen. Überlege es dir und verrate das Geheimnis nicht weiter.»

Natürlich war ich etwas verunsichert über dieses Angebot, aber was sollte ich tun? Ein Ausweichen gab es nicht. Die Zeit wäre ohnehin gekommen, denn alle Erstgeborenen unterlagen dieser Sitte, und niemand wollte schließlich als Weichling vor den anderen dastehen. So entschloß ich mich an jenem Tag, die Zeremonie des Nasenblutens über mich ergehen zu lassen.

Einer der Jungmänner klopfte ein *kepa*-Schilfrohr an einem Stein weich. Bevor ich mich umsah, hielten die anderen vier Jungen mich an Beinen, Händen und Kopf fest. Wie angewurzelt stand ich am Ufer, völlig bewegungslos. Mit langsamen Drehungen wurde mir der fast fingerdicke Halm durch das Nasenloch in die Stirnhöhle gebohrt. Stechende Schmerzen begleiteten diesen für mich ungewöhnlichen Vorgang.

«Halt, du bohrst mir ja ein Loch in den Schädel!»

Der Junge hörte sofort auf. Er ließ den Halm einige Augenblicke stecken. Der Druckschmerz war fast unerträglich. Ich hatte das Gefühl, eine riesengroße Nase zu bekommen, die immer mächtiger anschwoll. Mit einem Ruck wurde der Halm rausgezogen. Hinterher schoß das Blut wie ein Wasserfall. Es wurde mir übel, schwarze Punkte tanzten vor meinen Augen, ich verlor die Besinnung. Im kalten Flußwasser kam ich mit einem Brummschädel wieder zu mir.

Mit zittrigen Beinen und starken Kopfschmerzen wankte ich langsam ins Dorf. Die Jungen blieben noch eine Weile am Fluß; so fiel niemandem auf, was geschehen war.

Im Haus der alten Kama kroch ich auf die Schlafmatte. Der Appetit auf Süßkartoffeln war mir gründlich vergangen. An Schlaf war in jener Nacht auch nicht zu denken. Schwindelgefühl und Kopfschmerzen waren das Resultat der «Verjüngungskur».

Als man sich nach drei Tagen in Minowaro endlich zum Aufbruch nach Ona rüstete, fühlte ich mich wieder fit und wie neugeboren. Eine eitle Geschäftigkeit hatte Jung und Alt erfaßt. Jeder wollte der Schönste sein.

Die Alten stärkten sich vor dem Festzug ins Abenteuer mit gewöhnlichen Süßkartoffeln. Die Jugend hingegen, das heißt alle Unverheirateten, aßen keine gekochten, sondern im Holzkohlenfeuer geschmorte Süßkartoffeln zum Frühstück. Auch durften wir an diesem Morgen nichts trinken. Jeder wußte, daß Süßkartoffeln zusammen mit Wasser die jugendlichen Kopfhaare weichmachen. Das wäre wiederum an solchen Festtagen undenkbar, keine einzige Zierfeder würde in solchen Haaren halten.

Höhepunkt beim Anlegen der *Singsing*-Tracht war das Aufstecken der Zierfedern, das keineswegs geordnet zuging. Der Streit um die kostbaren Federn brachte so manchem Familienmitglied ein zusätzliches blaues Auge zur ohnehin farbenprächtigen Festdekoration ein. Solch ein Zank entwickelte sich immer dann, wenn die auf dem Hüttenboden ausgelegten Federn verwechselt wurden.

Die alte Kama half mir beim Anlegen meines Festschmucks. Mit Rat und Tat stand sie mir zur Seite rückte diese Feder etwas höher, jene ein bißchen tiefer und gab sich beim Bemalen meines Gesichts – trotz ihrer zittrigen Hände – alle Mühe. Meinen Busen rieb sie mit Schweinefett ein, und den Rücken bestäubte sie mit grauer Holzkohlenasche.

Zum erstenmal in meinem Leben zeigte ich mich im vollen *Singsing*-Schmuck der staunenden Männerwelt von Minowaro. Ich war sehr stolz auf mich und fühlte, daß ich in der Gesellschaft der Erwachsenen sehr ernst genommen wurde.

Und so sah ich aus:

In meinen Haaren steckten leuchtend rote und gelbe Paradiesvogel-
bälge, dazwischen die langen *kia*-Federn. Ein *kanu aina,* ein Stirnband
aus den grünglänzenden Flügeldecken eines Käfers, und ein *manu
teme,* der Fellstreifen eines *teme*-Baumkänguruhs, schmückten meine
Stirn. Glitzernde schwarze Striche aus *kamba-fine*-Erde verzierten die
Augenpartien. Die mit ockerfarbigem Lehm beschmierte Nase kam
mir damals sehr groß vor. Wenn ich hinschielte, blendete mich die
helle Farbe. In den Nasenflügelbohrungen steckten zwei daumengro-
ße, schwarz-rote Federn des Zwergpapageis. Durch die Bohrung der
Nasenscheidewand hing eine handspannweite *kovera* aus *ruru okani,*
eine schmal geschliffene Perlmutt-Sichelmuschel. Lange Ketten aus
oruru forou, kleinen Kaurischnecken, sowie *uwa avonomu,* rote, dau-
mennagelgroße Fruchtkerne, zierten Hals und Brust. Hinzu kam die
breite *okani*-Sichelmuschel, die glänzend auf meinem Busen lag.
Geflochtene *kiandor ana*-Bänder schmückten Ober- und Unterarme,
gelbleuchtende Wadenbänder, aus Orchideenhalmen geflochten,
zierten meine Beine. Etwas Besonderes war natürlich mein *monambi,*
der Männerschurz, der im übrigen von allen Mädchen und Frauen
bei offiziellen *Singsing*-Festen bevorzugt getragen wurde.
Zu meiner großen Freude schenkte mir mein stolzer Vater Kopowe
eine *owo,* eine Tanztrommel, die ich auch sogleich unablässig schlug.
Endlich, gegen Mittag, waren alle soweit. Wir versammelten uns auf
dem Dorfplatz und formierten uns zu einer langen Doppelreihe. Angeführt von Kopowe, gefolgt von einer Gruppe Männer, dann Frau-
en, Mädchen und Kinder, und am Schluß wieder eine Gruppe von
Männern, setzte sich der lange, farbenprächtige Festzug singend und
trommelnd in Bewegung. Wie eine bunte Riesenschlange bewegten
wir uns entlang dem rauschenden Fluß von Keto nach Ona. Mit
Steinbeilen, Speeren, Pfeil und Bogen bewaffnet, vom schweren Blut
befreit, leichtfüßig und die dumpf dröhnenden Trommeln schlagend,
eilten wir dem großen Schweineschlachtfest entgegen.

*Bleigraue Wolken scheinen den Elimbari zu erdrücken. Nur seine spitze,
schroff abfallende Nase ragt nach Nordwesten hin aus dem düsteren Vorhang heraus. Schwerbeladene Wolkenbänke ziehen von Süden nach Nor-
den. Es beginnt zu regnen. Schnell füllen sich die kleinen Spalten und Ris-*

se. Die ockerfarbige Erde wird immer dunkler, der Regen heftiger, das Rau-
schen des Flusses dumpfer, das Quaken der Frösche lauter.
Ein Kragenhopf fliegt dicht an mir vorbei und setzt sich wenige Schritte vor
mir auf einen Stein. Sein schwarzes Gefieder ist durch die Nässe stark zer-
zaust. Er steht auf einem Bein, schüttelt sich, bringt mit dem Schnabel seine
blauleuchtenden Brustfedern in Ordnung, fliegt plötzlich auf, um im Blatt-
werk eines hohen Baumes Schutz zu suchen.
Der Regen prasselt auf die Hütten. Wasserschnüre spannen sich von den
Grasdächern zur Erde. In den Pfützen tanzen gläserne Blasen, und drü-
ben, jenseits des Männerhauses, gurgelt ein bräunliches Rinnsal, schnell
fließt es bergab – irgendwohin.
Man kann es spüren, fühlen und hören, wie die Natur zu atmen beginnt.
Blätter und Gräser glänzen. Alles scheint zu neuem Leben erwacht zu sein.
Ist dies die Unermeßlichkeit der Schöpfung?
Es regnet bis in die Nacht hinein – aus der Stille des Tales dringt der Ruf
einer Eule herauf in das schlafende Dorf.

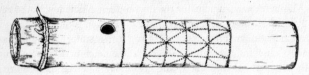

Geisterflöte «nema»
Bambusrohr. Länge 58 cm, Durchmesser 5 cm

Meine erste Periode

Zwei Tage nach dem großen *Singsing* und Schweineschlachtfest in
Ona kehrte ich zurück nach Mainyero. Meine körperliche Verfassung
war miserabel, ich fühlte mich hundeelend. Magen und Bauch
schmerzten, und Krämpfe im Unterleib setzten mir zu. Ich konnte
mir nicht erklären, wodurch mein Innenleben so gestört wurde.
Vielleicht hatte ich doch zuviel Schweinefleisch gegessen?
Zusammen mit anderen Frauen des Dorfes wärmte ich mich am
Abend mit Oromba Riyos Frau am Holzkohlenfeuer und erzählte

von den Festlichkeiten in Ona. Aufmerksam lauschten sie meinen Schilderungen, die ich plötzlich unterbrechen mußte, weil heftige Unterleibsschmerzen mich überraschten. Ich verspürte etwas Eigenartiges in mir – ich konnte es gar nicht glauben: eine starke Blutung setzte ein. Ich bekam meine erste Periode. Riyos Frau gab mir sofort etwas Moos, damit ich das Haus nicht verunreinigte. Eine andere Frau lief hinaus auf den Dorfplatz und posaunte das freudige Ereignis in alle Himmelsrichtungen. Jubelgeschrei tönte als Antwort aus den Hütten, und im Männerhaus setzten rauhe Männerkehlen im Rhythmus dumpfer Trommelklänge zum feierlichen *Singsing* an.

Der Sitte gemäß verbrachte ich die Tage der Blutung abgesondert und verborgen jenseits des Dorfes im Menstruationshäuschen. Eine ältere Frau versorgte mich während dieser Zeit und ließ mich nicht aus den Augen. Es war mir strengstens verboten, die Hütte allein zu verlassen. Mußte ich einem dringenden menschlichen Bedürfnis folgen, so trug mich die Alte auf ihrem Rücken hinaus in den Busch und wieder zurück. Es war mir verboten, den Boden mit den Füßen zu berühren, um nichts zu verunreinigen. Tag und Nacht mußte ich in Hockstellung vor der Feuerstelle sitzen, denn Wärme würde schneller alles schlechte Blut abfließen lassen. Deshalb bemühte sich die alte Frau, stets ein starkes Feuer zu unterhalten.

Mindestens ein dutzendmal am Tag wechselte sie mir die Einlage. Das verschmutzte Moos wurde sofort verbrannt und durch neues ersetzt. Wenn ich müde wurde, gab sie mir die große Nackenstütze, die es erlaubte, in der Hockstellung zu schlafen. Dabei band sie meinen Oberkörper am Giebelpfosten der Hütte fest, um zu verhindern, daß ich während des Schlafs ins Feuer fiel. Nur einmal am Tag – abends – durfte ich etwas essen. Die Mahlzeit bestand aus ein bis zwei Süßkartoffeln und wenigen Schlucken Wasser. Auch die reduzierte Nahrungsaufnahme während der Menstruationszeit war eine Verhaltensregel, die aus gesundheitlichen Gründen streng befolgt werden mußte.

Mit etwa 16 Jahren, also relativ spät, gab mir die Natur die Bestätigung meiner Geschlechtsreife. Dieses Ereignis war für mich und meine Sippe von grundlegender Bedeutung. Durch die erste Periode wurde nicht nur meine Heiratsfähigkeit bekundet, sondern vielmehr

wurde ich im Kreise der Erwachsenen, besonders in der Frauenge-
meinschaft, voll akzeptiert und aufgenommen.

In jeder Sippe unseres Stammes gab es alte, erfahrene Frauen, deren
Aufgabe es war, den jungen Mädchen während ihrer ersten Menstruation Unterweisungen, Geschlechtsaufklärung und Ratschläge zu
erteilen.

Nach dem Ende der Periode fand stets ein sippeninternes *Singsing*-
Fest statt, das gewöhnlich vom Vater des Mädchens ausgerichtet wurde.

So verbrachte auch ich, abgeschieden von der Dorfgemeinschaft, in
Obhut einer alten Frau, stille und lehrreiche Tage im Menstruationshäuschen von Mainyero.

Zum Thema Frauensachen gab es viele Geheimnisenthüllungen und
Belehrungen, die für mein künftiges Leben von größter Wichtigkeit
waren. Zum Beispiel war es jeder Frau untersagt, während der Periode den Garten zu bestellen. Falls sie es dennoch tat und dabei ertappt
wurde, hatte es für die Frau unangenehme Folgen: Die Gartenanlage
der Familie wurde ganz oder teilweise abgebrannt, damit das gefährliche Frauenblut aus dem Boden vernichtet wurde. Ein neuer Garten
mußte angelegt werden. Das brachte mehr Arbeit für die ganze Sippe,
denn das Roden der Gärten war Gemeinschaftsarbeit der Männer.

Während der Menstruationszeit durfte eine Frau ihrer Familie kein
Essen kochen, das übernahmen andere Frauen der Sippe.

Das Periodenblut galt seit jeher als gefährlich und unheilvoll. Aus
diesem Grunde wurde das Wochenhäuschen für Frauen eingeführt.

Jede verheiratete Frau war verpflichtet, den Beginn ihrer Periode ihrem Mann mitzuteilen, denn während dieser Zeit war der Ge-
schlechtsverkehr streng verboten. Kam ein Mann dennoch mit Frauenblut in Berührung, mußte er sich sofort vom Medizinmann behandeln lassen.

Besondere Vorsichtsmaßnahmen hatten junge Mädchen nach ihrer
ersten Periode einzuhalten, wenn sie mit ihren Bräutigamen in den
Busch gingen. Jedes Mädchen mußte vor dem Treffen die zerriebene
eufa-Frucht zusammen mit dem Fleisch der *komba*-Frucht einneh-
men. Diese Kombination gewährleistete für etwa acht Tage die Emp-
fängnisverhütung. Sollte trotz Vorsichtsmaßnahmen die Regelblu-

tung ausbleiben, mußte das betroffene Mädchen eine bestimmte Wurzel kauen, deren Name, Aussehen und Fundort streng gehütetes Frauengeheimnis ist. Der Saft jener Wurzel bewirkt ein rasches Eintreten der Blutung.

Nachdem meine erste Periode zu Ende war, fand zu Ehren dieses Ereignisses am darauffolgenden Tag ein *Singsing* statt. Schon am frühen Morgen zogen die Bewohner farbenprächtig geschmückt vor das Menstruationshaus. Als ich noch von der alten Frau angekleidet und bemalt wurde, sangen die anderen Frauen Fruchtbarkeitslieder.

Dann kam für mich der große Augenblick: nach Tagen der Isolierung zeigte ich mich in Festkleidung der wartenden Dorfgemeinschaft. Vor der Hütte standen die Frauen Spalier und bespuckten mich mit dem Brei der zerkauten *ka*-Wurzel. Dies drückte den Wunsch aus, daß ich fruchtbar sein und durch zahlreiche Knabengeburten meine künftige Sippe erfreuen möge. Singend und trommelnd ging es zurück zum Dorfplatz. Dort schlachteten mein Vater und Opa Kerenga sechs Schweine. Alle waren satt und zufrieden, als dieses denkwürdige Fest am nächsten Morgen zu Ende ging.

Das Liebeszaubermittel

Nach dem Erlebnis meiner ersten Periode begann sich mein Herz für die Männerwelt zu erwärmen. Die allabendlichen *Singsings* im Mädchenhaus von Mainyero waren plötzlich für mich von größtem Interesse. Die heiß und verstohlen beredeten Liebesgeheimnisse fingen stets im Mädchenhaus an. Es hatte sich schnell herumgesprochen, daß auch ich mich dort aufhielt, denn schon am nächsten Abend und an vielen folgenden kam mein Bräutigam Kindino mit seinen Freunden aus Kurefu zu uns.

Jedes Mädchen kochte für seinen Bräutigam oder Freund einige Süßkartoffeln, die er allein oder auch das Paar gemeinsam aß. Nach der Mahlzeit begann das *Singsing*. Dabei saßen wir Mädchen getrennt von den Jungen in der hinteren Hälfte des Hauses. Das *Singsing*-Spiel war für uns alle von großer Bedeutung – eine offene Liebeserklärung zwischen Jungen und Mädchen.

Es war an einem *Singsing*-Abend jener längst vergangenen Tage, als Kindino mir seine schon fast zur Hälfte aufgerauchte Buschzigarette anbot. Ich hatte jedoch keine Lust, mir dieses Zeug in den Bauch zu blasen, und lehnte ab. Aber Kindino bestand darauf, daß ich wenigstens einige Züge probieren sollte. Ihm zuliebe rauchte ich die Zigarette, an deren scheußlichem Geschmack ich wirklich nichts Gutes finden konnte. Im Gegenteil, der Tabaksaft brannte wie Feuer auf der Zunge. Immer wieder spuckte ich aus, hustete und versuchte mit Wasser, den ekelhaften Geschmack loszuwerden.

Doch nach einer Weile überkam mich ein noch nie dagewesenes Gefühl. Meine Zuneigung zu Kindino verstärkte sich. Ich hielt fest seine Hand, und in jenem Augenblick wurde mir bewußt, daß er mein künftiger Mann war. Alle meine Zweifel, daß Kindino andere Mädchen lieben würde, waren verflogen. An diesem Abend gab es für mich nur einen – Kindino. Zu fortgeschrittener Stunde wurde das *Singsing* immer leiser. Die anfängliche Sitzordnung hatte sich aufgelöst. Jedes Mädchen saß längst bei seinem Auserwählten.

So kam es häufig vor, daß ein Mädchen mal mit diesem, mal mit jenem Jungen die Nacht im Mädchenhaus verbrachte. Man wechselte so lange, bis man glaubte, den richtigen Partner gefunden zu haben. Diese für uns ganz natürliche Partnerwahl habe ich nie in Anspruch genommen. Für mich war Kindino die Nummer eins. Auch daß Kindino schon mal nach anderen Mädchen äugte, hat mir nie viel ausgemacht. Selbst wenn ich ganz sicher war, daß Kindino mit einer anderen die Nacht im Busch verbrachte, war es halb so schlimm. Solche Intermezzi habe ich auch oft im Handumdrehen unterbunden – und das im wahrsten Sinne des Wortes. Mit verrenkten oder verzerr-

183 Gesichtstatauierung einer jungen Frau aus dem Dorf Rurape: Mit einem Steinsplitter wird die Haut an Stirn, Schläfen, Wangen und Kinn geritzt. Pulverisierte Holzkohle und Ruß werden anschließend in die Wunde gerieben. Nach Abheilen der Schnittwunden erscheinen die Muster dunkelblau.
184 Ruß, pulverisierte Holzkohle oder schwarze Erde, vermischt mit Schweinefett, sind das gebräuchlichste «Make up» bei festlichen Anlässen. Charakteristisch für die Männer ist der Eberhauer-Nasenschmuck, der stets in der durchbohrten Nasenscheidewand getragen wird.

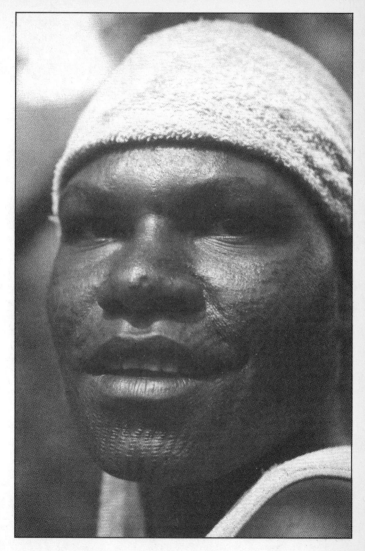

ten Armen saß umarmungsunfähig so manches Mädchen in unserer singenden Runde und besann sich auf mich und Kindino.

Aber zurück zu jenem Abend, an dem ich mein Herz an Kindino verlor. Die Wirkung der Zigarette machte mich liebestoll. Ich war ganz verrückt nach meinem Bräutigam und spürte das erstemal in meinem Leben eine sexuelle Lust.

Kindino bemerkte sehr schnell meine Liebebedürftigkeit, aber er reagierte nicht. Ich forderte ihn auf, mit mir in den Busch zu gehen, doch Kindino blieb wie angewurzelt vor dem Feuer sitzen.

Bald darauf verlor sich das Lustgefühl in mir, und zitternde Wut machte sich breit. Verächtlich sah ich Kindino an, sprang auf, rannte aus dem Mädchenhaus hinüber zu jener alten Frau, die mir während meiner ersten Periode zur Seite gestanden hatte.

Als ich ihr erzählte, wie Kindino mir das Rauchen einer Buschzigarette aufdrängte, nickte sie verschmitzt und fragte: «Und, ist etwas geschehen?»

«Nein, eben nicht», sagte ich. «Kindino hatte keine Lust, er sitzt jetzt noch im Mädchenhaus. Ich könnte ihm die Haare ausreißen!»

«Beruhige dich, Okani», fuhr die Alte besänftigend fort. «Kindino wollte dich nur prüfen. Er hatte dir ein Liebeszaubermittel gegeben, um zu sehen, ob du ihn auch wirklich liebst. Er hat richtig gehandelt – laß ihn im Mädchenhaus sitzen. Du kannst später mit ihm in den Busch gehen, aber auf keinen Fall heute nacht.»

Erst jetzt begriff ich, was die alte Frau meinte. Das Zusammensein mit Kindino hätte Folgen haben können, auf die ich überhaupt nicht vorbereitet war. Betroffen und beschämt zugleich starrte ich in das Feuer. Die Tage der Belehrungen im Menstruationshäuschen gingen mir durch den Kopf. Wie konnte ich nur vergessen...

«Nimm es nicht tragisch, Okani. Kindino hat für dich richtig gehandelt. Er wollte sich lediglich von deiner Liebe überzeugen, und du hast sie ihm bewiesen. Um in Zukunft vor solchen Überraschungen geschützt zu sein, solltest du stets die getrocknete Wurzel bei dir haben. Man kann nie wissen, du hast es ja selbst fast erfahren. Vor allem solltest du nie Zigaretten rauchen, die dir aufgedrängt werden, denn sie enthalten oft diese Überraschungen, die du in deinem Körper gespürt hast.»

«Welche Überraschungen?»

«Die Folgen des Liebeszaubermittels.» Belehrend fuhr sie fort: «Die Mittel verwenden die Jungen sehr gern, um ihr Mädchen in die richtige Stimmung zu bringen. Heimlich wird ein kleiner Splitter der *foro*-Frucht in die Buschzigarette eingedreht, meist in der Mitte, um keinen Verdacht zu erwecken. Der Junge zündet die scheinbar normale Zigarette an und raucht sie bis zur Hälfte. Erst dann gibt er sie seinem Mädchen. Und wie stark die Wirkung ist, hast du ja selbst gespürt. Das *foro irava* wirkt bei jungen Mädchen immer.»

Noch vor Morgengrauen verlasse ich das Dorf und folge dem Pfad hinunter zum Fluß. Dutzende in der Dunkelheit unsichtbare, klebrige Spinnfäden sind über den Weg gespannt, als wollten sie mein Eindringen in die Wunderwelt der Natur verhindern. In der Nähe des Pfades ist das Sprudeln einer Quelle zu hören. Frösche quaken.

Kurz vor Beginn der Dämmerung erreiche ich am Fluß jene Stelle, die in mir ein unsagbares Gefühl der Glückseligkeit auslöst. Vorsichtig, Schritt für Schritt, durchwate ich das klare, schnellfließende Wasser bis zur Flußmitte und setze mich auf einen großen, weit herausragenden Felsblock.

Die Sonne ist eben hinter den Bergen aufgegangen und wirft lange Schatten in das schmale Tal. Das jenseitige Ufer ist noch zart umhüllt vom dünnen Dunstband des Bodennebels. Wie eine Riesenspinne aus grauer Urzeit ragt bizarr ein entwurzelter Baum kurz vor der Flußbiegung aus dem Wasser. Unzählige Tautropfen glitzern im Schein der Sonne und lassen im Gegenlicht die herrlichen Kunstbauten der Spinnennetze wie vergoldet erscheinen.

Knapp über dem leicht gekräuselten Wasserspiegel tanzen verspielt zwei gelbschwarz gestreifte Libellen. Für Sekunden scheinen sie in der Luft zu stehen, um dann pfeilschnell hinwegzuschießen.

Am anderen Ufer sitzt auf einem Ast über dem Wasser ein Paradiesvogel und putzt sein Gefieder. Seine langen, rot leuchtenden Schwanzfedern spreizt er weit von sich. Ein wunderschöner türkisfarbener Vogelschwingenfalter flattert, getragen vom leichten Hauch des Morgenwindes, flußabwärts in das nächste Tal.

Das Leben liegt weder in der Vergangenheit noch in der Zukunft, sondern stets im Jetzt, im Augenblick.

Wie schon so oft in meinem Leben wanderte ich auf Buschpfaden über die Berge nach Minowaro. Meinem Besuch ging diesmal kein besonderer Anlaß voraus. Ich wollte lediglich etwas Abwechslung und neue, wenn auch längst bekannte Gesichter sehen. Die Verbindungen zu meinen etwa gleichaltrigen Freunden hatten sich in Mainyero wie in Minowaro gleich stark entwickelt, mein Zuhause war ja in beiden Dörfern.

Nachdem ich mich bei meinem Vater, meiner Stiefmutter Uni und meiner Halbschwester Ifana blicken ließ – sie nahmen meine Gegenwart gleichgültig zur Kenntnis –, war es an der Zeit, zum abendlichen *Singsing* ins Mädchenhaus zu gehen.

Auf dem Weg dorthin wunderte ich mich über die Stille in der Hütte. Kein Ton war zu hören, weder von einem Mädchen noch von einem Jungen. Nur blauweiße Rauchschwaden zogen durch das Grasdach in die Abenddämmerung.

«Seltsam», dachte ich und betrat das Haus. Wie ich auf einen Blick sah, waren alle Mädchen des Dorfes bereits anwesend und saßen schweigend um das Feuer, von den Burschen fehlte jede Spur.

Verwundert fragte ich in den nicht sehr fröhlich dreinblickenden Kreis: «Was ist denn bei euch los, seid ihr alle krank, oder sind euch die Jungen weggelaufen?»

Nach meiner heiteren Frage verfinsterten sich die Mienen der Mädchen noch mehr.

«Ist etwas geschehen?»

«Und ob», antwortete endlich ein Mädchen. «Stell dir vor, Okani, heute nachmittag zogen lachend und singend unsere Komongu-Jungen hier vorbei und riefen uns spöttisch zu: ‹Heute abend könnt ihr in den Schweinehäusern singen! Ihr braucht nicht auf uns zu warten, denn wir sind beim *Singsing* im Mädchenhaus in Chuave eingeladen.› Ein anderer rief noch hinterher: ‹Die ganze lange schöne Nacht!› Das ist doch wohl das Höchste, findest du nicht auch?»

«Allerdings», sagte ich und nickte allen Mädchen verständnisvoll zu.

«Wir haben soeben beschlossen», meinte ein anderes Mädchen, «daß wir es ihnen gründlich heimzahlen. Wir wollen den Kerlen eine Liebeserklärung besonderer Art übcrreichen – eine von hohem Erinnerungswert, verstehst du. Morgen früh werden wir ihnen auf dem Weg zwischen Kenengi und unserem Dorf auflauern – dann können sie etwas erleben!»

Voller Anteilnahme und Mitgefühl nickte ich den Mädchen wieder zu und fragte schließlich – und das hätte ich nicht tun sollen: «War Kindino auch dabei?»

«In seiner vollen Größe», war prompt die Antwort, die ich nie hätte hören wollen. «Er führte ja die ganze Gruppe an.»

«Der kann sich auf eine Überraschung gefaßt machen», rief ich den anderen zu und warf wütend eine Süßkartoffel ins Feuer. Nun war ich in derselben Stimmung wie die anderen. Wir konnten den nächsten Morgen kaum erwarten. Furchtbare Gedankcn jagten durch unsere Köpfe: unsere Jungen zusammen mit fremden Mädchen, Rücken an Rücken, dann Nase an Nase, ständig kopfwackelnd hin und her, Küssen und Umarmen – und was dann? All diese Überlegungen brachten uns in eifersüchtige Raserei.

Am nächsten Morgen, kurz nach Sonnenaufgang, verließen wir in Begleitung einiger Mütter, die sich der geplanten Aktion angeschlossen hatten, das Dorf. Verwundert blickten uns die Männer nach – sie glaubten wohl, wir würden alle in die Gärten gehen, da wir unsere Absicht geheimgehalten hatten.

Wir gingen auf dem Weg, der nach Kenengi führt, und hielten an jener Stelle, wo ein kleiner Wildbach den Pfad unterbricht. Einige Mädchen rafften Schlamm zusammen und trugen ihn hinter einen dichten Busch, andere suchten mit ihren Müttern handliche, biegsame Stöcke.

Während unserer emsigen Vorbereitungen für den Empfang hörten wir plötzlich die Stimme meines Vaters von einer Anhöhe herunterschallen: «Was macht ihr da für einen Blödsinn, laßt das, geht lieber in die Gärten und arbeitet.» Dann erblickte er mich und rief: «He, Okani, was soll das? Geh und bewache den Garten. Mach ein Feuer, ich komme später nach.»

Zum Glück verschwand er bald im Busch, denn um ein Haar hätte er unseren Plan zum Scheitern gebracht. Trotzdem hatte ich das Gefühl, mein Vater beobachte mich, und erklärte den übrigen Mädchen:

«Ich werde so tun, als ob ich in den Garten ginge, aber in Wirklichkeit verstecke ich mich ein Stück oberhalb des Weges. Wenn die Jungen kommen, so verprügelt sie anständig. Und ihr könnt euch darauf verlassen – ich werde meinen Teil zur Begrüßung schon beitragen.»

Es dauerte nicht allzulange, bis wir die vergnügten und ausgelassenen Stimmen der Jungen deutlich hören konnten. «Dem Klang nach haben sie sich köstlich amüsiert», dachte ich mir und legte Schlammballen und Knüppel zurecht… Dann verstummten jäh die fröhlichen Laute, nur noch schrille und kreischende Mädchen- und Frauenstimmen, unterbrochen von wehleidigem Geschrei der Jungen, waren zu hören. Mit größter Befriedigung hörte ich die Geräusche der liebevollen Begrüßungsmassage, die sich etwas unterhalb meines Platzes abspielte. Das gedämpfte Klatschen der Prügel auf nasser, lehmverschmierter Haut entlockte den Jünglingen jämmerliche Klagetöne. Es war einfach herrlich, dieser Urwaldsinfonie zu lauschen.

Bald darauf hörte ich eilige Schritte. Die stark gezeichneten Knaben rannten den Weg herauf. Weit unten standen schimpfend und knüppelschwingend die Mädchen. Deren Mütter schrien: «Glaubt ihr wirklich, die Mädchen in Chuave sind besser als unsere? Wenn ihr euch solche Seitensprünge noch einmal erlaubt, dann schlagen wir euch zu Krüppeln.»

Voller Beulen und humpelnd waren sie bis auf wenige Schritte an mein Versteck herangekommen. Kindino konnte ich nicht sehen. Ich trat aus meinem Hinterhalt hervor und fragte die überraschten Jungen, wo denn Kindino sei.

«Er müßte jeden Moment kommen. Die Mädchen haben ihn nicht verprügelt – sie wollten es wohl dir überlassen», antwortete einer und meinte weiter: «Versteck dich, Okani. Wenn er kommt, halten wir ihn fest, so daß du ihn verhauen kannst.» Mit so viel Unterstützung hatte ich gar nicht gerechnet. Schnell verbarg ich mich hinter einem *ana*-Baum und wartete. Auf dem Weg standen die Jungen, damit beschäftigt, ihre Beulen zu massieren.

«Er kommt!» rief einer.

Kindino war in Begleitung gutaussehender junger Männer, sie hatten keine Keto-Bräute und waren deshalb der Knüppelmassage entkommen.

«Kindino, komm mal schnell her», rief wieder der eine Junge. «Wir haben etwas Komisches gesehen. Weißt du, was das sein könnte?»

Von Neugier getrieben, lief Kindino genau in meine Schlammhände. Er stürzte zu Boden und blieb regungslos liegen. «Das war ein Volltreffer», dachte ich und legte sein Gesicht frei vom sandigen Schlamm.

«Du hast ihn noch gar nicht verprügelt», sagte ein Junge. «Er verstellt sich nur, um dich zu täuschen», meinte ein anderer.

Aber Kindino mußte für kurze Zeit bewußtlos gewesen sein, denn erst nach einer Weile regte er sich, hielt sein Ohr und klagte über Schmerzen.

Inzwischen kamen die Mädchen heran. Wieder flüchteten die «tapferen» Jungen, nur Kindino lag noch zu meinen Füßen.

«Dem hast du es aber ordentlich gegeben», meinte eines der Mädchen und warf seinen Knüppel hinter den Jungen her.

«Hört endlich auf!» riefen sie aus sicherer Entfernung. «Seht, wie ihr uns zugerichtet habt, genügt euch das noch nicht?»

Hohngelächter war die Antwort.

Doch als zwei Jungen langsam näher kamen und sagten: «Hört auf damit. Wir wollen Kindino helfen und ihn nach Hause bringen», besannen sich die Mädchen und willigten ein. Gestützt von seinen Kameraden zog der lädierte Krieger nach Kurefu, die Mädchen folgten friedfertig.

Ich hatte bereits ein schlechtes Gewissen und lief eilig hinüber in den Garten. Aber mein Vater war noch nicht dort. Rasch trug ich etwas Brennholz zusammen und entfachte ein Feuer. Zur richtigen Zeit, als die Flammen am höchsten standen, kam mein Vater.

«Was war das für ein Lärm unten am Bach?»

«Ach, weißt du», sagte ich ganz uninteressiert, «die Mädchen haben bloß die Jungen verprügelt.»

Mein Vater sagte nichts. Schweigend reichte er mir zwei gekochte Süßkartoffeln und begann, den Gartenzaun auszubessern.

Ich hatte keine Lust, gelangweilt im Garten herumzustehen, und schlich davon. Für eine Weile hatte ich wieder von Minowaro genug und kehrte zurück nach Mainyero. Dort erzählte ich die Ereignisse meinem Großvater, der mir zustimmte.

«Recht hast du getan, Okani. Wozu braucht Kindino andere Mädchen, wenn er doch dich hat.»
Später erfuhr ich, daß der Medizinmann einen Stein aus Kindinos Ohr entfernt hatte. Das Ohr begann zu eitern; seitdem ist es taub.

Von jenseits der Hütte klingen die Töne einer Maultrommel herüber. Ein Junge sitzt im schmalen Schatten eines kleinen Bananenblattes und spielt. Hinter ihm, weit unten im Tal, erheben sich weiße Kakadus von den Baumwipfeln und flattern schreiend davon.

Jetzt wird das Spiel der Jungen melodischer, die Töne kommen klarer und reiner. Ein kleiner Eisvogel flitzt vorbei und setzt sich auf das Schmarotzergewächs an einer Giebelstange des Männerhauses. Flink pickt er etwas aus dem Gras, schüttelt sich und fliegt im Zickzack weg.

Die Töne verbinden sich zu einer melancholischen Melodie. Das einzelne Bananenblatt am Rande des ausgetrockneten Dorfplatzes ist der Mittelpunkt dieser kleinen Welt. Unzerstörbar, unerschöpflich scheint die Harmonie, die ich in diesem Augenblick spüre.

In Goroka

Monde um Monde vergingen. Mein Verhältnis zu Kindino litt an Dauerunterkühlung seit dem unbeabsichtigten Zwischenfall mit seinem Ohr; seine Mutter und seine Sippe konnten mir nicht verzeihen. Aber nicht nur deswegen verstand ich mich nicht mit Kindino, es war wohl sein ganzes Wesen, seine Art, der Umgang mit zahlreichen Mädchen, wenn es auch nur flüchtige Beziehungen waren, all dies störte mich allmählich. Hinzu kam sein etwas prahlerisches Getue, die Angeberei vor Jungen und Mädchen.

Mag sein, daß ich für ihn nicht die erhoffte Liebhaberin gewesen war, denn schon kurz darauf klagte er bei seiner Mutter über das ihn anscheinend nicht befriedigende Verhältnis zu mir. Es dauerte nicht lange, bis seine treusorgende Mutter ein Mädchen aus Kenengi fand und für ihn heiß machte. Bald wohnte die hübsche Mangai bei Kindino. Ich duldete diesen Zustand einige Zeit in der Hoffnung, Kindino werde sich rechtzeitig besinnen, wer seine eigentliche Braut war.

Manches hatte sich verändert, nicht nur zwischen mir und meinem Bräutigam, sondern auch in der übrigen Bergwelt meines Landes. Der große Weg wurde immer häufiger von weißen Regierungsbeamten begangen. Zwischen Goroka, Asaro, Chuave und Kundiawa patrouillierten regelmäßig Polizeistreifen.

Viele Männer wurden von den Weißen als Straßenbauarbeiter für Geld angeworben. Riesenvögel kamen und warfen Pickel und Schaufeln ab.

O ja, es hatte sich viel geändert am großen Weg. Einige Leute, so hörte ich, waren für zwei lange Jahre bis an das große Salzwasser gegangen, um dort zu arbeiten. Man versprach ihnen viel Geld und Reichtum, und Neugierige gab es genug, die sich kopfüber in die neue Zeit des weißen Mannes stürzten.

Auch ein junger Mann aus der Sippe meiner verstorbenen Großmutter stand im Dienst der Weißen. Er wurde auf der Regierungs- und Polizeistation Goroka als Polizist ausgebildet, lernte dort die *pidgin*-Sprache und – was uns allen unbekannt war – sogar etwas lesen und schreiben. Die Sippe war sehr stolz auf ihn, wenn auch die Alten sich nicht so für den neuzeitlichen Glanz begeistern konnten. Trotzdem wollten bereits viele unserer Leute die tollen Sachen in Goroka sehen oder, besser gesagt, besitzen.

Eines Tages ging ich nach Kurefu, um Verwandte zu besuchen. Genau zu jener Zeit weilte für einige Tage der junge Polizist im Dorf bei seiner Familie, um den Umzug nach Goroka vorzubereiten. Er hatte dort ein kleines, neuzeitliches Haus von den Weißen bekommen, das er von nun an mit seiner Familie bewohnen durfte.

Und wie die Zufälle im Leben spielen, ergab es sich, daß ich als Kindermädchen mit der Polizeifamilie nach Goroka zog. Zum erstenmal in meinem Leben begab ich mich auf «Weltreise». Mit einigen Trägern ging es über die Berge bis zum Uka Faka, von dort aus konnte man das riesige Goroka-Tal überblicken. Einen solchen Weitblick hatte ich noch nie erlebt, wir standen über den Wolken, einfach unglaublich.

Gegen Abend erreichten wir die Regierungsstation Asaro. Ich übernachtete in einem Kochhaus, das extra für den weißen Regierungsbeamten und seine vier einheimischen Polizisten gebaut worden war.

Am nächsten Tag setzten wir die Reise fort, aber nicht zu Fuß, sondern mit einem Regierungsauto. Ich hatte fürchterliche Angst, in dieser Krachkiste mitzufahren, ließ mir aber nichts anmerken. Zusammengepfercht saßen wir darin und holperten Goroka entgegen. Das Überqueren der Flüsse versetzte mich jedesmal in größte Aufregung: auf zwei großen Baumstämmen, die nebeneinander über dem Fluß lagen, fuhren wir langsam auf das andere Ufer. Ich stand dabei Todesängste aus. Einige Male wären wir um ein Haar in den Abgrund gestürzt. Der große Weg war an manchen Stellen nicht breiter als unser Fahrzeug, aber wir schafften es. In den Mittagsstunden erreichten wir Goroka.

Schöne, zum größten Teil weiß bemalte Häuser standen auf einem Hügel, dahinter lag ein Streifen Land wie ein Stoppelfeld, an dessen Ende zwei der komischen Riesenvögel standen. Es war unvorstellbar für mich, was ich alles sah, ich kam aus dem Wundern und Staunen nicht mehr heraus. Das Entdecken der neuen Welt kostete mich sehr viel Kraft.

Das Leben auf der Polizeistation war mächtig aufregend und interessant. Täglich lernte ich neue Dinge kennen und begreifen. In der Freizeit ging ich oft zum *ples balus*, so wurde in *pidgin* der Platz genannt, wo die Riesenvögel der Weißen vom Himmel herunter und wieder hinauf flogen. Aufmerksam folgte ich dem hektischen Treiben, das sich dort immer dann abspielte, wenn ein Riesenvogel gelandet war. Es war für mich unbegreiflich, was alles aus dem Bauch eines solchen Vogels ausgeladen wurde. Auch konnte ich nicht recht verstehen, warum sie immer so laut waren, wenn sie wegflogen. Seltsam war das, was uns die Weißen hier zeigten und brachten.

Sehr schnell hatte ich die neue Sprache *pidgin* gelernt, die es mir ermöglichte, mich mit all den anderen Leuten zu unterhalten. Eines Tages lernte ich einen Polizisten kennen, der mich zu seiner zweiten Frau nehmen wollte. Er meinte, ich dürfte für ihn kochen und waschen, und auch sonst könnten wir ganz gut zusammenpassen. Als ich ihm erzählte, daß ich bereits einen Bräutigam hatte, störte ihn das nicht. Seine Angebote wurden von Tag zu Tag deutlicher, lästiger und widerlicher. Deshalb beschloß ich – ohne es jemanden wissen zu lassen –, Goroka zu verlassen.

Ein kleiner Junge kommt mir mit einem wassergefüllten Bambusrohr entge-
gen. Er ist nicht älter als acht oder neun Jahre und sieht nicht gut aus; sein
nackter Körper ist mit Hautflechte und Furunkeln bedeckt. Voller Neugier
bleibt er stehen und schaut mich mit großen, unschuldigen Augen fragend
an. Ich lächle ihm zu, da erstrahlt sein dunkles Gesicht.
Wir sprechen zwei verschiedene Sprachen und können uns nicht miteinan-
der unterhalten, und doch – wir haben uns alles gesagt. Zufrieden, stolz und
selbstbewußt trägt er seine Last ins Dorf zurück, wo seine Mutter vielleicht
schon auf ihn wartet.
Die Sonne ist soeben hinter einer schwarzen Wolkenwand untergegangen,
die riesigen Regenwaldbäume liegen in einem gespenstischen Licht. In der
Ferne rollt Donner, jenseits des Tals werden die Berge vom Wetterleuchten
für Sekunden lilagelb erhellt. Die Luft riecht nach Regen, bald darauf setzt
ein Wolkenbruch ein.

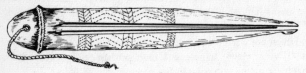

Maultrommel aus Bambus, 21 cm lang

Zurück zu Kindino

Gern wäre ich noch einige Monde in Goroka geblieben, aber die Auf-
dringlichkeit jenes liebestollen Polizisten zwang mich, die Regierungsstation sofort zu verlassen. Ich wollte kein Aufsehen, packte
eines Nachts unauffällig meine wenigen Sachen und verschwand im
Morgengrauen.

Nach zwei Tagen Fußmarsch erreichte ich die steilen bewaldeten Höhen zwischen dem Uka Faka und dem Kofea-Berg. Weit unter mir,
irgendwo in den Wolken, lag Goroka im riesigen Hochtal.

In meine Heimat Raiya wollte ich vorerst nicht zurück, denn ich
fürchtete, daß ich von dem Polizisten aus der Sippe meiner Großmutter wieder nach Goroka gerufen würde. So fand ich es auch besser,
nicht zu meinem Vater nach Keto zu gehen. Aber wo sollte ich hin?

Da kam mir Kindino in den Sinn. Noch am selben Abend erreichte ich das Komongu-Dorf Rurape, das vor längerer Zeit unmittelbar am großen Weg neu errichtet worden war.

Im Mädchenhaus, wo ich die Nacht verbrachte, erfuhr ich das Neueste über Kindino. Er hatte sich inzwischen – neben der Mangai aus Kenengi – zwei weitere Frauen angeschafft. So lagen ihm noch die Unga aus dem Yamowe-Stamm und die Monambi aus Komengarega zu Füßen. In Windeseile hatte sich die Nachricht über meine Ankunft bis zum Wohnort Kindinos, nach Kurefu, und weiter bis nach Kofeyaro herumgesprochen. Wie ich später erfuhr, verließen Unga und Monambi Kindino noch in der gleichen Nacht.

Kurz nach Sonnenaufgang stieg ich den steilen Pfad nach Kurefu hinauf, um mit meinem Bräutigam Wiedersehen zu feiern. Doch der Zeitpunkt schien verfrüht, denn weit und breit war keine Spur von Kindino zu sehen. Ein Verwandter von ihm sagte, er sei vor einigen Tagen nach Kofeyaro gezogen. Sofort machte ich mich auf den Weg.

Als ich in Kofeyaro eintraf – mein Kommen war ja nicht überraschend –, bereitete mir Mangai einen herzlichen Empfang. Sie stand mitten auf dem Dorfplatz und drohte mir mit einem Knüppel: «Hau ab, sonst kannst du etwas erleben!»

Doch weder Knüppel noch Mangai konnten mich beeindrucken. Langsam ging ich auf sie zu. Sie hob den Knüppel, und im selben Augenblick bekam ihr rechtes Auge meine Faust zu spüren. Ich hatte sie voll getroffen, in Sekunden war das Auge zugeschwollen. Wie versteinert sah sie mich an, schrie vor Wut und Schmerzen, suchte – schon etwas behindert – ihren entfallenen Knüppel und wollte die Begrüßungszeremonie wiederholen. Doch es blieb bei der Absicht. Bevor sie sich versah, klopfte ich ihr eins auf das andere Auge. Mangai war eine Weile fast blind und damit außer Gefecht gesetzt.

Kindino, der alles vom Männerhaus aus beobachtet hatte, kam herbeigelaufen, sichtlich begeistert von meiner Kampffähigkeit. «Mangai, du hast hier nichts mehr zu suchen, ich habe dich nicht geholt, meine Sippe hat dich nur gekauft.»

Die augen- und herzblutende Mangai lief zurück nach Kenengi, woher sie gekommen war. Endlich war ich mit Kindino allein. Der Gedanke an eine baldige Heirat rückte immer näher.

Teil III

EHEJAHRE

Scharf hebt sich die Silhouette eines einzelnen Baumes gegen den tiefblauen Himmel ab. Die Sonne verschwindet hinter einer großen weißen Wolke. Der Weg führt direkt in das Dorf, das an der Biegung eines kleinen Flusses liegt. Die beiden Ufer sind an dieser Stelle durch einen langen Baumstamm verbunden.

Die Bewohner machen alle einen unbeschwerten, zufriedenen Eindruck. Niemanden scheint es zu stören, daß ich langsam von Hütte zu Hütte gehe. Die Frauen sind gerade dabei, das Abendessen zu kochen. Zwei Beutelratten werden flink in Bananenblätter gewickelt und in ein Bambusrohr über der Holzkohlenglut gesteckt.

Ein Junge kommt herbeigelaufen, zupft die Haut meiner Beine und rennt lachend davon.

Kinder spielen auf dem Dorfplatz, einige lassen Kreisel tanzen, andere bewerfen sich mit roten Fruchtkernen oder ritzen mit Stöckchen Ornamente in den ockerfarbigen Boden.

Rasch setzt die Dämmerung ein, eine Mutter ruft nach ihrem Kind.

Bald darauf wird es still auf dem Dorfplatz. Die Nacht ist plötzlich da, und alles zieht sich in die Hütten zurück.

Meine Hochzeits-Zeremonie

Vielleicht waren es zwei oder drei Monde, die ich in Kofeyaro mit Kindino zusammenlebte, als wir endlich soviel Zuneigung fanden, daß wir beschlossen zu heiraten. Bis ich allerdings seine Frau wurde, vergingen weitere zwei Monde; während dieser Zeit mußte ich Kindino verlassen und wartete im Dorf meines Vaters auf den großen Tag.

Inzwischen wurden intensive Verhandlungen über Art und Höhe des Brautpreises geführt. Nachdem sich die Sippen über meinen Wert geeinigt hatten, begannen die eigentlichen Hochzeitsvorbereitungen in Kofeyaro und Minowaro, deren Stand mehrmals durch Boten übermittelt wurde.

Am Tag nach der ersten Vollmondnacht war es endlich soweit; die Hochzeitsfeier dauerte gemäß Sitte vier Tage und wurde von einer Reihe von Zeremonien begleitet.

Erster Tag: Der Brautpreis wird übergeben

Normalerweise kommt die Sippe des Bräutigamvaters für den Brautpreis auf, aber da er bereits gestorben war, übernahm die Sippe von Kindinos Mutter alle Pflichten der Hochzeit.

So traf die Nimalere-Sippe in den frühen Morgenstunden in Minowaro ein. Aus dem Haus meiner Stiefmutter beobachtete ich das Geschehen. Zuerst begrüßten sich alle laut und mit vielen Umarmungen. Beide Sippen bildeten je einen Halbkreis zueinander und ließen sich mit freudigen Zurufen auf dem Dorfplatz nieder. Dann trat mein Vater in den Kreis und forderte die Nimalere-Sippe auf, unter aller Augen den Brautpreis zu übergeben. Ein älterer Mann, der die Vaterpflichten für Kindino übernommen hatte, legte nun den vereinbarten Brautpreis neben meinem Vater auf dem Boden aus: 6 Stirnbänder, mit Nassa-Schnecken besetzt, 7 Perlmutt-Sichelmuscheln, 4 lange Kaurischnecken-Zierbänder, 5 Baumkänguruhfelle, 8 Stirnbänder, verziert mit grünen Käferflügeldecken, 1 blauen Paradiesvogelbalg, verschiedene Arten von Vogelfedern, 3 faustdicke Pakete Salz und 3 junge Schweine für die Aufzucht.

Nach der Übergabe verteilte mein Vater sämtliche Geschenke an seine Angehörigen, weder er noch meine Stiefmutter oder ich erhielten etwas von all diesen herrlichen Sachen. Mit einer fetten Schweinefleischmahlzeit endete der erste Tag. Die Nimalere-Sippe kehrte noch am selben Abend nach Kofeyaro zurück.

Zweiter Tag: Interne Vorbereitungen und Brautbelehrung

Die Männer des Dorfes, darunter mein Vater und mein Großvater, waren mit Schweineschlachten und Kochen beschäftigt. Neun große Schweine, davon sechs von Opa Kerenga, mußten für diesen festlichen Anlaß ihren Kopf hinhalten. Fast alle Frauen und Kinder waren

201 *Oben:* Auch die Raucher unter den Bergpapuas sind Selbstversorger: Die Tabakpflanze wächst fast hinter jeder Hütte. *Unten:* Mädchen aus dem Dorf Aketo im heiratsfähigen Alter.
202 Mutter und Kind in Tanz- und Festtracht aus dem Dorf Keyu. Typisch der dreireihige kuruwa-Frauenschurz. Die Oberarmbänder sind aus Orchideenbast geflochten.

in den Busch gezogen, um Feuerholz zu sammeln. Gegen Mittag wurde ich in das Haus meiner Stiefmutter gerufen, wo mich Uni mit drei alten Frauen bereits erwartete. Mein alter Kordelschurz wurde abgenommen und verbrannt, symbolisch war nun die «alte» Okani gestorben. Völlig nackt wurde ich von oben bis unten mit Schweinefett eingerieben. Dies bedeutete den Beginn meines neuen und echten Lebens. Nach der Reinigungszeremonie kleideten die Frauen mich neu ein: Kordelschurz, Gesäßbedeckung, Gürtel, Arm- und Beinbänder zierten meinen glänzenden Körper. Dann folgte die Bemalung mit verschiedenen Erdfarben, und zum Schluß wurde ich mit dem kostbaren *Singsing*-Schmuck von Kopf bis Brust ausgestattet.

Am Abend begann die sogenannte Brautbelehrung, eine Weiterführung und Ergänzung der Kenntnisse, die ich bei meiner ersten Menstruation erfahren hatte. Unter anderem fragte mich meine Stiefmutter eindringlichst: «Okani, willst du Kindino wirklich heiraten? Überleg es dir noch einmal, bevor es zu spät ist. Weißt du, daß deine zukünftige Schwiegermutter keinen guten Ruf hat? Hast du ihren Zorn schon jemals verspürt? Hüte dich vor ihr und verrichte deine Arbeiten gut. Auch wenn du mal geschlagen wirst, lauf nicht gleich davon, denn sonst müssen wir den Brautpreis zurückerstatten.»

All diese Warnungen konnten mich nicht von der Heirat mit Kindino abschrecken. Ich fühlte mich stark genug, mein künftiges Leben mit ihm durchzustehen.

Bis spät in die Nacht überschütteten mich die Frauen mit Ratschlägen und Lebensweisheiten. Auf einer hohen Nackenstütze schlief ich mit vollem *Singsing*-Schmuck, bewacht von zwei Frauen, die restliche Nacht. Die anderen Frauen beteiligten sich am großen *Singsing* auf dem Dorfplatz, das erst im Morgengrauen durch das Frühstück unterbrochen wurde.

Dritter Tag: Abschiedsessen in Minowaro – Ankunft in Kofeyaro
Kurz nach Sonnenaufgang kam meine zukünftige Schwiegermutter Sepe mit vier Frauen ihrer Sippe, um am Abschiedsfrühstück teilzunehmen, dessen Besonderheit in einer Zeremonie bestand: In einem *maru* wurden sämtliche Eingeweide eines Schweines gekocht. Nach dem Garen füllte man die Innereien in einen Schweinedarm, spuckte

ein zerkautes *sani*-Blatt hinzu und schmorte das Ganze über einem Holzkohlenfeuer. Anschließend zerschnitt Uni den Darm in fünf Teile und gab mir die Stücke, die ich als Brautgabe meiner zukünftigen Schwiegermutter weiterreichte. Die Zauberkraft des *sani*-Blattes und die gekochten Innereien sollten bewirken, daß meine Schwiegermutter mir das Leben nicht allzu schwer machen würde und daß die Ehe nie zerbrechen möge. Nach dem Essen wurde Sepe mit Schweinefett eingerieben. Auch sie bekam einen neuen Kordelschurz und einen Rindengürtel. Ihre alten Kleidungsstücke bewahrte Uni auf.

Während dieser Zeremonie, die in einem Frauenhaus stattfand, hatten die Männer sich zum Aufbruch gerüstet. Die am Vortag geschlachteten und gekochten Schweine wurden zerteilt und in Netze gepackt. Gegen Mittag setzte sich der Brautzug mit Gesang und Trommelklang über die Berge hinweg nach Kofeyaro in Bewegung. Wie Kindino mir später erzählte, mußte er sich in Begleitung zweier Jungmänner außerhalb von Kofeyaro in einem Buschhaus verstecken, als wir uns dem Dorf näherten.

Als wir auf dem Dorfplatz ankamen, setzten sich alle Angehörigen der Bräutigam-Sippe in einer Reihe vor das Männerhaus. Wir tanzten zweimal um die sitzende und singende Reihe und nahmen im Abstand von einigen Schritten ebenfalls in einer langen Reihe Platz. Meine Stiefmutter ging nun zum Bräutigamvater und überreichte ihm Geschenke. Es waren große Eberhauerzähne, Fruchtkernketten und Vogelfedern. Dann band sie ihm einen neuen *monambi* über seinen alten Männerschurz. Mein Vater kam hinzu und überreichte dem Bräutigamvater ein Netz voll Schweinefleisch.

Nach der feierlichen Übergabe der Geschenke mußte ich jedem Sippenangehörigen, zuerst denen der Bräutigamsippe, danach denen unserer Sippe, ein Stück Schweinefleisch geben. Anschließend nahm mich mein Onkel Oromba Riyo an die Hand und führte mich zu meinen Bräutigameltern.

Sie hielten meine Hände fest, während mein Vater aus der gegenübersitzenden Reihe zu reden begann: «Ihr habt nun unser bestes Stück erworben. Paßt gut auf sie auf. Wenn sie nicht gut arbeiten sollte, so dürft ihr sie nicht schlagen. Belehrt sie über die Arbeit, dann werdet ihr an Okani eure Freude haben.»

Nach diesen Worten überreichte er dem Bräutigamvater ein volles Netz mit Schweineknochen.

Die Frauen der Sippe von Kindino deckten nun den großen dampfenden Erdofen ab, der in der Mitte des Dorfplatzes angelegt worden war. Bereits der Anblick der 13 großen und 7 kleineren Schweine ließ uns allen das Wasser im Munde zusammenlaufen. Vor dem Zerlegen der Schweine gab es eine Zeremonie:

Der Bräutigamvater erhob sich und überreichte mir einen Grabstock, drei junge Süßkartoffelpflanzen und das Bauchfleisch eines Schweines. Dazu sagte er: «Wenn du mit deiner Schwiegermutter zum Arbeiten in den Garten gehst, sieh stets auf den Boden. Halte den Grabstock nicht in der linken, sondern in der rechten Hand und sorge für Sauberkeit im Garten. Pflanze viele Süßkartoffeln und füttere die Schweine gut.» Die drei Geschenke sollten die Bedeutung meiner künftigen Lebensaufgabe in den Vordergrund stellen.

Jetzt erst zerteilte man die Schweine und gab unserer Sippe den langersehnten Festbraten. Ohne jedoch an den weiteren Hochzeitsfeierlichkeiten teilzunehmen und ohne den Bräutigam gesehen zu haben, verließ meine Sippe Kofeyaro und kehrte zurück nach Minowaro. Geblieben sind nur meine Eltern, Opa Kerenga und ich.

Gegen Nachmittag erinnerte man sich des Bräutigams. Der Bräutigamvater schickte die Jungmänner los, um Kindino zu holen. Nach einer Weile kamen sie singend ins Dorf zurück. Endlich begegnete ich nach so langer Zeit wieder Kindino, der in seinem *Singsing*-Schmuck prächtig aussah.

Nun begann die bedeutendste Zeremonie der gesamten Hochzeitsfeier. Der Bräutigamvater brachte aus dem Männerhaus einen gekochten Schweinekopf, der mit Ingwerblättern verziert war, und legte ihn in eine Holzschüssel auf den Boden. Kindino setzte sich links daneben, ihm zur Seite in einer Reihe alle Jungmänner seiner Sippe. Mit mir nahmen auf der rechten Seite nur drei verheiratete Frauen Platz. Jetzt ergriff Kindino mit einer Hand den Oberkiefer des Schweinekopfes, ich den Unterkiefer, und wir zogen mit aller Gewalt die beiden Hälften auseinander. Nach diesem Kraftakt legten wir den geteilten Kopf zurück in die Schüssel.

Sepe, meine zukünftige Schwiegermutter, gab Kindino und mir je eine Zigarette aus dem gerollten *usi*-Tabakblatt. Kindio zündete seine Zigarette an, machte einen Zug und reichte sie mir. Ich nahm einige Züge, löschte sie und steckte den Rest hinter mein Ohr. Nun zündete ich meine Zigarette an, zog einmal und gab sie Kindino.

Nach diesen beiden Zeremonien war unsere Heirat rechtmäßig vollzogen.

Kindino kehrte mit allen Männern ins Männerhaus zurück. Dort wurde der Schweinekopf mit lautem Gesang verzehrt.

Ich mußte bis zum Sonnenuntergang mit den Frauen vor dem Männerhaus warten. Erst nach Einbruch der Dunkelheit durften wir dort am gemeinsamen Essen teilnehmen. Anschließend begann das große *nema rai-Singsing*. Es dauerte die ganze Nacht.

Immer wieder wurde ich von den Alten belehrt.

«Bestelle den Garten gut und versorge die Schweine, wie das eine Mutter tut. Koche täglich deinem Mann genügend Süßkartoffeln. Verschwende keine Zeit, mit anderen Frauen zu klatschen, sondern denke an deine Arbeit. Wenn dein Mann dich schlägt, so nur, um dir das richtige Arbeiten beizubringen. Du sollst dafür dankbar sein und nicht zu deiner Sippe zurücklaufen. Schlafe immer mit den Schweinen, denn du kannst sie nicht gern genug haben.»

Mit sanften Stößen zwischen die Rippen wurde ich fortwährend aufgeweckt. Sogleich setzte der Wortschwall meiner pflichtbewußten Sippenangehörigen erneut ein.

«Wenn einmal Besuch von deiner Sippe kommt, soll dein Mann sie bedienen, nicht du, damit du nie in Versuchung kommst, ihnen heimlich Sachen zu geben. Du hast nur die Sippe deines Mannes zu bedienen.»

Mit den *Singsing*-Liedern, in denen es nur um Gartenarbeit und Schweinezucht ging, endete der dritte lange Tag.

Vierter Tag: Harte Gartenarbeit, während die Männer schlafen
Am Morgen des vierten Tages wurden sämtliche Fleischreste vom Fest gegessen. Nach diesem fetten Frühstück verabschiedeten sich mein Vater Kopowe, Uni, Opa Kerenga und Oromba Riyo, die als meine engsten Verwandten die gesamte Hochzeitszeremonie miterlebt hatten.

Kindino und alle übrigen Männer seiner Sippe zogen sich zum Schlafen ins Männerhaus zurück. Diese Erholung stand allerdings nur den Männern zu. Als wir Frauen Netze und Grabstöcke aus den Hütten holten, drangen bereits die ersten langen Schnarchtöne aus dem Männerhaus. Müde und gezeichnet von den vergangenen Festtagen zogen alle Frauen mit ihren Töchtern in die Gärten. Die Mädchen durften Unkraut jäten und Feuerholz sammeln. Die Frauen bestellten ihre Gärten, pflanzten und ernteten.

Am späten Nachmittag kehrten wir mit vollen Netzen ins Dorf zurück. Es wurde Zeit, für unsere Männer die Abendmahlzeit zuzubereiten.

Zur Feier des vierten und letzten Tages des offiziellen Hochzeitsrituals schlachtete und kochte meine Schwiegermutter ein junges Schwein für Kindino und mich. Nach dem Essen zog Sepe mit ihrer Habe aus ihrem Haus und überließ es uns für die Hochzeitsnacht. Vor dem Eingang des Hauses steckte sie als Tabuzeichen zwei gekreuzte Bambusstöcke in den Boden. Dies bedeutete: Eintritt verboten!

Vier Tage nach dem Hochzeitsfest stattete meine Sippe aus Minowaro der Nimalere-Sippe den ersten Besuch ab. Nach festem Brauch erhielten die Gastgeber zehn volle Netze mit Gartenfrüchten für die gemeinsame Mahlzeit, womit die verwandtschaftlichen Beziehungen bekräftigt wurden.

Nach dem rein vegetarischen Mahl wartete die Nimalere-Sippe mit ihren Brautgeschenken auf. Schwiegermutter Sepe übergab mir einen Kordelschurz mit dazugehöriger Gesäßbedeckung und Gürtel. Der Bräutigamvater überreichte mir geflochtene Armbänder, ein Netz, einen Bund gedrehter Rindenschnüre, ein Blattbündel mit schwarzer, glänzender Erde, ein Halsband aus Orchideenhalmstücken, einen Eberhauer, ein Bambusrohr, gefüllt mit Schweinefett, und ein junges lebendiges Schwein. Dann kam Sepe wieder an die Reihe. Sie gab mir ein Bambusmesser, eine Feuerzange, einige neue Kochsteine und zum guten Schluß – was sich wohl jede «Hausfrau» wünscht – einen neuen *maru*-Kochtopf. Nach der Begutachtung der Geschenke brach mein Vater wieder auf und zog sich mit seiner Sippe nach Minowaro zurück. Farbe und Glanz der Hochzeitszeremonien begannen im grauen Alltag zu verblassen.

Rote Erdklumpen hängen an den Schuhen. Jeder Schritt kostet Kraft, Nerven und Überwindung. Der Pfad führt durch eine bewaldete Schlucht steil aufwärts, er scheint kein Ende zu nehmen. Ist dies der Weg in den Himmel?

Es beginnt zu regnen, die rote Erde wird glitschig unter den Füßen, jeder Schritt kann der letzte gewesen sein. Auf allen vieren erreiche ich völlig erschöpft die Bergkuppe. Vor mir liegt ein tiefes Tal, umhüllt vom ersehnten Schweigen der Natur.

Es sind wieder zwei Wege, die ich gleichzeitig gehe: einer führt hinunter ins Dorf, der andere zu mir selbst. Zwei Männer mit Bogen und Pfeilen kommen mir entgegen, unhörbar, sie gehen auf die Jagd. Sie stören nicht, denn sie sind ein Teil des Schweigens.

Ein geheimnisvoller Traum

Ich war erst zwei Monde mit Kindino verheiratet, als mich mein Vater zu sich rief. Er hätte mir etwas Wichtiges mitzuteilen, sagte der Bote, worauf Kindino und ich uns sofort auf den Weg machten. Kindino führte mich über schmale Buschpfade, die mir völlig unbekannt waren. Er sagte: «Okani, niemand darf wissen, daß du jemals diesen Pfad betreten hast. Er ist *tabu* für Frauen.»

«Warum?»

«Dieser Weg wird von den *nema*, den heiligen Vögeln, benutzt.»

Ich erschrak und fragte ängstlich: «Aber die *nema* sind doch nicht hier?»

«Nein, nein», beruhigte er mich. «Irgendwann werden sie wieder kommen, aber nicht jetzt.»

Mit einem sehr unbehaglichen Gefühl folgte ich Kindino über die Berge. Den Gedanken an die *nema* – der Anblick der Vögel würde den sofortigen Tod bedeuten – verlor ich erst, als wir in Minowaro eintrafen.

Kopowe hatte uns vor dem Männerhaus bereits erwartet und sagte: «Okani, es ist Zeit, über den Gräbern von Damu, Koripauma und deiner Mutter Monambi einen Garten anzulegen. Du sollst Taro und Süßkartoffeln setzen, und Kindino soll Zuckerrohr pflanzen.»

Wir machten uns sofort an die Arbeit. Aus Unis Garten holten wir junge Sprößlinge und gingen zu den Gräbern, die nur wenige Schritte vom Dorf entfernt lagen. Nachdem wir Unkraut gejätet und den kleinen Garten bearbeitet und bepflanzt hatten, zogen wir am späten Nachmittag zurück nach Kofeyaro. Noch in der selben Nacht hatte ich einen geheimnisvollen Traum. Ich sah mich mit Kindino auf dem Friedhof bei Minowaro. Mein Mann umzäunte mit *pitpit*-Rohren den neu angelegten Garten, während ich mit dem Setzholz Taro-sprößlinge einpflanzte. Plötzlich stand nur wenige Schritte entfernt eine Frauengestalt vor mir. Sie war sonderbar auffällig gekleidet: ein blaues, bodenlanges Kleid verbarg ihren Körper, nur Gesicht und Hände waren unbedeckt. Langsam kam sie auf mich zu und blieb zwischen Kindino und mir stehen. Auf einem Arm trug sie ein kleines Mädchen, auf dem anderen ein junges Schwein. Mit freundlichem Blick sah sie auf mich herab und begann zu sprechen: «Okani, ich möchte dir ein Kind geben.»

Schnell blickte ich zu Kindino hinüber, der verneinend den Kopf schüttelte. Trotzdem legte die Frau das kleine Mädchen mit einer schenkenden Geste vor mich hin. Wieder blickte ich unauffällig zu Kindino, der seitlich hinter der Frau stand, und sah ihn wieder den Kopf schütteln.

Da nahm die Frau das Kind auf und sagte bedauernd:

«Dein Mann will nicht.»

Plötzlich hielt sie ein abgebrochenes Stück einer Süßkartoffel in der Hand, beugte den Kopf etwas zurück, öffnete leicht ihren Mund und führte die halbe Süßkartoffel bis zum Mund, als wolle sie sie essen. Dann fragte sie mich: «Okani, *ne ambe?* Siehst du mich?»

«*Ke owe.* Ja, ich sehe dich.»

Die Frau sprach weiter: «Die Komongu, bei denen du jetzt wohnst, gaben mir damals eine Süßkartoffel, die vergiftet war. Darum mußte ich so früh sterben – mein Kind.»

Jetzt erst begriff ich, daß diese Frau meine Mutter Monambi war. Sie war an einer rätselhaften Krankheit gestorben, als ich noch ein Klein-kind war.

Sie sagte weiter: «Okani, ich gebe dir das kleine Schwein. Willst du es mit der rechten oder der linken Hand annehmen?»

«Mit der rechten Hand.»

Da gab sie mir das junge Schwein in die rechte Hand. Aus Gewohnheit sagte ich in *Pidgin*-Englisch, so wie ich es in Goroka gelernt hatte: «*Tenkyu, tenkyu*». Da spürte ich einen heftigen Schmerz, wie von einem Stockhieb verursacht, an meinen Beinen. Aufgeschreckt fuhr ich hoch aus Schlaf und Traum.

Verwundert stellte ich fest, daß ich mich in meinem Haus in Kofeyaro befand. Ich hatte ja geträumt, ging es mir durch den Kopf, und ich massierte meine schmerzenden Beine. Es war noch Nacht. Im schwachen Schein der Holzkohlenglut zeichnete sich deutlich eine hockende Person ab. Da erkannte ich Kindino. Er hielt ein Feuerscheit in seiner Hand und starrte mich wortlos an.

«Warum hast du mich geschlagen?»

«Ich hörte dich im Traum ‹tenkyu, tenkyu› sagen. Du warst wohl wieder bei jenem Polizisten in Goroka, der dich heiraten wollte. Deshalb weckte ich dich, denn ich wollte mir nicht die ganze Liebesgeschichte anhören.»

Ich war sehr enttäuscht wegen des Abbruchs meines geheimnisvollen Traumes. Aber auch die Dummheit von Kindino gab mir immer mehr zu denken. Ich sagte: «Du hast mich zu unrecht geschlagen, du eifersüchtiger Dickschädel! Meine Mutter Monambi ist mir im Traum erschienen. Sie wollte mir ein Kind geben, aber du wolltest nicht. Da gab sie mir ein kleines Schwein, das ich anstelle des Kindes aufziehen sollte. Darum sagte ich ‹tenkyu, tenkyu›, und du schlägst mich dafür.»

Am nächsten Morgen erzählte ich den sonderbaren Traum allen Leu-

211 Ein Mann aus dem Dorf Wamba in Tanz- und Festtracht. Neben dem Kasuarfederkopfschmuck trägt er einen Kuskus-Fellstreifen als Stirnband. Seine Augenpartien sind mit weißer Erdfarbe bemalt. Seitlich wird sein Gesicht von eingebundenen Baumkänguruhschwänzen verziert.

212 *Oben:* Die ursprüngliche Herstellungsmethode eines «maru»-Kochtopfes. Besonders beachtenswert das Werkzeug: am unteren Ende einer Rundholzstange befindet sich in einer raffinierten Klemmtechnik die große Walzenbeilklinge. Der Baumstumpf wird bis zu einer fingerdicken Wandstärke (ca. 2 cm) ausgeschlagen. *Unten:* Ein Käferstirnband wird verfertigt. Mit gespaltenen Orchideenhalmen werden die Käfer auf einen Baststoffstreifen diagonal aufgebunden.

ten des Dorfes. Meine Worte verfehlten ihre Wirkung nicht. Als sie hörten, meine Mutter sei von den Komongu vergiftet.worden, breiteten sich Verwunderung und Ratlosigkeit aus. Die Männer zogen sich zur Beratung ins Männerhaus zurück, die Frauen palaverten.

Nach einer Weile kamen die Männer zurück und sagten: «Wir haben wirklich keine Ahnung, wer von uns deine Mutter vergiftet haben könnte. Vielleicht ist der Mörder in einem anderen Dorf zu suchen.» Tagelang wurden Untersuchungen angestellt. Die Männer eilten von Dorf zu Dorf und befragten die Bewohner, aber sie kamen zu keinem konkreten Ergebnis. Nur eine Vermutung ist geblieben, man glaubte, der frühere Liebhaber meiner Mutter, «Matschauge» Moimbano Rumbira, könnte sie vergiftet haben. Vergeblich bemühte er sich zu jener Zeit um die Gunst meiner Mutter, sie hatte seinen Heiratsantrag zurückgewiesen. Moimbano Rumbira konnte das nicht vergessen, die Leute sagten, er wäre lange Zeit auf Monambi wütend gewesen. Erst nach ihrem Tod wurde «Matschauge» auffallend ruhig, er verlor kein Wort mehr über sie. Leider konnte er jetzt nicht mehr befragt werden, denn er war vor längerer Zeit im Krieg mit dem Komengarega-Stamm den Heldentod gestorben.

Der Pfad führt jenseits des Dorfes steilab ins Tal. Er folgt dem Lauf eines Baches, der schließlich in einem rauschenden Wasserfall zu Tal stürzt.

Vorn an der Biegung steht ein ausgewachsener Eber und kaut an einer frischen Wurzel. Mein Kommen scheint ihn zu beunruhigen: plötzlich macht er kehrt, durchbricht das Schilfgras und verschwindet grunzend im Dickicht. Der Talgrund ist sumpfig, die Luft feucht, stickig heiß und voller zweifelhafter Düfte.

Der klagende Ruf eines Menschen durchdringt die Stille. Ein alter Mann sitzt allein vor einer zerfallenen Hütte im Tal des Todes. Er leidet an einer ansteckenden Krankheit, und sein verwahrloster, halbverhungerter Körper ist von blutigen Exkrementen verschmutzt. Hunderte von Fliegen sitzen auf seiner verrunzelten Haut, aber sie stören ihn nicht mehr. In seinem Gesicht liegen Leid, Schmerz und Verlassenheit, niemand kümmert sich mehr um ihn. Ich gebe ihm eine gekochte Süßkartoffel, die er langsam und schweigend ißt. Er weiß nicht, wer sie ihm gab, denn seine blinden Augen verwehren ihm, das Elend dieser Welt zu sehen. Trotzdem, in diesem Mo-

213

Alte Komongu-Frau aus dem Dorf Rurape

ment ist er zufrieden, und er dankt mit einem Lächeln, das in ihm noch
nicht erstorben ist.

Die Alten

In Kofeyaro lebte die alte, inzwischen verstorbene Marakuwai. Ich sehe noch in Gedanken, wie sie beim Schweinefüttern oft wegscheuchende Handbewegungen machte und dabei ein *Singsing* murmelte. Ihr sonderbares Verhalten konnte ich nicht verstehen, und so fragte ich sie einmal im Vorbeigehen:

«Was bedeutet eigentlich das *Singsing*? Was scheuchst du weg?» Die alte Marakuwai zeigte sich zu meinem Erstaunen sofort mitteilungsbereit und sagte:

«Wenn eine Fliege am wedelnden Schwanz eines fressenden Schweines sitzt, dann mache ich das *Singsing* und scheuche die Fliege weg. Denn ohne das *Singsing* bliebe dem Schwein wegen der plötzlich in den Schwanz beißenden Fliege vor Schock und Schreck eine Süßkartoffel im Hals stecken. Das arme Tier müßte dann elend ersticken und sterben. Dem beuge ich vor, indem ich mit dem *Singsing* die Fliege zu ihren Eltern zurückschicke.»

Nach dieser einleuchtenden Erklärung stimmte Marakuwai erneut ihr *Singing* im Komongu-Dialekt an.

> *kofina ya wó*
> *mekafo minenaindo wo,*
> *mekafo minenaindo wo,*
> *kofina ya wó.*

> Fliege, geh,
> geh zu deinem Vater,
> geh zu deinem Vater,
> Fliege, geh.

Der Bruder von Marakuwai hieß Kosumai, der zu jener Zeit der Völkerwanderung von Kofeyaro nach Aketo ein berühmter Erzähler war.

Schon damals waren Papa Kosumai und Mama Marakuwai nicht mehr die Jüngsten gewesen, nun waren sie steinalt geworden. Beide waren nicht nur geistig als Dichter und Dichterin, sondern auch körperlich alle anderen im Dorf überragende Gestalten. So bewegten sie sich, auf Stöcke gestützt, vorgebeugt, nur noch humpelnd und zitternd durch die Gegend.

Eines Tages waren die Dorfbewohner wie gewohnt zur Arbeit in die Gärten gegangen, nur ein Mädchen, ich und die beiden steinalten Leute waren zurückgeblieben. Der sonnige Morgen verwandelte sich in einen trüben Tag: es begann wolkenbruchartig zu regnen, und die Luft kühlte sich rasch ab, so daß es bald empfindlich kalt wurde. Papa Kosumai hockte vor einem gutbrennenden Holzkohlenfeuer im Männerhaus, Mama Marakuwai im Haus des Sore Nerombaro. Sie rief aus ihrer Hütte zum Männerhaus:

«Es ist kalt. Bring mir etwas von deinem Feuerholz, hier im Haus ist keins.»

Aus den Ritzen des Männerhauses krächzte der alte Kosumai zurück: «Was fällt dir ein? Wer bringt mir denn Feuerholz? Ich hab' auch keins.»

Da rappelte sich die alte Marakuwai zorngeladen auf und humpelte schimpfend auf drei Beinen dem Männerhaus zu. Sie kreischte mit weinerlicher Stimme:

«Meine drei Söhne sind im Kampf gefallen. Können sie mir etwa Feuerholz bringen?»

Sie beugte sich in den Eingang des Männerhauses hinein und fuchtelte mit ihrem Stock vor dem Gesicht des Papa Kosumai herum.

Der Alte kroch nun knurrend in den Regen hinaus, brach einen *kini*-Zweig ab und haute ihn seiner unduldsamen Schwester um die Ohren. Marakuwai heulte auf und hielt sich die Ohren fest. Sie bückte sich nach ihrem heruntergefallenen Knüppel. Das im Dorf gebliebene Mädchen hatte sich aber herangeschlichen und in weiser Voraussicht den Stock unbemerkt weggezogen und im Haus versteckt. Nicht lange danach suchend, riß Marakuwai einen Zaunpfahl aus und schlug ihn dem Kosumai auf die Knie.

Der Alte brüllte vor Schmerz und stürzte. Mit den Armen hielt er wimmernd seine faltigen Knie und rief nach seinem Sohn. Aber Sore

Nerombaro konnte seinen Vater nicht hören, denn er war weitab vom Dorf in den Gärten.

Ich rechnete mit Kosumais Gegenreaktion und rannte zu Marakuwai und nahm sie bei der Hand, um sie ins Haus zurückzuführen. Marakuwai aber heulte auf, sie zitterte vor Erregung und schrie mich an: «Laß meine Hand los! Er soll mich ruhig totschlagen!»

Dann wackelte sie schlotternd ihrem Haus zu.

Von der unerwarteten Niederlage etwas erholt, rappelte sich unter Stöhnen und Ächzen der alte Kosumai wieder auf. Auf klappernden Stelzen setzte er zum hinkenden Langstreckenlauf an, hinter der Marakuwai her.

Gerade, als sich Marakuwai unter der niedrigen Haustür bückte, sauste der Knüppel des Kosumai auf ihr knochiges Hintergestell. Sie klappte schreiend zusammen.

Ich dachte mir, einer der beiden würde wohl jetzt genug haben. Aber schon im nächsten Augenblick raffte Marakuwai ihre Gebeine noch einmal zusammen, brach einen *kini*-Zweig ab und setzte zum Sturmangriff an.

Papa Kosumai sah sie mit großen Augen auf sich zuhumpeln.

Die *kini*-Blätter zuckten auf ihn nieder. Er schrie auf und heulte, sie heulte, das Mädchen heulte und ich heulte! Draußen weinte der Himmel und nahm die Tränen der vier Jammergestalten in seinen Tränenstrom auf.

Marakuwai hatte immer noch nicht genug. Sie setzte dem heulend flüchtenden Kosumai nach. Den nun in sein Schicksal ergebenen, von Regen und Tränen triefenden und zitternden Alten peitschten wieder die *kini*-Blätter – und keineswegs zu knapp!

Marakuwai schrie schluchzend und mit tränenerstickter Stimme: «Du bist nicht wert, mein Bruder zu sein, für mich bist du gestorben! Kein Wort mehr werden wir miteinander wechseln. Du wirst kein Essen aus meiner Hand erhalten, so wie ich keins von dir annehmen werde!» Dazwischen, nach jedem Belehrungspunkt, rauschte der *kini*-Zweig dem alten Kosumai ins Gesicht.

Marakuwai war nun am Ende – mit dem Schimpfen, dem Ärger und mit ihren Kräften. Ich nahm sie an der Hand und führte die seelisch Erschütterte in ihr Haus, holte Holz und Feuer, besorgte *kini*-Blätter und versengte sie über den Flammen. Dann wusch ich mit den versengten, feuchten Blättern unter Tränen des Mitleids den blutenden, verbeulten Hintern der zarten Dichterseele Marakuwai ab.

Währenddessen kam die Frau des Sore Nerombaro von der Gartenarbeit zurück. Als sie die Szene des Jammers erblickte und erfuhr, was geschehen war, rief sie ein *singaut* nach ihrem Mann. «Soreee Nerombarooo, komm schnell nach Hause!»

Nach einer Weile erschien Sore Nerombaro. Er stand noch völlig außer Atem halb gebückt im Hauseingang und sah entsetzt die verbläute Hinterpartie der Marakuwai an. Kopfschüttelnd und mißbilligend hörte er sich die Kommentare dazu an.

Danach ging er entrüstet zum Männerhaus und beschimpfte den alten Kosumai:

«Warum hast du die alte Marakuwai geschlagen? Sie ist deine Schwester – oder hast du es vergessen?»

Kosumai weinte und sagte: «Ich wollte sie ja gar nicht schlagen. Es war ihre eigene Schuld, daß es soweit gekommen ist. Ich hätte ihr Feuerholz bringen sollen – bin ich denn ihr Hausjunge? Plötzlich stand sie vor mir und fuchtelte mit ihrem Stock vor meinen Augen herum. Ich wurde nervös und gereizt, stand auf und haute ihr *kini*-Blätter um die Ohren. Hm, ja und dann wurde sie wild und schlug mir mit einem Zaunpfahl auf die Knie; deshalb haute ich ihr einen Knüppel ins Kreuz.»

Sore Nerombaro schimpfte nun auch auf Marakuwai. Er sagte den beiden: «Geht hin, wo ihr wollt, ich will euch nicht mehr in meinem Haus haben.»

Diese Worte galten und waren zugleich ein Urteil. Nach einigen Augenblicken begann wieder ein herzzerreißendes Weinen, das uns alle ansteckte. Selbst Sore Nerombaro wurde von dieser Welle von Gefühlen erfaßt und überrollt.

Das brachte die Wende: Sore Nerombaro schlachtete ein Schwein und gab den beiden Alten je eine Hälfte. Sie reichten einander die Hand und schlossen Frieden.

Marakuwai sagte gerührt dem Kosumai:

«Ich hatte dir gesagt, du könntest nicht mehr aus meiner Hand essen. Kosumai, vergiß es, das gilt jetzt nicht mehr. Ich hatte außerdem ge-

sagt, du seiest nicht mehr mein Bruder. Aber auch das gilt nicht mehr. Du bist wieder mein Bruder, und ich bin deine Schwester.»
Ich betreute die Alten nun regelmäßig. Ich besorgte ihnen Süßkartoffeln und Trinkwasser, brachte ihnen Feuerholz und kümmerte mich stets um eine gutbrennende Feuerstelle.
Im Laufe der Zeit, es mögen sich etliche Regen- und Trockenperioden gewechselt haben, ging zunächst Marakuwai in die ewige Geisterwelt ein. Später folgte ihr Kosumai.

Der Mond schiebt sich langsam hinter den bewaldeten Bergkuppen hervor und taucht allmählich das Tal in ein weißes Licht. Wir stehen vor dem Eingang einer großen Tropfsteinhöhle am Fuße des Nora-Berges. Lautlos huschen Schatten über unsere Köpfe hinweg und verschwinden im Dunkel der Nacht. Andere tauchen plötzlich auf und fliegen im Zickzack auf uns zu. Fledermäuse auf Nahrungssuche.
Vorsichtig steigen wir einen Steilhang hinab und folgen einem Pfad, der schließlich durch einen reißenden Wildbach unterbrochen wird. Um ein Haar hätte ich das Gleichgewicht verloren – vielleicht auch mein Leben.
Der Pfad ist steinig und scheint schon sehr alt zu sein. Wie viele schwarze nackte Füße haben ihn im Laufe der Zeiten berührt? Was mag sich auf ihm alles abgespielt haben? – Wir werden es nie erfahren…

Träume und Trauer um Opa Kerenga

Eines Morgens kam ein Bote nach Kofeyaro und rief vor dem Männerhaus: «Macht euch fertig zum großen Friedens-*Singsing* und Schweineschlachtfest in Foindamo!» Jubel drang aus allen Hütten, und die Männer stimmten ein Loblied auf meinen Vater an.
Dieses Fest hatte einen besonderen Anlaß: Die Versöhnung der seit Jahren in Streit und Fehde stehenden Dörfer Minowaro und Ombinowaro. Bereits kurz nach meiner Heirat hatte mein Vater mit den Ombinowaro-Leuten den Friedensbund geschlossen. Anschließend gab er das Dorf Minowaro auf und siedelte mit seiner Sippe in das ursprüngliche Dorf Foindamo über. Dort traf man nun Vorbereitungen zum großen *Singsing*.

Mein Vater Kopowe sandte Boten zu allen Nachbarstämmen, um dieses Ereignis mit sämtlichen Sippenführern unserer Bergwelt zu feiern. So machte sich auch Kindino mit den Männern des Dorfes auf den Weg, während wir Frauen zurückblieben, um Garten, Häuser und Schweine zu hüten.

Auch mein Onkel Oromba Riyo folgte der Aufforderung zum großen Fest. Kerenga jedoch lehnte ab, mit seinem Sohn nach Foindamo zu gehen. Er sagte:

«Geh du allein. Ich will einem anderen Weg folgen.»

Welchen Weg mein Großvater meinte, erfuhr ich bald in einem seltsamen Traum.

Während in Foindamo bei Tanz und *Singsing* Schweinefleisch- und Süßkartoffelberge in den Mägen verschwanden und sich so manche Kehlen heiser sangen, wanderte Kerenga allein auf einsamen Bergpfaden.

Er war nicht in Foindamo angekommen. Oromba Riyo hatte sich deswegen keine Sorgen gemacht, ihm war der Alte ziemlich gleichgültig geworden. Seit Kerengas Denkvermögen nachgelassen hatte, war er für Oromba Riyo ohnehin keine Hilfe mehr. Kerenga spürte, daß ihn niemand mehr brauchte. Er stand zwischen Leben und Tod.

Die schäumenden Fluten der Verzweiflung stiegen in ihm hoch, schlugen in ihm zusammen und trugen ihn davon – ins Jenseits.

Als er die Augen aufschlug, hieß ihn meine Mutter Monambi, seine so leidvoll vermißte Tochter, willkommen.

Diesen schrecklichen Wachtraum hatte ich in jener Nacht, als ich allein in Kofeyaro mit den Schweinen schlief, während in Foindamo das große *Singsing* seinen Höhepunkt erreichte. Ich saß hellwach am Feuer. Der merkwürdige Traum ging mir nicht mehr aus dem Kopf. Obwohl ich wußte, daß mein Großvater ins Reich der Toten gegangen war, verspürte ich weder Schmerz noch Trauer.

«Warum?» fragte ich mich und wollte es einfach nicht wahrhaben, als nach zwei Tagen ein Bote die Nachricht vom Tod meines Großvaters brachte.

Der reißende Fluß hatte ihn bei Chuave ans Ufer gespült, dort fanden ihn die Männer. Sie erkannten den *wenamba,* den großen Mann von Raiya, und trugen seine Leiche hinauf in die Berge nach Mainyero.

Schmerz und Trauer erfüllte alle Bewohner, ein Stamm trauerte um seinen großen Führer. Niemand kannte den wahren Grund seines Todes – man glaubte, er sei durch einen Unglücksfall ums Leben gekommen. Doch für mich war es ganz anders.

Noch in derselben Nacht, als die Leiche Kerengas im Männerhaus aufgebahrt wurde, hatte ich wieder einen geheimnisvollen Traum. Mein Großvater stand plötzlich vor mir. Er sah aus wie in seinen besten Jahren. Mit beiden Händen strich er mir sanft durch die Haare, blickte mich fröhlich lächelnd an und sagte:

«Okani, mein Kind, sei nicht traurig; ich mußte gehen. Ich hatte Heimweh nach Monambi und Kiyagi. Weißt du, in Mainyero wurde ich nicht mehr gebraucht. Du warst in früheren Zeiten meine einzige Hoffnung und Lebensfreude, aber dann kam deine Heirat, die dich nach Kofeyaro führte. So war ich allein und fühlte mich sehr verlassen. Deshalb bin ich von euch gegangen.»

«Und wo bist du jetzt, Opa?» fragte ich neugierig, worauf er sagte:

«Trauere nicht um mich und sage unseren Leuten nichts, sie sollen glauben, was sie wollen.»

Sanft berührte er meine Stirn – da erwachte ich. Klar und deutlich hörte ich immer wieder seine Worte. Was hatte ich erlebt? War es Traum oder Wirklichkeit? Ich fand keine Erklärung dafür, sprach aber mit niemandem darüber.

Das Toten-*Singsing* für meinen Großvater dauerte acht Tage. Die Anteilnahme war ungewöhnlich groß, von weither zogen die Trauergäste nach Mainyero.

Oromba Riyo ließ Kerenga mitten auf dem Dorfplatz bestatten und folgte damit dem Wunsch der Sippe. Kerenga sollte immer unter uns bleiben und sein Geist stets schützend über Mainyero wachen.

Aus Kerengas Grab wuchs nach einiger Zeit ein riesiger Bambusstrauch und setzte die Dorfbewohner in große Verwunderung, denn niemand hatte den Bambus gepflanzt. Die Leute sagten, seine Seele wohne darin, und wenn der Wind durch den Bambus blies, glaubten sie, Kerengas Stimme zu hören.

Das Unwetter kündigt sich kurz nach Mitternacht mit heftigem Sturm an. Äste brechen, und Staubwolken fegen über den Dorfplatz hinweg. Dann setzt schwerer Regen ein, dicke Tropfen hämmern auf die Grasdächer. Blitze und Donner schrecken die Bewohner aus ihrem Schlaf, Kinder beginnen zu weinen, Hunde bellen, und Schweine grunzen aufgeregt. Nur die Stimmen der Erwachsenen bleiben leise und verhalten. Die Männer an der Feuerstelle rücken näher zusammen. Furchtsam starren sie durch einen Spalt hinaus ins unheimliche Dunkel der Nacht. Was wollen sie sehen? An wen denken sie? Wovor haben sie Furcht?

Plötzlich, man hört es zischen, schlägt unweit des Dorfes ein mächtiger Blitz in einen Baum und läßt ihn für Augenblicke in orangeviolettem Licht erglühen. Ein gewaltiger Donnerschlag folgt, die Erde vibriert, und drüben an der Wand reißt eine Bogensehne.

Die Männer springen auf, umfassen einander, verharren eine Weile, jeder schützt den Körper des anderen. Dann beginnen sie zu singen, monoton, ängstlich und mit zitternden Stimmen.

Der Regen läßt nach und hört bald ganz auf. Letzte Wolkenfetzen schweben über die Berge, und hoch oben leuchtet das Kreuz des Südens.

Die Singsing-Knüppelmethode

Das Leid über den Tod meines Großvaters hatte ich bald überwunden. Meine Gedanken an Kerenga wurden durch neue Probleme mit Kindino rasch verdrängt.

Wie ich bald in meiner Ehe feststellen konnte, beherrschte Kindino ein geheimes *Singsing,* mit dem er Frauen und Mädchen gewinnen konnte. Er erhielt mehr Heiratsanträge, als er verkraften konnte. Sein Vater Duana, der vor Zeiten in Rurape ehrenhaft geköpfte Sippenführer, hatte ihm das Zauber-*Singsing* verraten.

Die Wirkung war für mich keineswegs beruhigend. Kindino hatte in kürzester Zeit weitere sechs Frauen geheiratet, vor allem Frauen, die mir überhaupt nicht gefielen. Es war für mich ein schwacher Trost, seine erste Frau zu sein, denn nur bei der Arbeit hatte ich gewisse Vorteile: Ich stellte die leere Schüssel ins Frauenhaus, und sofort war sie gefüllt mit heißen Süßkartoffeln. So brauchte ich Kindino im Männerhaus lediglich zu bedienen.

Doch die Probleme entstanden im sexuellen Bereich. Zwar hielt er die Reihenfolge ein und «beglückte» mich als erste, aber wie es weiterging, paßte mir absolut nicht. Ich suchte nach Lösungen, um mich von diesem Anhang zu befreien.

Eines Morgens, nachdem ich «meinen» Frauen ihre Arbeiten zugewiesen hatte, machte ich mich auf den Weg nach Keto. Dort fragte ich die alte und weise Kiangi um Rat.

«Okani», sagte sie, «verhau die anderen Frauen mit einem Knüppel. Gib aber acht, das Prügeln allein nützt nicht viel. Die Frauen könnten zurückschlagen und dich sogar zum Davonlaufen zwingen. Du mußt also zuerst ein *Singsing* machen. Hör gut zu und merk es dir: -*Komoni girri offani ra moni ee – arawam mi barow na.*» Ich wiederholte es: «Das träge, nicht scheue *komoni*-Baumkänguruh bleibt – aber das scheue, schnellfüßige *arawam*-Känguruh läuft davon.»

Die alte Kiangi fuhr fort: «Sofort nach diesem *Singsing* greif zum Knüppel und schlag los, denn die Zauberwirkung geht direkt in den Knüppel über. Du wirst sehen, jede Frau, die du dann verhaust, wird vergessen, zurückzuschlagen. Sie wird weglaufen zu einem anderen Mann und nie wiederkommen.»

Bei Wimbrio probierte ich zuerst die *Singsing*-Knüppelmethode mit Erfolg. Sie rannte auf Nimmerwiedersehen davon.

Einmal erlaubte sich Kindino eine Riesenfrechheit: Eines Nachts, während ich schon schlief, stolperte mein «Gentleman» Kindino mit der gleichnamigen Frau Kindino ins Haus. Ich wachte durch die Betriebsamkeit auf, was Kindino sogleich bemerkte. Er sagte zu mir: «Gib mir zu essen!»

«Was?» sagte ich, sprang auf, stimmte knüppelschwingend mein *Singsing* an und schlug der Kindino eins auf den Kopf. Von meinen Gefühlen zutiefst ergriffen, taumelte sie zur Tür hinaus, für immer!

Aber mein Kindino schien es nicht zu begreifen, denn schon am Nachmittag des folgenden Tages kam er mit Dau, einer anderen Frau, wieder in mein Haus. Die zärtlichen Blicke von Dau verrieten mir sofort, daß sie in Hochstimmung war. Wütend kam sie mir mit geballten Fäusten entgegen.

Ruhig erhob ich mein *Singsing,* nahm die neueste Errungenschaft, eine schwarze Bratpfanne, vom Feuer und schlug sie der Dau mit Gesang auf die Nase.

Ihr Aussehen veränderte sich augenblicklich; mit einer überbreiten Nase machte sie sich geräuschvoll davon.

Kindino sah mich nur verblüfft an, schüttelte den Kopf und verschwand wortlos.

Schnell sprach sich meine erfolgreiche *Singsing*-Knüppelmethode herum und erreichte auch das Ohr des *Kiaps*, eines weißen Regierungsbeamten auf der neuentstandenen Regierungs- und Polizeistation Watabung.

Die beiden von mir schief frisierten Frauen klagten gegen mich und forderten Schadenersatz. Doch der *Kiap* wies die Beschuldigungen zurück und gab mir recht. Die verunstalteten Schönheiten taten mir leid, denn sie sahen schlimm aus. Ich gab freiwillig als Entschädigung der einen zwei Dollar, der anderen einen Hund.

Das Dorf ist schmutzig, überall liegt stinkender Schweinedreck. Ich sitze im Männerhaus und rolle mir eine Blattzigarette. Ein kleiner Hund schleicht herein, sein Körper ist von zahllosen Wunden bedeckt, und sein Ohr ist eingerissen. Er schaut mich müde an, wedelt mit seinem gebogenen Schwanz, sieht sich um und verschwindet wieder.

Draußen auf dem Dorfplatz geht es hoch her: zwei Frauen haben sich in den Haaren, die Bewohner sind als Zaungäste dabei. Die Frauen kreischen, andere schimpfen, und die Männer lachen.

Nur ein Mädchen steht abseits von Lärm und Streit, es ist noch sehr jung. Schützend hält es die Arme vor seine kleinen Brüste, und in seinen Augen liegt eine gewisse Neugier. Angespannt verfolgt es das Geschehen.

Dann merkt die Kleine, daß sie beobachtet wird. Ein Lächeln erhellt ihr Gesicht, das so offen und ehrlich ist wie der neue Tag.

Der Frauenkampf

Eines Tages hallten langgedehnte Rufe über Täler und Berge hinweg. Von Dorf zu Dorf wurde eine Nachricht weitergerufen, bis sie Kofeyaro erreichte:

«Okani, komm schnell nach Raiya. Wir haben Streit mit den Monenga-Frauen.»

Sofort folgte ich dem Hilferuf aus meiner Heimat, eilte über die Berge dem Mount Elimbari entgegen und traf kurz vor Sonnenuntergang in Raiya ein.

Eine aufgeregte Frauenschar begleitete mich in ein Frauenhaus. Dort saß Jaume, eine frischverheiratete Frau aus Monenga; sie hatte vor einigen Tagen einen Raiya-Mann geheiratet. Sie sah sehr unglücklich und niedergeschlagen aus, ihr Gesicht und ihr Körper waren mit tiefen, noch blutenden Kratzwunden überzogen.

«Was ist geschehen?» rief ich verwundert den Frauen zu, die sich um das Feuer gesetzt hatten.

«Mädchen und Frauen von Monenga kamen», begann eine ältere Frau zu erzählen. «Sie drangen in das Haus der Jaume, schlugen und kratzten sie und raubten ihren ganzen neuen Hochzeitsschmuck. Selbst die Halsketten rissen sie von ihrem Leib.»

«Und was war der Grund?»

«Einige Monenga-Mädchen rasten vor Eifersucht, weil Jaume ihnen den Traummann weggeschnappt hatte.»

«Und warum wurde Jaume nicht von ihrem Mann beschützt?»

«Er war während des Überfalls im Männerhaus. Niemand merkte etwas. Erst als die Mädchen davonliefen, hörte man Jaume um Hilfe rufen, aber zu spät.»

«Hat dein Mann etwas vor?» fragte ich Jaume.

Sie schüttelte nur den Kopf und sagte: «Er hat noch nicht aus meiner Hand die Süßkartoffel gegessen, du weißt ja selbst, deshalb bleibt diese Sache unter uns Frauen.»

Am nächsten Morgen machte ich mich auf den Weg nach Monenga, um Jaumes gestohlene Brautgeschenke zurückzuholen. Nur zögernd folgten mir die tapferen Raiya-Frauen.

Als ich mich Monenga näherte, standen die Mädchen bereits mit ihren Müttern vor dem Dorf. Ich blickte um mich, sah aber weit und breit keines unserer Mädchen.

«So eine Schande!» dachte ich mir und ging auf die Monenga-Mädchen zu.

«Wer von euch hat Jaume geschlagen und gekratzt? Wer hat ihren Schmuck gestohlen?» fragte ich drohend.

Keine Antwort, nur Spottgelächter kam aus der Menge. Wütend trat ich an das erste Mädchen heran und klopfte ihm eins auf die Nase. Sie drehte sich wie ein Kreisel auf der Stelle und sank zu Boden. Im Nu war es still unter den Schönheiten von Monenga.

«Wer von euch schlug die Jaume? Sie soll vor meine Augen treten», wiederholte ich.

«Meine Schwester hat sie geschlagen», sagte eine Frau aus der Gruppe und deutete auf ein Mädchen.

Ich ging auf die Bezeichnete zu, griff ihre Nase mit einer Hand, und mit der anderen Hand schlug ich ihr ins Auge.

Im gleichen Moment trat eine andere Frau seitlich an mich heran. Mit einem kräftigen Fußtritt beförderte ich sie auf den Boden.

Nun kam die Mutter jener Gestürzten und holte zum Schlag aus. Schnell wand ich ihr den Stock aus der Hand und schlug ihn ihr um die Ohren.

Jemand sprang mich von hinten an und würgte mich, aber nicht allzu lange, denn durch einen kräftigen Biß in den Würgearm konnte ich mich schnell befreien.

Wieder kamen zwei Frauen schreiend auf mich zu; die eine packte ich an den Haaren und warf sie zu Boden, die andere lief genau in meine Faust, die in ihrem Gesicht landete.

Nun stürzten sich alle übrigen Frauen auf mich. Doch im selben Augenblick, als Stöcke und Fäuste auf mich einschlugen, hörte ich das Kampfgeschrei unserer Raiya-Frauen. Schnell hatte sich eine wüste Schlägerei entwickelt. Knüppel, Steine, Sand und Fäuste flogen.

Monenga-Männer liefen dazwischen und stoppten den Kampf. Der Lärm hatte sie neugierig gemacht und sie aus dem Männerhaus gelockt. Es war auch höchste Zeit, denn ich war mir nicht sicher, ob alle Männer ihre Frauen oder Töchter wiedererkannten. So manche Gesichter hatten sich im Laufe der Begegnung schwer verändert.

Ein Monenga-Mann rief: «Die Frau des Kindino soll mit einer Frau von uns kämpfen.»

Alle erklärten sich einverstanden. Die Kampffreude hatte jedoch nachgelassen; es dauerte eine Weile, bis die Auserwählte mir gegenüberstand. Sie sah nicht mehr sonderlich gut aus: ihr halb zugewachsenes Auge tränte, ihr offener Mund hatte eine frische Zahnlücke, und auf ihrer Stirn leuchteten zwei blauviolette «Hörner».

Der Kampf wurde auf dem Dorfplatz ausgetragen. Alle standen um uns herum und schauten zu.

Ein Mann gab das Zeichen – mit einem Schrei stürzte sich die Frau auf mich, riß mich zu Boden und versuchte mich zu umklammern. Doch auf der schweißnassen Haut glitt sie ab. Schnell packte ich ihren Arm und verdrehte ihn ruckartig.

Der Kampf war entschieden, die Monenga-Frau hatte unter Schmerzen aufgegeben.

Der geraubte Hochzeitsschmuck wurde zurückgegeben. Beschämt zogen sich die Monenga-Frauen in ihre Hütten zurück.

Die Raiya-Frauen stimmten einen *Singsing* an und trugen mich auf ihren Schultern nach Raiya. Dort wurde ich als Siegerin gefeiert.

Das wildzerklüftete Tal liegt schon im tiefen Schatten, nur die Berge ringsum stehen noch im Sonnenlicht. Langsam, den Oberkörper mit den Lasten nach vorn geneigt, ziehen einige Frauen heimwärts. Sie sind schweigsam und ernst, in ihren Gesichtern haben die Anstrengungen des Tages Spuren hinterlassen. Der Pfad führt in engen Windungen steil bergan, und aus dem Tal steigt kühle Abendluft auf. Ein Eisvogel fliegt vorbei und setzt sich an den Rand eines Tümpels. Der kleine, blauschwarz glänzende Federball verrichtet seine Abendtoilette. Flink taucht sein Schnabel ins Wasser und streicht im nächsten Augenblick kämmend durch das Gefieder.

Jenseits des Tümpels kommt plötzlich ein grünschillernder Leguan zum Vorschein. Durch den Anblick dieses «Bergdrachen» aufgeschreckt, fliegt der kleine Vogel zwitschernd davon.

Das Dorf liegt schön und übersichtlich auf einem sicheren Bergplateau. Über den Grasdächern stehen dünne weiße Rauchsäulen, die im tiefen Blau des Himmels verschwinden.

Einsam leuchtet der Abendstern. Bald wird es ganz finster, denn es ist Neumond.

Krisenstimmung und Scheidungsstreit

In jener Zeit, als die lutherischen Taufzeremonien in unseren Dörfern begannen, war Kindino – wie schon so oft – tagelang unterwegs, um bedürftige Frauen zu trösten. Ich wußte, daß ihm eine Freundin in

Chuave den Kopf verdrehte. Eine Bekannte ließ mich wissen, daß sie Ingamo hieß, verheiratet war und sechs Kinder hatte.

Eines Tages fand Kindino wieder den Weg zurück nach Kofeyaro.

Er sagte zu mir:

«Ich werde jetzt die Ingamo von Chuave holen, denn ich will sie heiraten.»

Worauf ich ihn fragte: «Ist sie ein Mädchen oder eine verheiratete Frau?»

Etwas zögernd kam seine Antwort: «Sie war verheiratet und ist jetzt geschieden.»

Wut stieg in mir hoch, doch ich beherrschte mich und sagte ruhig:

«Ich habe erfahren, daß sie nicht geschieden ist. Ihr Mann heiratete zwar eine zweite Frau, ohne aber die Ingamo zu verstoßen; sie lief nur weg.»

Kindino sah mich erstaunt an und sagte: «Ich werde sie trotzdem holen.»

229 Heilmethode durch Aderlaß. *Oben:* Die Medizinmänner der Siane-Stämme behandeln innere Krankheiten nicht selten durch Aderlaß. Der Patient hatte im linken Unterarm starke Schmerzen. Mit dem Aderlaßbogen wurde die Vene angeschossen. Mit dem austretenden Blut konnte die Krankheit «abfließen». Der Patient fühlte sich kurz nach dieser Behandlung wieder gesund. *Unten:* Ein anderer Patient klagte über Beinschmerzen. Auch er wurde nach der gleichen Methode behandelt.

230 Medizinmann Rumba-Guri; Heilung durch Geisterbeschwörung. Im Ur-Komongu-Dialekt, dessen Worte selbst den Einheimischen nicht mehr bekannt sind, erbittet sich Rumba-Guri Kraft und Beistand seiner Ahnengeister.

231 *Oben:* Eine noch immer praktizierte Trauersitte: bei Todesfällen hacken sich enge Verwandte oft ein Fingerglied ab (vgl. S. 130). *Unten:* Die Hände einer alten Komongu-Frau; zwei Fingerglieder wurden vor Zeiten als Zeichen der innigen Anteilnahme beim Tod naher Familienangehöriger geopfert. Die früher mit dem Steinbeil, heute mit dem Buschmesser abgetrennten Fingerglieder werden über dem Feuer luftgeräuchert und als Amulette aufbewahrt oder getragen.

232 *Oben:* Frau aus Ruraro; sie war Augenzeuge des Donner- und Blitz-Phänomens bei strahlender Sonne und wolkenlosem Himmel (vgl. S. 253). *Unten:* Der Watabung-Fluß zwischen Mangiro und Ruraro. In diesem Flußabschnitt kam Okanis Vater mit zwei Frauen ums Leben (vgl. S. 255). Das Bild zeigt den Fluß beim Normalwasserstand.

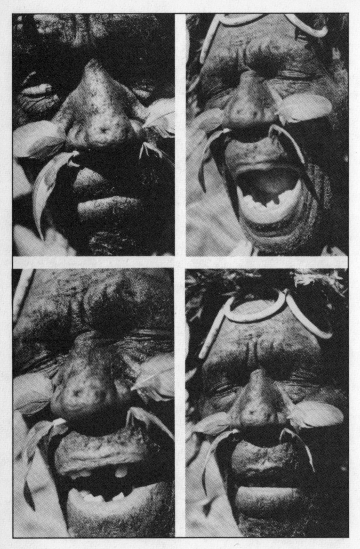

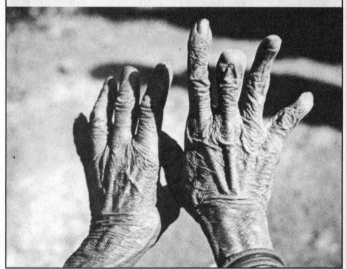

«Kindino», sagte ich drohend, «wenn du diese Frau holst, werde ich zum *Kiap* gehen und die Sache vor Gericht bringen.»

Kindino lachte nur spöttisch und schrie mir ins Gesicht: «Wer soll mich vor Gericht bringen? Du oder der Mann von Ingamo? Beide sind ja geschieden!» Das war das Höchste, was er sagen konnte.

«Komm», rief ich, «wir gehen zum Gericht nach Chuave. Wir lassen uns scheiden.»

Kindino war einverstanden.

Ich zog allein los, übernachtete in Ruraro und schäumte vor Zorn. Am nächsten Morgen hatte ich wieder einen klaren Kopf. Ich erkundigte mich noch einmal, ob Ingamo geschieden war oder nicht. Mir wurde bestätigt, sie sei nicht geschieden.

Entschlossen machte ich mich auf den Weg nach Chuave. Kurz vor dem Dorf kam mir Ingamo zufällig entgegen. Ich ging wortlos auf sie zu und gab ihr eins aufs Auge. Sofort rief sie um Hilfe. Doch bis ihre Sippe herbeieilte, klopfte ich ihr noch eins aufs andere Auge. Sie heulte auf wie beim *Singsing* und tanzte im Kreis. Schließlich fragte sie mich mit tränenden Augen:

«Warum schlägst du mich? Willst du vielleicht meinen Mann heiraten? Den kannst du jederzeit haben.»

«Stell dich nicht so dumm», sagte ich. «Du weißt genau, worum es geht; Kindino will dich heiraten, aber noch bist du verheiratet mit deinem Mann in Kiandi. Komm, wir gehen zum Gericht. Dein Mann ist schon unterwegs dorthin. Dort können wir alles erledigen.»

Angehörige der Sippe standen schweigend um uns herum und hatten den Wortwechsel mit angehört. Eine ältere Frau meinte dann:

«Ingamo, die Sippe möchte deine Scheidung nicht, auch nicht die Heirat mit Kindino.»

Während alle auf Ingamo heftig einredeten, kam ihr Mann, begleitet von seiner zweiten Frau Wayamo, hinzu.

Plötzlich sahen einige Frauen der Sippe die Wayamo, stürzten sich auf sie und schlugen sie windelweich.

«Du bist die Ursache für das Davonlaufen der Ingamo», schrien sie und rissen ihr den Schurz vom Leib.

«Hört auf mit dem Streit», sagte ich, «wir gehen zum *Kiap* nach Chuave.»

Bis auf Kindino waren wir alle anwesend. Ingamo stand mit verschwollenen Augen vor dem weißen Regierungsbeamten und begann:

«Ich will den Mann dieser Frau heiraten», dabei deutete sie auf mich und fletschte ihre Zähne.

«Wer ist dieser Mann?» fragte der *Kiap*.

«Er ist nicht hier», sagte ich.

«Ohne deinen Mann kann kein Gericht stattfinden», bestimmte *Kiap* und stand auf.

Da trat der Mann von Ingamo in das Büro und stritt sich mit ihr.

«Wenn du mich verlassen willst», meinte er, «dann zahle zuerst den Brautpreis zurück.»

Ingamo:

«Als Rückzahlung kannst du alle Kinder behalten.»

«Erledigt euren Streit im Dorf. Kommt erst wieder, wenn ihr euch geeinigt habt», sagte der *Kiap* und schob uns vor die Tür.

Nach dieser gescheiterten Gerichtsverhandlung kehrte ich zurück nach Kofeyaro. Dort stand ich zunächst einmal vor verschlossener Tür.

Kindino hatte vor einiger Zeit heimlich eine leere Kiste und Nägel bei einer Missionsstation mitgenommen. In Chuave hatte er ein großes Vorhängeschloß und zwei Scharniere gekauft. Er war sehr stolz auf seine selbstgebastelte Haustür, immerhin war es der erste moderne Eingang in ganz Kofeyaro.

Davor stand ich nun, ohne Kindino, ohne Schlüssel. Die Leute sagten, er sei mit dem Schlüssel davongegangen.

Zunächst glaubte ich, er sei im Busch, um Feuerholz zu sammeln. Es wurde Nacht – von Kindino keine Spur.

Im Haus der alten Kirupa, einer Verwandten der Sepe, übernachtete ich.

Am nächsten Morgen, ich traute meinen Augen nicht, kam Kindino mit Ingamo ins Dorf spaziert.

«Wo kommst du her?» rief ich ihm zu.

«Das siehst du doch, von Chuave. Ich holte Ingamo, sie wohnt jetzt hier. Du kannst deine Sachen packen und verschwinden. Ich brauche dich nicht mehr.»

234

Mit dieser freundlichen Begrüßung hatte ich nicht gerechnet. Inzwischen hatte sich das ganze Dorf versammelt. Die alte, weise Koy fragte mich: «Möchtest du zurück nach Raiya?»

«Nein», erwiderte ich, «nach Raiya gehe ich nicht mehr zurück.»

Darauf sagte Kindino: «Du kannst dir ja hier einen Mann suchen. Vielleicht will dich wer, schau dich ruhig mal um.»

Alle schimpften nun auf Kindino. Die alte Koy sagte ihm: «Okani hat bisher gut gearbeitet. Sie sorgte für den Garten, für die Schweine und für dich. Wir möchten, daß sie hier bleibt. Deshalb sollst du dich nicht von ihr scheiden lassen. Wenn du dich nicht nach unserem Willen richtest, so hast du hier in Komongu nichts mehr zu suchen.»

Kindino bebte vor Wut und ging mit der Axt auf die Alte los. Doch im nächsten Moment war er von Männern umstellt. Der Sippenführer trat hinzu und redete Kindino scharf an:

«Was willst du eigentlich? Du gehörst nicht zu unserem Stamm und hast keine Rechte hier. Auch wenn deine Mutter von Komongu ist. Dir gehört hier nicht einmal das Haus, denn das haben die Leute von Okani gebaut.»

Kindino gab sich geschlagen. Er forderte Ingamo auf zu gehen. Sie sagte aber entschlossen: «Nein, ich will bei dir bleiben.»

«Also gut, eine Nacht. Morgen früh gehst du zurück zu deiner Sippe.»

Kindino verbrachte mit Ingamo die Nacht in meinem Haus, während ich bei der alten Koy schlief.

Am nächsten Morgen ging ich in mein Haus, wo Kindino und Ingamo gerade am Feuer saßen und frühstückten. Ich holte mir den Grabstock aus der Ecke, da ich in den Garten gehen wollte. Doch Kindino glaubte, ich wolle mit dem Grabstock Ingamo schlagen. Er sprang auf, schlug auf mich ein und verdrehte mir die Arme. Ich schrie um Hilfe. Männer stürzten herein und rissen mich von Kindino los. Einer von ihnen schlug ihm ein Auge blutig.

Schnell schnappte ich eine Flasche und warf sie Ingamo ins Gesicht. Mit einem Aufschrei fiel sie zu Boden. Einige Splitter hatten ihr Gesicht zerschnitten, sie blutete stark. Kindino drohte den Männern mit der Axt. Sie verließen fluchtartig das Haus.

Wieder fiel Kindino über mich her, verdrehte mir Hals und Gelenke, als ob er ein Huhn umbringen wollte, und riß mir alles vom Leib. Wie tollwütig schüttelte er mich, brüllte vor Zorn und verdrehte die Augen. Mit seinen Händen drückte er mir die Luft aus dem Hals. Mit letzter Kraft zog ich mein Knie an und stieß es ihm in den Unterleib. Das war meine Rettung; er ließ mich los und krümmte sich vor Schmerzen.

Schnell rannte ich davon, den Pfad bergab nach Rurape.

Vor dem Dorf kam mir ein Polizist entgegen und fragte erstaunt: «Wie siehst du denn aus? Was hat man mit dir angestellt?»

Ich berichtete den Vorfall. Der Polizist ließ Kindino und Ingamo von den Leuten im Dorf zur Polizeistation Watabung rufen und ging mit mir schon voraus. Auf der Erste-Hilfe-Station gab man mir Salbe und Verband.

Inzwischen kam Kindino mit Ingamo auf die Station. Die Polizisten kritzelten mit kleinen dünnen Stöckchen zuerst meine Erzählung, dann die von Kindino und Ingamo auf weiße, glatte Blätter. Wir wurden aufgefordert, nach drei Tagen wiederzukommen.

Am dritten Morgen wartete ich wie besprochen vor der Polizeistation. Von Kindino und Ingamo keine Spur. Zwei Polizisten machten sich auf, um die beiden zu holen.

Inzwischen kam ein *Kiap* aus Goroka mit einem Jeep angerattert. Wöchentlich fuhr ein Regierungsbeamter hierher, um Gericht zu halten.

Endlich kamen die beiden, und die Verhandlung begann.

Kindino sagte: «Ich will Ingamo heiraten und mich von Okani scheiden lassen.»

«Bist du damit einverstanden?» fragte mich der *Kiap*.

«Nur dann», sagte ich, «wenn er mir die Schulden zurückzahlt. Kindino hat schon vor acht Jahren bei der Heirat keinen Brautpreis an meine Sippe bezahlt.»

«Das ist eine Lüge», schrie Kindino erregt, «den Brautpreis von sechs Schweinen und drei Perlmutt-Sichelmuscheln hat meine Sippe längst bezahlt.»

«Stimmt», sagte ich, «aber das war lediglich eine Rückzahlung alter Schulden und hatte mit dem Brautpreis nichts zu tun.»

236

Der *Kiap* schwieg eine Zeitlang und überlegte, dann erklärte er: «Die Ehe zwischen dir und deiner Frau bleibt bestehen. Ingamo soll zurück zu ihrer Familie nach Chuave gehen.»

Dann fragte er Kindino ganz überraschend: «Was hast du nun nach acht Jahren als Brautpreis zu bieten?»

Betroffen blickte Kindino zu Boden und sagte nach einer Weile sehr kleinlaut: «Ich habe nur diese neue, moderne Axt und einen blauen Paradiesvogel. Okani hingegen besitzt zwölf Schweine, ein Haus und den Garten.»

«Was aber nichts mit deinem Brautpreis zu tun hat», warf der *Kiap* ein.

Kindino sagte schließlich: «Ich werde Ingamo nach Hause schicken.»

«Das hast du schon einige Male gesagt», unterbrach ich ihn, «aber du denkst doch gar nicht daran, sie wirklich zu entlassen.»

Der *Kiap* sah Kindino sehr nachdenklich an und meinte: «Kindino, ich gebe dir fünf Monate Zeit, um den Brautpreis von sechs Schweinen, sechs großen Muscheln und dreißig Dollar zusammenzubringen. Okani soll so lange bei dir bleiben. Kannst du nach dieser Zeit den geforderten Brautpreis nicht vorweisen, dann ist Okani berechtigt, dich zu verlassen.»

Wochen vergingen, doch Kindino unternahm nichts, um den Brautpreis zu erwerben. Ingamo war noch immer in meinem Haus und schlief jede Nacht mit ihm. Eines Tages hörte ich Kindino zu Ingamo sagen:

«Trag immer diese Axt bei dir. Wenn dich Okani schlagen will, dann hau sie mit dem Beil tot.»

Am nächsten Tag folgte ich heimlich Ingamo in den Garten und überraschte sie.

«Schlag mich tot, wenn du willst», schrie ich sie an.

Sie griff nach dem Netz, in dem die Axt steckte. Doch bevor sie sie ergreifen konnte, hatte ich sie zu Boden geschlagen.

«Geh», schrie ich sie an, «aber nach Chuave. Wehe dir, wenn du dich hier noch einmal blicken läßt! Dann schlage ich dich tot. Jetzt mach, daß du davonkommst, deine sechs Kinder warten auf dich. Hau ab!»

Sie ging weinend davon, ohne Kindino Bescheid zu sagen.

Kurz vor Sonnenuntergang kehrte ich mit Süßkartoffeln und Feuerholz nach Hause zurück. Kindino saß wartend vor dem Männerhaus und rauchte eine Bambuspfeife.

«Hast du Ingamo gesehen?» sprach er mich beiläufig an, ohne mich anzublicken.

«Ja», sagte ich, «sie war im Garten, da bekam sie plötzlich Heimweh nach ihrem Mann und ihren sechs Kindern. Sie ist schon auf dem halben Weg zurück nach Chuave. Und im übrigen hätte sie von dir mehr erwartet. Du weißt schon, was ich meine.»

«Diese Kröte», schrie Kindino zornig, sprang auf und warf seine Pfeife auf den Boden. «Dann soll sie sich einen anderen suchen. Vielleicht findet sie einen, der es ihr recht machen kann. Ich hätte es ohnehin nicht mehr lange ausgehalten.»

Dann verschwand er, in seiner Mannesehre tief verletzt, im Männerhaus.

Kindino zeigte kein Interesse mehr an Ingamo, auch andere Frauen standen ihm nicht im Sinn. Er erwog sogar, unten bei Kenengi Arbeit zu suchen. Dort bauten die Weißen eine große Eisenbrücke über den Fluß. Man konnte pro Tag 80 Cent verdienen.

Es sprach sich bald herum, daß der Mann mit den vielen Frauen in Kofeyaro nur noch eine hatte. Und so dauerte es nicht lange, da kamen Frauen aus allen Gegenden, leerten Herz und Geldbeutel aus, um das Geheimnis der Vertreibung böser Rivalinnen zu erfahren. So verdiente ich etwas Geld, und die Frauen erfuhren von der *Singsing*-Knüppelmethode.

In der Morgendämmerung ist der Boden unruhig; drei, vier heftige Beben kann man deutlich spüren. Es scheint, als wolle die Erde sich von einer schweren Last befreien. Der Stein, auf dem ich sitze, vibriert merklich, und drüben am Höhleneingang zerbricht mit einem hellen Ton eine Tropfsteinkerze.

Dann ist alles wieder still. Und in dieser Stille kann ich ungestört die Natur betrachten und jenes erkennen, was meinen Augen immer verborgen bleiben wird – mein Selbst.

Langsam schiebt sich die Sonne über den bewaldeten Bergrücken und beginnt, das Tal zu vergolden. Tauperlen an Halmen und Gräsern fangen an zu funkeln. Eine Gottesanbeterin sonnt sich bewegungslos auf der abgebrochenen Spitze eines Schilfrohrs. In ihren großen starren Augen leuchten die Farben des Regenbogens. Hoch über mir fliegt eine Schar weißer Kakadus kreischend der Sonne entgegen.

Ein alter, fast nackter Mann kommt aus dem Urwald auf den ausgetretenen Pfad, der bergab ins Dorf führt. Den Bogen und einige Pfeile trägt er auf seiner knochigen Schulter. Die andere Hand hält fest umklammert seine Jagdbeute: ein Baumkänguruh und zwei große Beutelratten.

Rundhaus mit Kegeldach, Okanis altes Wohnhaus

Meine Seele ging ins Jenseits

In jener Zeit, als mein Vater unten an der Salzwasserküste auf einer Plantage für die Weißen arbeitete, brach in unseren Dörfern eine Seuche aus. Über Nacht wurden Kinder und Erwachsene von einer rätselhaften Krankheit befallen. Die Medizinmänner sprachen von einem großen Todeszauber, dessen Ursache sie nicht kannten.

Die Leute litten an hohem Fieber, Gelenkschmerzen und Erbrechen. Sie konnten nichts mehr essen, und viele starben unter schrecklichen Qualen.

Auch Kindino wurde krank. Männer des Dorfes trugen ihn zur

239

überfüllten Krankenstation nach Chuave. Nach einem Mond kam er gesund wieder zurück. Der weiße Medizinmann, er hieß *doctor*, hatte ihn mit spitzen Nadeln und weißen kleinen Kugeln geheilt.

Eines Morgens sagte Kindino zu mir:

«Hol mir *kenepana*-Zuckerrohr aus dem Garten!»

Ich machte mich sogleich auf den Weg. Doch das *kenepana*-Zuckerrohr war von Käfern und Insekten zerfressen. So schnitt ich anderes Zuckerrohr, füllte das Netz mit Taro und Süßkartoffeln, sammelte Feuerholz und ging zurück ins Dorf.

Kindino sah das Netz und rief zornig: «Warum hast du nicht das *kenepana awo* gebracht?»

«Käfer hatten es zerfressen», erwiderte ich, «deshalb brachte ich dir dieses *awo.*»

«Wer hat das *awo* gepflanzt? Du oder ich?» schrie er wütend und griff nach einem Knüppel.

Mit dem Arm fing ich den Schlag ab; da zerrte er mich an den Haaren zu Boden und wollte wieder auf mich losschlagen.

Zwei Frauen, Kiruba und Miu, kamen; sie hatten alles von Anfang an beobachtet und hielten Kindino fest.

«Warum schlägst du deine Frau?» fragten sie. «Sie hat ja Grund gehabt, anderes Zuckerrohr zu bringen – oder möchtest du das kaputte lieber essen?»

Kindino gab darauf keine Antwort, er nahm das Zuckerrohr und warf es in alle Richtungen.

Als ich am Abend zusammen mit zwei Frauen in einem *maru* die Abendmahlzeit kochte, wurde mir plötzlich kalt. Ich fror und fühlte

241 Frauenkampf im Dorf Kenendiro. Anlaß zu diesem Streit war eine gestohlene Süßkartoffel, die (vgl. auch S. 225) für ein Singsing-Fest bestimmt war.

242 Okani mit dem Schädelskelett ihres Urgroßvaters. Das kostbare Erbstück ist Zeugnis des bereits der Vergangenheit angehörenden Ahnenkultes im Siane-Gebiet (vgl. S. 31).

243 Im Reich der Ahnen. *Oben:* Eine alte Begräbnisstätte der Nimalere-Sippe. Die Toten wurden oft an steilen Felswänden in Nischen und Spalten bestattet. *Unten:* Die Totenhöhle der Inarunguna-Sippe.

244 Die neu ausgebaute Hochlandstraße bei Kenengi.

mich krank. Die beiden Frauen kochten für Kindino mit. Ich selbst hatte keinen Appetit und verkroch mich unter meiner Decke auf der Schlafmatte.

Am nächsten Morgen sagte Kindino: «Du hast noch nichts gegessen», und reichte mir eine Süßkartoffel.

«Ich habe keinen Hunger, vielleicht später», erwiderte ich und gab ihm die Süßkartoffel zurück.

Ich aß auch die folgenden zwei Tage und Nächte nichts. Vier alte Frauen und Bomai, eine junge Frau, wachten an meinem Krankenlager.

Am dritten Morgen sagte ich zu Bomai: «Leg die Decke in die Sonne. Ich komme später heraus.»

Kindino war in den Busch gezogen, um Feuerholz zu suchen.

Gegen Mittag versuchte ich, in die wärmende Sonne zu gehen, doch meine Beine wollten mich nicht mehr tragen. Bomai sah es, kam und schleppte mich vor das Haus. Doch bald spürte ich, wie sich alles in mir drehte, zugleich wurde mein Körper gefühllos.

«Meine Seele geht», sagte ich zu Bomai, die mich mit großen fragenden Augen ansah.

Ich wollte weitersprechen, brachte aber kein Wort mehr über die Lippen. Auf einmal hatte ich auch mein Gehör verloren. Sitzend, an einen Baumstamm gelehnt, winkte ich Bomai zu, die gerade ihr Kind stillte. Sie kam sofort. Ich sah, wie sich ihre Lippen bewegten, doch ich konnte sie nicht hören.

Mit den Augen deutete ich auf das Haus. Bomai verstand, nahm die Decke, legte sie auf meine Schlafmatte, kam zurück und schleifte mich ins Haus.

Ich spürte das Sterben meines Körpers. Als mich Bomai auf das Krankenlager legte, verlor ich das Bewußtsein.

Wie Bomai mir später erzählte, hatte sie zunächst geglaubt, ich wollte schlafen, und mich allein gelassen. Sie setzte sich zu den vier alten Frauen und rätselte mit ihnen über meine geheimnisvolle Krankheit.

Nach einer Weile ging sie wieder ins Haus, um nach mir zu sehen. Sie berührte mich und merkte, daß ich kalt geworden war. Sie wollte mich wachrütteln, doch ich reagierte nicht und blieb wie leblos auf der Schlafmatte liegen.

Ein heftiger Schreck durchfuhr sie. Bomai eilte hinaus und rief den Frauen zu: «Okani ist gestorben!»

Dann rannte sie auf den Dorfplatz und schrie die Todesnachricht in alle Himmelsrichtungen.

Bald darauf wurde es im Dorf lebendig. Die Männer, unter ihnen auch Kindino, kehrten von Arbeit und Jagd schnell nach Hause zurück. Frauen liefen rasch mit gefüllten Netzen, Kindern und Schweinen zurück ins Dorf und versammelten sich im Sterbehaus. Die Männer standen davor und sprachen leise über den plötzlichen Tod.

Gerade als die Frauen das große Wehklagen anstimmen wollten, schrie Nemanamba zur Tür herein:

«Hört mit dem Heulen auf. Koromba darf nicht merken, daß seine Nichte gestorben ist. Er ruft sonst seine Sippe in Mainyero, und die kommen sofort und verprügeln uns.»

Koromba, ein Sohn von Kerenga, hatte eine Frau von Kurefu geheiratet und wohnte entgegen der Sitte im Dorf seiner Frau.

So wurde mein Tod wegen Koromba noch geheimgehalten, denn die Männer hatten keine Lust, sich nach einem strengen Sittengesetz von den Raiya-Leuten verprügeln zu lassen. Sie würden mit dem Prügeln nicht spaßen und hätten der Nimalere-Sippe Gleichgültigkeit vorgeworfen, weil sie mich nicht von einem Medizinmann hatten behandeln lassen.

Wie Bomai weiter erzählte, saßen alle dichtgedrängt in meinem Haus um mich herum und trauerten still.

Vor dem Haus hatten Männer zum Schutz gegen die Geister ein großes Feuer entfacht.

Einerseits waren sich die Leute sicher, daß ich tot sei; andererseits wollten sie die Nacht hindurch bis zum frühen Morgen warten, um volle Gewißheit zu haben. Denn nicht selten erlebten wir die Wiederkehr der Seele in den Körper eines Toten.

Während der Nacht wollte Kindino nach mir schauen, doch die Frauen wiesen ihn zurück: «Verschwinde, geh ins Männerhaus. Nimm deine Sachen mit und laß dich hier nicht mehr blicken.»

Kindino wollte sich nicht von meiner Seele erwischen lassen. Schnell packte er Pfeile, Bogen, Trommel, Schmuck und Federn, Beil sowie Decken und setzte seine Trauer im Männerhaus fort. Er hatte ohnehin schon sehr viel riskiert, denn die Seele jedes Verstorbenen tötet seinen engsten Verwandten, wenn er sich in greifbarer Nähe aufhält.

Die Frauen holten Brennholz und Süßkartoffeln und richteten sich im Sterbehaus für die Nacht ein.

Während alles um mich trauerte, wandelte meine Seele in einer fremden Welt. Ich sah mich in einem schönen ebenen Land, in dem ein helles, warmes und angenehmes Licht alles überflutete. Die freundliche Helle kam aber nicht von der Sonne. Weit und breit war kein Mensch zu sehen. Ich stand auf einem breiten Weg, der auf beiden Seiten von herrlichen Wiesen mit duftenden Blumen gesäumt war.

Plötzlich wuchsen auf dem Weg vor mir und hinter mir Kreuze aus dem Boden, soweit mein Auge reichte. Ein Meer von Kreuzen, die größer waren als ich. Sie hinderten mich am Weitergehen.

Ich fragte mich:

«Wo bin ich hier? Ich habe mich bestimmt verlaufen. Ich muß doch zum Garten der Kendi, der Großmutter von Kindino.»

Ich schämte mich nun, inmitten der Kreuze zu stehen, denn ich fühlte, daß ich mich auf einem *tabu*-Platz befand, auf den ich mich aber ohne Schuld verirrt hatte.

Da sah ich plötzlich auf der Wiese einen nackten Mann auf mich zukommen. Ich wandte meinen Blick sogleich ab und starrte auf den Boden. Ich dachte, der Mann würde sich meinetwegen schämen. Als ich aber wieder aufschaute, erkannte ich ihn: er war Runefa Mondena, ein Bruder meines Großvaters Kerenga. Vor langer Zeit hatte er sich in den Fluß bei Asaro gestürzt und war ertrunken. Runefa Mondena hatte ähnliche Beweggründe für seinen freiwilligen Tod gehabt wie Opa Kerenga.

Wieder blickte ich zu Boden, dabei bemerkte ich, wie er sich mir langsam näherte. Ich wagte nicht ihn anzusehen und dachte: «Will er mich schlagen?»

Auf einmal stand der Mann vor mir, aber nicht nackt, sondern bekleidet. Er fragte mich: *«Okani o, karamo en kardega unau gorone –* Okani he, wohin willst du gehen?»

«Zeige mir den Weg zum Garten der Kendi», antwortete ich.

Runefa Mondena aber sagte: «Der Weg ist gesperrt. Geh wieder zurück. Deine Zeit, diesen Weg zu betreten, ist noch nicht gekommen.»

Darauf erwiderte ich: «Ich bin auf dem Weg zum Garten der Kendi, deshalb bin ich hier.»

Mondena sagte nun heftig: «Kendi kam nie hierher zur Arbeit. Ich habe sie nicht gesehen. Du lügst mir nur etwas vor.»

«Nein», sagte ich bestimmt, «ich will wirklich zum Garten der Kendi.»

Runefa Mondena wurde ungeduldiger: «Siehst du hier irgendwo einen Garten? Hier ist doch nur Gras. Also sofort zurück mit dir.»

Mit dieser Aufforderung erwachte ich wieder im Diesseits. Nur langsam kam ich zu mir und fühlte mich schrecklich müde.

Im Schein des Hausfeuers bemerkten auf einmal die Frauen, wie meine Decke sich bewegte. Ich hörte sie sagen: «Sie bewegt sich!»

Kare rüttelte mich an den Beinen und sagte: «Du hast sehr tief geschlafen. Wir haben hier bei dir gewacht. Komm zu dir, Okani, komm.»

Jemand streifte mir die Decke vom Gesicht. Mit Mühe richtete ich meinen Kopf etwas auf und blickte erschrocken in die Runde: lehmverschmierte Fratzen starrten mich an.

Es dauerte eine Weile, bis ich einige Gesichter erkannte. Ich bat die Frauen, den Lehm aus ihren Gesichtern zu wischen – ich lebte ja. Gleichzeitig dachte ich:

«So wird es also später einmal, wenn ich wirklich ins Reich der Seelen gehe, um mich herum aussehen.»

Ich ließ Kindino kommen, den ich mit seinem Lehmgesicht nicht erkannte. Er setzte sich neben mich und hielt meine Hände fest.

Ich erzählte mein Erlebnis: «Ich war hinübergegangen ins Reich der Toten. Da traf ich Runefa Mondena, der mir erzählte, daß der Weg nicht der richtige für mich sei. Ich sollte wieder zurückkehren, was ich auch tat. Ich sah dort eine wunderschöne Landschaft, und sie liegt gar nicht weit entfernt von uns. Wenn man stirbt, steht man sofort auf diesem Weg und ist von einem zauberhaften hellen Licht umgeben, das es hier überhaupt nicht gibt.»

Kare sagte: «Du gingst und kamst zurück. Fühlst du dich noch krank? Möchtest du etwas essen?»

«Nein, Kare», antwortete ich, noch völlig erschöpft, «vielleicht morgen früh.»

Die Frauen blieben über Nacht im Haus und schliefen um die Feuerstelle herum. Ich konnte die ganze Nacht kein Auge zumachen.

Das Jenseitserlebnis beschäftigte mich zu sehr. Ich fühlte mich nicht beunruhigt, im Gegenteil, ich hatte ein wundersames, unerklärliches Gefühl in mir. Ich spürte, wie sich mein Körper allmählich wieder erwärmte. Es schien, als würde die Wärme von meinem Bauch aus in alle Gliedmaßen fließen. Ja, ein richtiges prickelndes, fließendes Gefühl durchzog meine Adern.

Am nächsten Morgen erwachte ich hungrig und aß eine Süßkartoffel mit einem kleinen Stück Zuckerrohr.

Nach drei Tagen stand ich endlich wieder auf den Beinen. Zu Kindino sagte ich:

«Ich weiß jetzt, was geschieht, wenn man stirbt. Wenn es mit mir einmal tatsächlich zu Ende geht, verlasse ich mich nicht auf die Leute um mich herum. Ich selbst werde, noch bevor ich tot bin, Boten nach Mainyero schicken und meinen Leuten Bescheid sagen lassen, daß sie meine Leiche abholen können.»

Kindino sah mich lange ratlos an. Ich war nicht sicher, ob er mich verstanden hatte.

Eine ungewöhnliche Stille liegt über dem Meer, wieder meine ich, die Unermeßlichkeit des Lebens zu spüren.

Nur scheinbar monoton erklingt die Schöpfungsmelodie der ruhelosen Brandungswellen. Fischer kehren zurück und ziehen müde ihre Auslegerkanus auf den weißen Sandstrand. Vom Meer streicht eine leichte Brise landwärts und bringt die Palmen zum Flüstern. Allmählich wird es heiß.

Jenseits der Bucht erwacht die kleine Stadt: Rasch ist die Luft voll von Staub, Lärm und Abgasen. Weiße und schwarze Menschen drängen sich durch ihre schmutzigen Straßen. Sie ist eine kulturlose Oase, von der Zivilisation mitten in die Natur gepflanzt.

Bald liegt die Stadt hinter uns, und wir durchfahren ein breites langgezogenes Tal, das zu beiden Seiten von meilenweit entfernten, zerklüfteten Bergketten geschützt wird. Sie sind kahl, nur stellenweise von Gras bedeckt.

Es wird noch heißer, die Straße immer staubiger, und das Tal scheint kein Ende zu nehmen. Wir fahren an Dörfern vorbei, deren Häuser zwischen schattigen Palmenhainen auf hohen Pfählen stehen. Nach einiger Zeit wird

das Gelände hügeliger. Langsam beginnen wir, die steiler werdenden Ser-
pentinen zu erklimmen. Die Luft wird klarer, die Berge werden gewaltiger,
und der Urwald scheint immer finsterer.
Endlich ist die kühle Paßhöhe erreicht. Es dunkelt, und wir fahren in das
Hochland hinein.

Die Rückkehr meines Vaters vom großen Salzwasser

Immer deutlicher machte sich «die neue Zeit» bemerkbar. Die Ver-
änderungen, die wir im Laufe der vergangenen Jahre erlebt hatten,
spürten wir in unseren Stämmen, Dörfern und nicht zuletzt an uns
selbst.
Seitdem zum Beispiel die Weißen mit dem Straßen- und Brückenbau
begonnen hatten, verloren unsere Zahlungsmittel sehr schnell an
Wert und Kaufkraft. Das australische Geld wanderte gewissermaßen
über Nacht durch den Busch, über die Berge in unsere Dörfer.
Die Umstellung brachte große Probleme und Streitigkeiten mit sich.
Ich höre noch meinen Großvater, der immer wieder warnte:
«Leute, nehmt nicht dieses fremde Geld von den Weißen. Es ist nicht
gut. Wir haben ja unseres. Wir wissen, was uns Schweine, Federn
und Muscheln wert sind.»
Natürlich konnte er damals nicht ahnen, wie schnell sich doch alles
verändern würde.
Als ich mir das erste neue Geld zusammengespart hatte, sagte man
mir, ich solle nach Chuave gehen. Dort gäbe es einen Regierungs-
und Missionsladen, wo ich mir mit dem Geld viele neue Sachen kaufen könnte.
Ich zog damals mit Kindino los und sah Dinge, die ich noch nie im
meinem Leben gesehen hatte. Natürlich war mir schon einiges bekannt: die schönen *laplap*, Kleider oder Büstenhalter, aber das war
mir noch alles zu teuer. So kaufte ich nur ein sogenanntes Buschmesser, das mir bei der Gartenarbeit von großem Nutzen war und noch
heute ist.
Immer häufiger besuchten die weißen Regierungspatrouillen unsere
Dörfer und warben Männer für den Straßen- oder Plantagenbau an.

Viele wurden neugierig. Sie wollten die neue Welt sehen und viel Geld verdienen, um später die neuen modernen Sachen, die nur die Weißen hatten, selbst einmal zu besitzen.

Die Alten ließen sich nicht überreden, aber die Jüngeren verließen oft zu Dutzenden ihre Familien und zogen in eine fremde Welt.

Unter ihnen war auch mein Vater, der mit anderen Männern der Sippe nun schon seit zwei Jahren unten am Salzwasser bei Weißen arbeitete. Andere Männer verdienten ihr Geld beim Straßenbau oder in neuen Kaffeeplantagen, die die Weißen in Asaro und vielen anderen Orten im Hochland angelegt hatten.

In jener Zeit kehrte mein Vater mit seinen Sippen- und Stammesfreunden wieder in die Heimat zurück. Während er die Nacht über in Goroka blieb, um von einem Arzt Medizin zu bekommen, fuhren die anderen schon voraus und meldeten sein Kommen.

Kindino und ich pflanzten seit Tagen nahe der großen Straße bei Rurape einen Kaffeegarten an. Die Kaffeebohnen hatten wir für einige Cents auf der Regierungsstation gekauft.

Es war an einem Nachmittag, als ein Personentransportauto hupend vor Rurape hielt. Kindino lief vom Garten hinüber auf die Straße und erkannte sofort die Keto-Leute meines Vaters. Sie riefen ihm vom Wagen zu: «Sage Okani, ihr Vater ist in Goroka und wird morgen früh zurückkommen.»

Bevor Kindino antworten konnte, stand er in einer dichten Staubwolke und hörte nur noch singende Männer, die bald darauf in der Ferne verstummten.

Noch am selben Tag machte ich mich auf nach Ruraro, während Kindino den Kaffeegarten weiter bearbeitete. Ich wollte unbedingt meinen Vater in seinem Heimatdorf Ruraro begrüßen und willkommen heißen.

Erst nach Sonnenuntergang erreichte ich das Dorf, wo ich bei einer alten Freundin übernachtete. Und genau in jener Nacht hatte ich wieder einen geheimnisvollen Traum.

Abermals erschien mir die große schöne Frau im langen blauen Kleid. Langsam kam sie auf mich zu, und ich erkannte auch diesmal meine Mutter Monambi. Sie blieb vor meinen Füßen stehen, sah mich freundlich lächelnd an und sprach zu mir.

«Dein Vater kommt morgen früh. Bereite ihm einen schönen Empfang. Nimm ein *kunu* aus dem Männerhaus und breite die Matte draußen auf dem Boden aus, aber nicht im Haus der Uni. Setze du dich mit deinem Vater auf die Matte. Ich werde dann bei euch sein. Als Zeichen für mein Dasein werdet ihr alle einen Blitz und einen Donnerschlag vernehmen.»

Dann verschwand sie wieder im Nichts.

Als ich nach diesem Traum erwachte, fühlte ich mich hellwach und ausgeschlafen. Den Rest der Nacht verbrachte ich in Gedanken versunken am Holzkohlenfeuer.

Am nächsten Morgen hatten sich alle Bewohner für den Empfang meines Vaters auf dem Dorfplatz versammelt. Die Alten hatten ihren farbenprächtigen *Singsing*-Schmuck angelegt, die Jüngeren trugen zum Teil neuerworbene Shorts, einige sogar Hemden, und zwei Frauen zeigten sich stolz in weißen Büstenhaltern. Gut, daß Kindino nicht anwesend war, ich weiß nicht, wie diese Büstenhalter auf ihn gewirkt hätten.

Schnell erzählte ich allen Leuten meinen rätselhaften Traum. Er wurde einstimmig als gutes Zeichen gedeutet.

Plötzlich wurde das fröhliche Zusammensein durch das Motorengeräusch eines Wagens unterbrochen. Dann sahen wir eine lange Staubfahne weit unten auf der Hochlandstraße sich langsam uns nähern. Von einigen Männern begleitet rannte ich den sehr steilen, etwa einen Kilometer langen Weg hinunter.

Der Wagen kam hupend näher, hielt, und Kopowe sprang runter. Wir umarmten uns so fest, daß uns beiden fast die Luft wegblieb. Hand in Hand kletterten wir hinauf zum Dorf, aus dem uns Trommelklänge und *Singsing* entgegenhallten.

Nach der herzlichen Begrüßung aller Angehörigen seiner Sippe nahm mein Vater auf der Matte vor dem Haus neben mir Platz. Die ganze Sippe lagerte rund um uns und sang zum frohen Wiedersehen.

Es war ein herrlicher Morgen mit strahlendem Sonnenschein. Nachdem der *Luluai*, der von meinem Vater vor zwei Jahren bestimmte Sippenführer, seine Begrüßungsrede beendet hatte, begann das große Festmahl.

Gerade, als ich den ersten Happen zum Mund führen wollte, geschah es: ein langer, greller Blitz durchzuckte den wolkenlosen Himmel, ein ungewöhnlich heftiger Donnerschlag ließ den Boden erzittern. Alle fuhren erschrocken zusammen. Dann riefen fast alle gleichzeitig: «Monambi!» und blickten wie gebannt und schweigend in die blaue Leere des Himmels. Ich erzählte meinem Vater den geheimnisvollen Traum und sagte: «Das war Mutter.»

Kopowe hielt sinnend seinen Kopf in beiden Händen und murmelte: «Monambi, du? Ich habe oft an dich gedacht.»

Während der Schreck sich langsam löste, das Festmahl fortgesetzt wurde und man zusammen im Geiste mit Monambi feierte, blieb der Himmel klar, die Luft still, und die Sonne ging allmählich am ungetrübten Himmel unter.

Bis tief in die Nacht saßen wir im Schein des großen Feuers und lauschten gespannt den Erzählungen von Kopowe und seinen Begleitern. Sie schwärmten vom großen Salzwasser mit den verschieden großen Booten darauf, den vielen Weißen mit ihren Autos und von den vielen Läden, in denen es ungewöhnliche, noch nie zuvor gesehene Sachen zu kaufen gab.

Am nächsten Morgen verabschiedete ich mich, denn ich wollte mit Kindino den Kaffeegarten fertig pflanzen. Da sagte mein Vater: «Nicht so eilig, Okani, warte», und er verschwand im Männerhaus. Kurz darauf kam er wieder und drückte mir zwölf Dollar in die Hand, eine Decke, vier europäische Kleider und drei Stücke Seife. «Das ist für dich», meinte er und drückte mich fest an seine Brust. Bepackt mit den Geschenken kehrte ich überglücklich nach Rurape zurück.

Tagsüber ist es sehr heiß, die Nächte dagegen sind empfindlich kühl. Seit Tagen ist kein Tropfen vom Himmel gefallen. Der ausgetrocknete Pfad hat viele kleine Risse. Eine Straße von roten Ameisen durchzieht ihn. Ihr geschäftiges Treiben ist von Ordnung und Disziplin geprägt.

Jenseits des Weges steht ein mächtiger Bambusstrauch, in dessen Schatten ein alter Mann sitzt. Neben ihm liegt ein Bund Feuerholz. Betelnußkauend winkt er freundlich lächelnd zu uns herüber. Sein ausgemergelter Körper mit den unzähligen Falten wirkt mumienhaft, und die knochigen Finger sind zum Teil verkrüppelt.

Die Schweinehäuser von Ruraro standen nahe dem verlassenen Dorf Minowaro. Die Frauen brachten jeden Morgen die Schweine dorthin, gingen tagsüber in die Gärten und trieben abends ihre Tiere wieder nach Hause. Während des Tages wurden die Schweine abwechselnd von einem Mann der Sippe gefüttert, gepflegt und entlaust, und so war mein Vater Kopowe auch mal an der Reihe. Mit zwei Netzen, gefüllt mit gekochten Süßkartoffeln, zog er in den Busch nach Minowaro.

Gegen Mittag setzte schwerer Regen ein, und jenseits des Tales entlud sich ein heftiges Gewitter.

Nachmittags, nach der Schweinepflege, machte sich Kopowe auf den Weg zurück nach Ruraro. Vom Busch aus stieg er bergab zum Fluß, der mittlerweile durch den starken Regen mächtig angeschwollen und reißend war.

Kopowe schaffte es. Er hatte schon als Kind am Fluß gelebt. Seine Kraft und seine Erfahrung brachten ihn sicher ans andere Ufer. Dort wartete seine Tochter Omani, um zusammen mit ihm den steilen Pfad nach Ruraro zu gehen. Gerade wollten sie den Aufstieg beginnen, als zwei Frauen das jenseitige Ufer erreichten. Sie kamen von der Gartenarbeit zurück.

Als sie Kopowe auf der andern Flußseite sahen, riefen sie ihn:

«Kopowe, hilf uns, wir schaffen es nicht allein. Der Fluß ist zu wild geworden.»

Omani riet ihrem Vater ab.

«Laß die beiden Frauen drüben», sagte sie, «das Wasser ist zu reißend. du solltest hier bleiben. Komm, laß uns hinaufgehen.»

Kopowe, zunächst unentschlossen, sagte dann:

«Die beiden tun mir leid, da sie in den Gartenhäusern übernachten müßten. Nein, ich helfe ihnen durch den Fluß.»

Kopowe durchwatete noch einmal das tobende Gewässer. Am anderen Ufer nahm er die beiden Frauen an die Hand und stieg mit ihnen in den Fluß. Langsam und vorsichtig, Schritt für Schritt, gingen sie vorwärts.

Da – plötzlich, mitten im Fluß, riß die Wucht des Wassers eine der

Frauen hoch. Im nächsten Augenblick wirbelte sie schreiend in der lehmbraunen Flut davon.

Sogleich verlor auch die andere Frau den Boden unter den Füßen. Blitzschnell hatte sie die Hand von Kopowe wieder erfaßt und umklammert. Dem Ungleichgewicht konnte Kopowe nicht standhalten. Auch er verlor den Boden unter den Füßen. Bald verstummten die Schreie der drei.

Omani stand hilflos da. Sie packte Kopowes Netze, die er am Ufer zurückgelassen hatte, und rannte verzweifelt bergauf nach Ruraro.

Noch vor dem Dorf brüllte sie die Nachricht vom Unglück den Bewohnern zu. Sofort liefen einige Männer hinunter zum Fluß und suchten das Ufer ab. Sie fanden niemanden.

Mit der Gewißheit, daß Kopowe und die Frauen nicht mehr am Leben waren, kehrten die Männer ins Dorf zurück.

Kopowes Seele antwortet

Die Nacht brach herein. Schweigend saßen die Männer mit lehmverschmierten Gesichtern um die Feuerstelle. Nur der alte Medizinmann stand allein in einer Ecke des Männerhauses und sprach zu den Ahnengeistern. Schließlich sagte er:

«Geht hinunter zum Fluß und ruft die Seele von Kopowe.»

Die Männer stiegen wieder hinunter, aber nur bis zur Straße, die quer in den Berg eingekerbt auf halber Höhe zwischen Dorf und Fluß lag. Während alle dastanden und in den unsichtbaren, brausenden Fluß hinunterstarrten, rief einer der Männer:

«Kopowe, wo bist du? Wir suchten, aber fanden dich nicht. Sage uns, wo du liegst.»

Nach wenigen Augenblicken angespannten Lauschens hörten sie trotz des tosenden Wassers die Stimme von Kopowe:

«Ich liege am Ufer des Flusses bei Chuave. Kommt morgen bei Tagesanbruch und holt meinen Körper.»

Die Männer stiegen wieder nach Ruraro hinauf und legten sich zur Ruhe – an Schlaf war nicht zu denken.

In jenen Tagen und ereignisschweren Stunden befand ich mich bei den Schweinehäusern außerhalb von Mainyero im Busch. Dort half ich der alten Kendi, der Großmutter meines Mannes.

Um die gleiche Zeit, als die Seele meines Vaters den rufenden Männern Antwort gab, lag ich mit unerklärlicher Unruhe schlaflos im Schweinehaus auf der Schlafmatte.

Plötzlich wurde ich von einem Ruf aus nächster Nähe aufgeschreckt: «*Orafando joraioo... monambioo, monambioo...*, Rafando hallo... Monambi hei, Monambi hei...*»

Ich war sehr verwundert und wußte nicht, was ich denken sollte. Monambi war ja meine verstorbene Mutter gewesen und auch eine Rafando-Frau. Zur Zeit der Geburt meiner Mutter existierte das Dorf Mainyero noch nicht, ihre Eltern wohnten damals in Rafando.

«Was soll dieser Ruf bedeuten?» fragte ich mich. Denn der *»joraioo«*-Ruf war zudem in Keto-Mundart, während es in Raiya und anderen Stämmen einfach *«yoa»* hieß.

Wohl dachte ich an eine andere, noch lebende Monambi in Mainyero, die auch mit einem Keto-Mann verheiratet war, sie schlief aber zu dieser Zeit in Mainyero. Mit einem brennenden Feuerscheit ging ich vor das Schweinehaus und einmal um das Haus herum, doch niemand war zu sehen. Der Ruf hatte mich zwar verwundert, doch nicht in Furcht versetzt. Den Rest der Nacht verbrachte ich in einem sonderbaren Dämmerzustand.

Am nächsten Morgen machten sich einige Männer von Ruraro auf, um die Leiche von Kopowe zu holen. Etwa fünf Kilometer flußabwärts bei Chuave fanden sie den Toten, der Fluß hatte ihn auf eine flache Kiesbank am Ufer gespült. Die beiden Frauen blieben spurlos verschwunden.

Ebenfalls im Morgengrauen waren Boten von Ruraro aufgebrochen, um die Todesnachricht nach Kofeyaro zu bringen. Da sie dort nur Kindino antrafen, rieten sie ihm:

«Erzähle Okani noch nichts vom Tod ihres Vaters. Dazu ist Zeit genug, wenn ihr wieder hier seid. Sag ihr, Omani wolle heiraten, und die Leute seien bereit, sie zum Dorf des Bräutigams zu begleiten.»

An jenem Morgen fragte ich die alte Kendi und einige andere Frauen, wer denn am vergangenen frühen Abend so laut nach Monambi gerufen habe. Aber niemand hatte etwas gehört. Die Frauen wunderten sich nur und schüttelten ratlos die Köpfe.

«Gewiß ist irgendwo etwas Besonderes los», sagte ich, «vielleicht bringen uns noch im Laufe des Tages Boten eine Nachricht.» Während wir das gewohnte Frühstück, die Süßkartoffeln, für uns und die Schweine kochten, tauchte überraschend Kindino auf. «Da kommt ja der Bote», riefen die alten Frauen erregt.

Sofort fragte ich meinen Mann: «Warum kommst du?»

«Komm mit», antwortete er, «Omani will heiraten!»

«Laß uns zuerst frühstücken. Meine Leute haben mir ein geschlachtetes Schwein mitgegeben.»

«Nein», erwiderte Kindino, «ich habe keinen Appetit. Laß die Hälfte des Schweins für die Oma hier, die andere Hälfte nehmen wir mit.»

Während ich ins Haus ging und das Schweinefleisch im Netz verstaute, verriet Kindino seiner Großmutter den wahren Grund seines Kommens. Er sagte ihr zugleich, daß ich es noch nicht erfahren sollte.

Als ich fertiggepackt hatte und mit dem Netz aus dem Haus kam, sah ich Kendi weinen und fragte verwundert:

«Warum weinst du denn so plötzlich?»

«Weil du gehst.»

Das kam mir merkwürdig vor. Zusammen mit Kindino marschierte ich durch den Busch nach Kofeyaro. Kurz vor dem Dorf verschwand Kindino schnell mal hinter einem Baum, während ich weiterging. Wenige Schritte abseits des Pfades schlug ein Mann aus unserer Sippe Feuerholz.

Als er mich sah, rief er:

«Da kommst du ja endlich. Ein Bote überbrachte die Nachricht vom Tod deines Vaters. Er wurde vom Fluß weggerissen und ertrank. Der arme Kopowe.»

Ich glaubte, nicht richtig gehört zu haben.

«Was sagst du da», schrie ich ihn an, «mein Vater ist tot?»

Kindino kam angelaufen und ahnte bereits, was sich ereignet hatte.

«Was erzählt der Mann über meinen Vater?» fragte ich Kindino.

Er senkte wortlos den Kopf.

«Du wußtest es also», rief ich, warf das Netz Kindino an den Kopf und brach in einen Weinkrampf aus. Ich war außer mir, wälzte mich auf dem Boden, kratzte mit den Fingern die Erde auf und schlug wild um mich. Mit trockener Kehle heulte ich meine Totenklage:

«*Veno, veno, onefo min on getto, noio rolto veonoo onenafe oronto*, Vater,

Vater, meine Mutter warst du. Vater, ich möchte zu dir kommen; du gingst davon, und ich sehe dich nicht mehr.»

Voller Verzweiflung erreichte ich mit Kindino das Dorf. Zwei Männer hielten meine Hände fest und stützten mich. Langsam gingen wir hinunter nach Rurape und wanderten auf der Hochlandstraße nach Ruraro.

Als wir die Kenengi-Brücke erreichten, versuchte ich, mich loszureißen. Ich wollte nicht weiterleben:

«Laßt mich los, ich stürze mich in den Fluß. Laßt mich endlich los, ich will zu meinem Vater.»

Aber die Männer hielten mich fest und redeten auf mich ein:

«Du hast deinen Vater noch gar nicht gesehen. Geh zuerst nach Ruraro und überzeuge dich, ob er wirklich tot ist. Erst dann hast du das Recht, dich ins Wasser zu stürzen.»

Heulend zog ich mit den Männern weiter, und wir erreichten mit Sonnenuntergang das Dorf meines Vaters.

Ich wunderte mich sehr, daß niemand von der Sippe kam und mich weinend umarmte. Im Gegenteil, sie standen alle auf dem Dorfplatz herum und sahen mich mit scharfen, stechenden Blicken an.

«Was soll das?» rief ich mit heiserer Stimme. «Habt ihr keine Trauer für meinen Vater?»

«Was willst du hier noch», sagte einer der Männer, «wir haben deinen Vater schon begraben.»

«Warum habt ihr das getan?» fragte ich wütend.

«Er war aufgeschwemmt vom Wasser und sah nicht mehr gut aus», erklärte ein anderer.

«Ich als seine erste Tochter», schrie ich nun alle an, «hätte das Recht gehabt, ihn vor dem Begräbnis noch zu sehen. Hätte er eine ansteckende Krankheit gehabt, so wäre seine schnelle Beerdigung gerechtfertigt gewesen. Aber nicht so!»

Die Ruraro-Leute erwiderten: «Vorher fandest du kaum mal den Weg zu uns, denn du gehörst ja nach Raiya. Deshalb dachten wir nicht daran, deinetwegen mit dem Begräbnis zu warten. Und wie schon gesagt, er sah nicht mehr gut aus.» Darauf sagte ich: «Wegen meines Vaters, nur seinetwegen, kam ich öfter nach Minowaro und Ruraro. Aber nun, da er tot ist, werde ich nie mehr kommen.»

Als die Alten der Sippe meine Worte hörten, fingen sie an zu heulen und schimpften mit den Jüngeren:

«Kopowe war der Vater von Okani, sie gehört zu uns, auch wenn sie weggeheiratet worden ist.»

Beschämt zogen sich die Leute zurück in ihre Häuser. Die ganze Nacht hindurch weinte ich vor dem Männerhaus die Totenklage. Am nächsten Morgen forderte ich den *Luluai* auf, mit mir zum *Kiap* nach Chuave zu gehen. Ich bestand auf eine Entschädigung für den Tod meines Vaters. Aber der *Luluai* wollte von *Kiap* und Gericht nichts wissen und meinte:

«Laß dich nicht auslachen, Okani. Dein Vater ist doch nur ertrunken. Dafür bekommst du keine Entschädigung.»

«Was heißt das, nur ertrunken?» fragte ich ärgerlich. «Die beiden Frauen waren schuld an seinem Tod. Ihre Angehörigen müssen mich entschädigen. Das Gericht in Chuave soll darüber entscheiden, nicht du.»

Betroffen ging er ins Männerhaus und kam nach einiger Zeit mit den Männern der beiden ertrunkenen Frauen zurück.

Zusammen gingen wir nach Chuave auf die Regierungsstation. Dort erzählte ich dem *Kiap* das traurige Ereignis, das Omani bestätigte, und verlangte Schadenersatz für den Tod meines Vaters. Der *Kiap* forderte uns auf, nachmittags wiederzukommen. Bis dahin hätte er ein Urteil gefunden.

Durch einen Polizisten ließ uns der *Kiap* ins Büro rufen. Ernst blickte er auf ein Blatt Papier und sagte: «Die beiden ertrunkenen Frauen haben Mitschuld am Tod von Kopowe. Deshalb steht der ältesten Tochter Okani eine Entschädigung von 300 Dollar und drei Schweinen zu. Die Ehemänner der Ertrunkenen haben gemeinsam die Schuld an Okani zu zahlen. Der Dorfführer und *Luluai* sorgt dafür, daß die Zahlung genau eingehalten wird.»

Mit unseren Daumen, die in eine blaue Farbschachtel gedrückt wurden, mußten wir das Urteil bestätigen.

Im Männerhaus von Ruraro brach ein heftiger Streit aus, da die beiden Männer nicht so viel Geld hatten. Nach langem Hin und Her erklärte sich die Sippe bereit, gemeinsam die Entschädigung zu bezahlen.

Sogleich gab ich den Männern, die meinen toten Vater von Chuave zurückgetragen hatten, 100 Dollar und zwei Schweine. Die restlichen 200 Dollar verteilte ich an meine Halbgeschwister, meiner Stiefmutter schenkte ich das dritte Schwein.

Nur mit dem Netz meines Vaters kehrte ich zurück nach Kofeyaro.

Wieder neigt sich ein Tag, und wieder wird mir die Schönheit dieses Landes fast schmerzlich bewußt. Wie lange noch wird sie erhalten bleiben?

Es wäre keine Frage der Zeit, wenn sich der Mensch von der Vernunft leiten ließe. Doch unserer Zivilisation scheint wenig Vernunft geblieben zu sein – und so ist zu befürchten, daß auch die Tage dieses Paradieses gezählt sind.

Ein Junge kommt mit seiner Mutter den Pfad herunter, er treibt zwei kleine Schweine vor sich her, sie trägt ein schweres Netz mit Gartenfrüchten auf dem Rücken und ein großes Bündel Holz auf dem Kopf, das sie mit ihren erdverkrusteten Händen festhält.

Der Junge steckt in einem zerrissenen Lappen, der einmal eine Hose gewesen ist, und gerade die Stellen, die man gewöhnlich verdeckt, sind frei. Ihn kümmert das nicht, er ist jung, glücklich und unverdorben.

Seine Mutter ist groß und schlank, ein knielanger Kordelschurz bedeckt ihre Hüften. Sie blickt kurz auf und lächelt. Erschöpfung zeichnet ihr früh alt gewordenes Gesicht.

261 Okani bereitet ein Froschfrühstück. Den Fröschen werden die Sprungbeine gebrochen, sie werden einzeln noch lebend in Kochblätter gewickelt und im Bambusrohr über schwacher Holzkohlenglut geschmort (vgl. S. 147).

262 *Oben:* Die Errungenschaften der modernen Zeit werden sehr schnell ins tägliche Leben aufgenommen. Spiegel und Schere sind dabei keine seltenen Prestigegegenstände der Bevölkerung entlang der Hochlandstraße. *Unten:* Ein traurig stimmendes Bild... Der Bierkonsum steigt unaufhaltsam, und als Folge davon mehren sich Streit, Brutalität und Totschlag (vgl. S. 298).

263 *Oben:* Im Wandel der Zeit... (vgl. S. 252). *Unten:* Der Brautpreis heute... 850 Kina, in einer Art Schautafel eingebunden und mit Federn verziert, werden in das Dorf der Braut getragen. Schweine spielen in diesem Fall eine untergeordnete Rolle (vgl. S. 301).

264 Okani – ihr Leben begann in der Steinzeit. Was wird die Zukunft bringen?

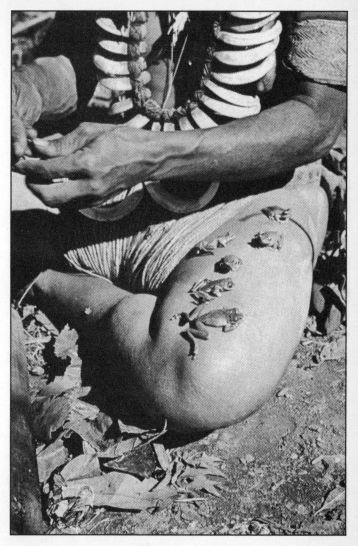

Schmerz und Trauer über den Tod meines Vaters wurden bald durch die Sorgen des Alltags verdrängt.

Zunächst brachte Kindino wieder neue Probleme ins Haus. Zur Erhöhung der häuslichen Wärme hatte er sich drei Frauen gleichzeitig angelacht. Das Schlimme dabei war, daß er mir die drei Schönheiten an einem Tag vorstellte. Jedoch meine *Singsing*-Knüppelmethode räumte auch bald diese Hindernisse aus dem Eheweg.

Eines Tages besuchte mich meine Halbschwester Omani. Sie war vor einiger Zeit nach Asaro gegangen, um in der Kaffeeplantage eines Australiers zu arbeiten. Er heiratete Omani für drei Monate. Danach kam sie zu mir, bereits schwanger, und klagte mir ihr Leid:

«Okani, hilf mir bitte. Ich möchte das Kind noch vor der Geburt töten.»

«Warum willst du das tun?» fragte ich sie.

«Das Aussehen des Kindes würde allen auffallen», meinte sie.

«Na und?» sagte ich. «Wie die Haut des Kindes aussehen wird, ist doch Nebensache. Es wird doch nicht ein Schwein, sondern ein Mensch geboren.»

Ich sprach noch lange auf sie ein, bis sie endlich den Schreck überwunden hatte. Sie gebar später einen Sohn, worüber sie und die Sippe sehr stolz waren.

Man sprach von der Jahreszahl 1965, als neben der Regierungsstation Watabung eine katholische Missionsstation errichtet wurde. Zu dieser Zeit war ich etwa 33 Jahre alt.

Ich arbeitete eines Tages im Garten. Es war Nachmittag, als ich mich mit zwei vollen Netzen Taros und Süßkartoffeln auf den Heimweg machte. Mitten auf der Strecke nach Rurape fühlte ich mich plötzlich krank. Fieber, Kopfweh und Gelenkschmerzen plagten mich, sie wurden mit jedem Schritt heftiger und unerträglicher. Mit letzter Kraft schleppte ich mich ins Dorf. Vor meiner Hütte brach ich zusammen.

Zwei Frauen trugen mich ins Haus und legten mich auf mein Schlaflager. Meine halbwüchsige Tochter Maine, die ich kurz vorher adoptiert hatte, saß besorgt an meiner Seite und hielt mir die Hände.

Im vorderen Teil des Raumes spielte Kindino mit zwei jungen Männern Karten. Meine Krankheit störte ihn nicht im geringsten. «Was hat dieser Mann nur im Kopf?» fragte ich mich oft. Neben seiner Frauenleidenschaft kam nun eine neue hinzu: das Kartenspiel um Geld, was häufig mit Streit endete.

Die Nacht brach herein. Mit hohem Fieber lag ich auf meiner Schlafmatte und rief meinem Mann zu:

«Kindino, ich bin schwer krank. Hol doch den Medizinmann.»

Aber meine Worte blieben ungehört. Kindino ließ sich nicht stören und spielte weiter.

Nach einer Weile ging er mit den Jungen hinaus und sagte ihnen: «Kommt, wir fangen *feni*-Fische, das Mondlicht ist gut.» Nach einiger Zeit kehrten sie zurück. Ich hörte, daß Kindino einen besonders großen Fisch gefangen hatte und rief: «Ich habe noch nie einen *feni*-Fisch gesehen, komm, zeig ihn mir.»

Stolz kam er mit seinem Fisch, der an einer Schnur hing, und hielt ihn mir unter die Nase. Es war ein scheußliches Ding. «Kindino», sagte ich, «mach ein starkes Feuer, mir ist so kalt.»

Widerwillig zündete Kindino das Holz an, während ich von heftigem Schüttelfrost gebeutelt wurde.

«Hol den Medizinmann», flüsterte ich.

Doch Kindino hörte mich nicht und setzte das Kartenspiel mit den Jungen fort. Maine lag in der anderen Ecke des Raumes und schlief.

Plötzlich sah ich im Schein des Feuers eine große Frau auf mich zukommen. Sie trug ein langes schwarzes Kleid, und ihr Gesicht war mit weißer Farbe bedeckt. In ihrer Hand hielt sie drohend einen Grabstock.

«Was willst du von mir?» fragte ich.

Sie blieb stumm, kam immer näher und beugte sich schließlich über mich. Unheimliche Augen starrten mich an. Auf einmal wand sich aus ihrer Nase ein schwarzer Wurm und verschwand im nächsten Augenblick in ihrem Mund. Es schauderte mich, als ich merkte, daß sie den Wurm hinunterschluckte. Sie forderte mich auf: «Hei Okani, ich habe schon lange auf dich gewartet. Komm, ich will dich mitnehmen.»

Ihre Hand griff nach mir.

«Ich will nicht», schrie ich. «Ich will nicht mitkommen. Mach dich davon! Hau ab!»

Da erhob sie den Stock und rief: «Dann werde ich dich erstechen.»

Ich schrie auf, und im selben Moment war die Frau verschwunden. Maine war hochgeschreckt. Ängstlich schaute sie mich an.

Kindino saß noch immer beim Kartenspiel und meinte beiläufig zu den Jungen: «Sie ist krank.»

«Willst du nicht einmal nachsehen?» hörte ich einen der Jungen fragen.

«Du hast wohl schlechte Karten», entgegnete ihm Kindino und warf seine zornig auf den Boden, sprang auf und kam zu mir.

«Was hast du da für ein Zeug geredet?» fragte er mich.

«Eine Frau kam plötzlich zu mir», antwortete ich, «und wollte mich töten. Schaut nach draußen, vielleicht ist sie noch da.» Kindino und die Jungen aber fanden niemanden.

Während sie sich schlafen legten, blieb ich hellwach, gepeinigt von Schüttelfrost und Fieber, bis zum Morgengrauen. Lediglich Maine saß leise weinend vor meinem Krankenlager und hielt mir die Hände. Ich war so froh, einen Menschen um mich zu haben, gerade in diesen Augenblicken, als ich mich sterbenskrank fühlte.

Maine schaute mich sorgenvoll an: «Wie siehst du bloß aus? Du hast ja ganz gelbe Augen.»

Ich nickte müde und sagte: «Bringt mich zur Krankenstation nach Watabung, denn ich fühle den Totengeist in mir.»

Kindino zeigte weder Hilfsbereitschaft noch Mitgefühl. Ihm war es egal, ob ich starb oder nicht. Zu dieser Zeit waren alle Leute schon in ihren Gärten; nur wenige Alte waren in ihren Hütten und konnten selbst kaum gehen.

So blieb mir nichts anderes übrig, als mit Maine allein nach Watabung zu wandern. Sie zog meine Hände über ihre Schultern und schleifte mich fünf Kilometer weit zur Krankenstation. Unterwegs kamen uns Leute von Unanbaro entgegen, blieben stehen und sahen uns erstaunt nach: «Warum hat man sie nicht nach Watabung getragen?»

Die Krankenstation war vor wenigen Jahren gebaut worden. Das «Krankenhaus» bestand aus einem Buschhaus mit vier Holzpritschen.

Der «Doktor» war ein Komongu-Mann, der im großen Krankenhaus in Goroka zum Sanitäter ausgebildet worden war. Er wohnte zusammen mit seiner Familie in einem zweiten Haus.

Er stellte sofort fest, daß ich sehr hohes Fieber hatte. Falls es morgen nicht besser mit mir aussähe, müßte ich nach Goroka ins Krankenhaus, meinte er und gab mir Tabletten.

In zwei Decken gewickelt lag ich im Buschhaus und schlotterte. Maine wachte an meinem Krankenbett. Ich merkte, wie meine Beine und Arme allmählich gefühllos wurden, ich atmete immer schwerer und schneller. Zudem befiel mich ein furchtbares Angstgefühl.

Ich bat Maine um Trinkwasser. Sie holte vom Fluß einen großen Kübel voll, den ich ganz austrank. Es war frühmorgens. Ich schickte Maine den Sanitäter holen, denn ich fühlte meinen Tod nahen.

Sie kam zurück: «Er will gleich kommen.»

Aber er kam nicht. Noch einmal schickte ich sie zum Sanitäter. Unruhig wälzte ich mich auf der Holzpritsche.

Wieder bekam ich Angst: Ich wollte beim Sterben nicht auf den Boden fallen.

Mit den letzten Kräften, aber noch mit völlig klarem Kopf ließ ich mich langsam auf den Boden gleiten. Dort lag ich schwer atmend in den letzten Zügen und war mir des Sterbens voll bewußt.

Leute schauten durch die Hüttentür herein und sagten: «Sie wird gleich tot sein.»

Es war für mich schrecklich, solche Worte zu hören. Todesangst quälte mich.

«Ich will noch nicht sterben», stöhnte ich.

Nie zuvor war ich dem Grab bewußt so nahe gewesen. Ich dachte an die Lutheraner, an die Missionsfreunde, an die Religionsversammlungen, die ich früher öfters besucht hatte. Das Wort eines weißen Missionars fiel mir ein:

«Betet in der Stunde eurer größten Not. Gott wird euch erhören. Ihr müßt nur mit ganzem Herzen daran glauben.»

Ich versuchte zu beten, leise. Niemand konnte mich hören. Ganz fest dachte ich an Gott, an die unbekannte Größe, deren Macht über uns stehen soll. Natürlich konnte ich das alles nicht begreifen, aber ich glaubte fest an Gott und bat ihn, mir zu helfen.

Immer wieder sagte ich: «Herr, Gott, du da oben, hilf mir.» Dann legte ich meinen Kopf zur Seite und hielt mich an der Pritsche fest.

Maine kam weinend auf mich zu. Sie glaubte, ich würde jetzt sterben. Aber mit einem Mal floß eine seltsame Wärme in meinen Körper, Hände und Füße verloren das taube Gefühl. Ich fühlte mich von Augenblick zu Augenblick wohler. Fieber, Kopf- und Gelenkschmerzen ließen allmählich nach.

Langsam zog ich mich an der Liege hoch, ging von Maine gestützt vor das Haus und setzte mich in die Sonne. Nach einer Weile kam endlich der Sanitäter, gab mir eine Spritze und sagte:

«Du bist sehr schwer krank. Deine Augen sind blutunterlaufen. Du solltest besser ins Krankenhaus nach Goroka gehen, aber es läßt sich niemand von deinen Leuten blicken.»

Am nächsten Tag kam überraschend mein Onkel Oromba Riyo mit seinem Sohn. Irgendwie war die Nachricht von meinem Sterben bis Mainyero vorgedrungen. Besorgt saßen sie an meinem Krankenbett und wachten die Nacht hindurch.

Am nächsten Morgen brachten Männer von Riyofiyaro ein krankes Kind, das noch am selben Tag starb. So war der Tod doch gekommen, nahm aber nicht meine Seele, sondern die des Kindes mit.

Da wollte ich nicht länger dort bleiben und ging von Oromba Riyo und seinem Sohn Kare Nomane gestützt zurück nach Rurape.

Noch am selben Abend kam der Leiter der Lutheraner nach Rurape und besuchte mich. Er sagte:

«Die Leute haben mir erzählt, daß du im Sterben liegst. So bin ich gekommen, um mit dir zu beten.»

Ich erzählte ihm meine Krankheitsgeschichte und von der bösen Erscheinung, die mich ins Jenseits holen wollte.

Da betete er laut: «Böser Geist, du darfst nicht mehr kommen, um sie zu rufen.»

Oromba Riyo schimpfte laut mit Kindino:

«Du hättest dich um Okani kümmern sollen. Was bist du nur für ein Mensch. Das nächste Mal schlage ich dich zum Krüppel.»

Kindino schwieg.

«Wir bringen Okani nach Mainyero», sagte Oromba Riyo weiter, «wenn sie ganz gesund ist, kommt sie wieder nach Rurape.»

Einen Monat blieb ich in Mainyero. Maine und einige Frauen des Dorfes pflegten mich gesund.

Kindino wurde gerufen, um mich abzuholen. Als er kam, wurde er von allen Männern ausgeschimpft.

«Okani ist eine arbeitsame Frau, und du achtest sie nicht.»

«Ich bin nun mal so», antwortete Kindino darauf.

Mit vielen Mahnungen und Warnungen schickten sie ihn mit mir zurück nach Rurape.

Es ist ein herrlicher Tag. Der Pfad führt zunächst steil bergab, wird durch einen klaren Bergfluß unterbrochen und führt am jenseitigen Ufer ebenso steil bergauf. Eine langgezogene Hochebene liegt auf der anderen Seite des Bergrückens, geheimnisvolles Schweigen scheint alles zu durchdringen. In dieser Stille kann man den Atem der Natur spüren – unermeßlich, unbeschreiblich.

Das Dorf mit seinen Bewohnern ist bisher von den Strömungen der Zivilisation kaum berührt worden. Scheue, doch mehr neugierige Blicke scheinen mich zu verzehren.

Es sind kleine Menschen, keiner von ihnen größer als 1,60 Meter, die hier im Hochland auf fast 3000 Meter Höhe ein rauhes und karges Leben zu meistern haben. Sie sind zurückhaltend und ruhig. Ihre großen, dunklen, wachsamen Augen betrachten mich aus sicherer Entfernung und sehen alles.

Ein Greis, gestützt auf einen knorrigen Stock, kommt mir mit schleifenden Schritten entgegen. Tiefe Furchen durchziehen sein Gesicht, und in seinen breiten Nasenflügeln stecken die roten Federn eines Zwergpapageis. Seine zittrige Hand tastet meinen Körper ab, seine Augen sind trübe, und ich glaube, Menschlichkeit und Mitgefühl in ihnen zu erkennen.

Kindino geht nach Goroka – ins Gefängnis

Unsere Hütte in Kofeyaro blieb mehr und mehr verlassen, das Gartenhaus bei Rurape-Kenendiro wurde zu unserem ständigen Wohnsitz. Kindino beschloß, neben dem provisorischen Gartenhäuschen ein richtiges Wohnhaus zu bauen. Tag für Tag schlug er im Busch

Bauholz und sammelte allerlei Material. Doch kurz vor Beginn des Neubaues machte Kindino mal wieder von sich reden.

Eines Morgens fragte ich ihn:

«Kommst du mit in den Garten? Es gibt dort viel Arbeit. Nimm das Buschmesser mit, um Unkraut und Gras zu schneiden.»

Kindino nickte und sagte:

«Geh schon voraus, ich werde gleich nachkommen.»

Ich nahm meine Netze und den neu gekauften Spaten, marschierte in den Garten und machte mich an die Arbeit.

Der Tag verging, die Sonne neigte sich wieder den Bergen zu. Kindino war nicht erschienen.

Schwer beladen mit Netzen voller Gartenfrüchte zog ich den langen Weg heimwärts. Es fing an zu regnen. Nur langsam kam ich auf den schlammig gewordenen Pfaden voran.

In Rurape angekommen, stellte ich den Spaten vor das Haus. Da hörte ich schon die erregte Stimme meines Mannes:

«Woher kommst du so spät? Ich habe Hunger, und du hast mir kein Essen gekocht.»

Kindino saß zusammen mit seinem Neffen Kiomba am Feuer und spielte Karten.

Verwundert sagte ich: «Heute morgen wolltest du mir doch in den Garten folgen. Warum bist du nicht gekommen? Ich habe schwer gearbeitet, ohne etwas zu essen, denn alles stand ja hier im Haus. Du hättest dir doch etwas kochen können.»

Wütend sprang Kindino auf und schrie:

«Ich bin doch keine Frau, die das Essen zu kochen hat.»

Er schnappte ein Stück Holz und schlug mich. Ich konnte mich nicht wehren, meine Arme und mein ganzer Körper waren steif von der Arbeit, vom Tragen und vom kalten Regen.

Kindino schlug so heftig auf mich ein, daß der Knüppel zerbrach und die Holzsplitter tief in meinem Rücken und meinen Armen stecken blieben. Ich rannte hinaus, aber wo sollte ich hin?

Der Zufall trieb mich in den etwa einen Kilometer entfernten Nachbarort Atarero. Dort hielt sich der *Kiap* in Begleitung von drei Polizisten und einem weißen Doktor auf. Er war von Goroka für einige Monate auf Patrouille in den Busch gekommen. Es wurden alle Namen aufgeschrieben, Geburten und Todesfälle registriert; seine Polizisten halfen ihm dabei. Auch für den Doktor gab es viel zu tun. Selbst der Medizinmann des Dorfes ließ seinen furunkelübersäten Rücken mit Salben und Jod von ihm behandeln.

Erstaunt sah mich der Arzt an und rief den *Kiap.*

«Was ist mit dir geschehen? Wer hat dich geschlagen?»

«Mein Mann», sagte ich, «er schlug einen Knüppel auf mir in Stücke und warf mich aus dem Haus.»

«Solltest du keine Schuld haben», erwiderte der *Kiap,* «so wird dein Mann etwas erleben, aber dazu muß ich ihn fragen.»

Er ließ Kindino von einem Polizisten holen, während der Arzt mir die Splitter aus der Haut zog. Mit Pflaster und Mullverband wartete ich auf Kindino, der mit langem Gesicht vor dem *Kiap* erschien.

«Warum hast du deine Frau geschlagen?»

«Weil sie mir kein Essen kochte», gab Kindino an.

«Und warum hast du deinem Mann kein Essen gekocht?» fragte der *Kiap* mich.

Ich erzählte ihm den ganzen Tagesablauf, den er auf einem Papier mitschrieb. Dann sagte er zu Kindino:

«Okani ist eine gute Frau. Sie hat den ganzen Tag für dich gearbeitet, während du im Haus Karten gespielt hast. Du solltest auch arbeiten, anstatt dich zu vergnügen. Damit du auf vernünftigere Gedanken kommst, nehmen wir dich mit nach Goroka. Dort bleibst du für einen Monat im *Kalabus,* dem Gefängnis.»

Als Kindino am nächsten Morgen nach Goroka zum *Kalabus* gefahren wurde, zog ich über die Berge nach Mainyero. Mit den Worten «Ganz recht so, daß er ins Gefängnis kam», begrüßten mich die Bewohner des Dorfes. Die Nachrichten waren schneller gewesen als ich! Nach drei Wochen kehrte ich zurück nach Rurape. Mit zwei vollen Netzen Gemüse und Süßkartoffeln und drei Shilling stand ich auf der Hochlandstraße und wartete auf ein Auto nach Goroka. Ich wollte Kindino im Gefängnis besuchen und ihm gutes Essen bringen. Aber mit drei Shilling kam ich nicht weiter, denn die Fahrt nach Goroka kostete zehn Shilling.

Vor Rurape arbeiteten Leute an der Straße. Solche Straßenarbeiten waren von den *Kiaps* durch die *Luluais* den Bewohnern einmal wöchentlich befohlen worden. Unter den Arbeitern fand ich Angehörige der Sippe von Kindino und bat sie um sieben Shilling. Doch sie gaben mir zur Antwort:

«Du hast Kindino ins Gefängnis gebracht. Wenn du ihn besuchen möchtest, geh doch zu Fuß. Wir haben Geld», dabei zeigten sie mir einen Beutel voller Geld, «aber wir geben dir nichts. Mach, daß du davonkommst.»

Auch meine Schwiegermutter Sepe war unter den Arbeitern. Sie sagte zu mir: «Okani, ich bin eine alte Frau und habe kein Geld. Es tut mir leid für dich.»

Da stand ich nun, mit den Netzen voll Essen für Kindino, weinend auf der Straße.

Nach einiger Zeit kam zufällig Goniwe, ein Raiya-Mann aus Mainyero die Straße entlang. Ich erzählte ihm mein Leid. Wortlos drückte er mir drei Dollar in die Hand und schimpfte auf die Sippe von Kindino:

«Wenn wir sterben, lassen wir alles hier. Wir können unser Geld nicht mitnehmen ins andere Leben. Schämt euch!»

Schweigend und mit gesenkten Köpfen arbeiteten die Beschimpften weiter.

Schließlich kam ein Auto, mit dem ich die gut 30 Meilen lange Strecke nach Goroka fuhr.

Zunächst meldete ich mich beim Polizeimeister, der mich fragte:

«Wie lange willst du in Goroka bleiben?»

«Die ganze Woche, bis zur Entlassung meines Mannes», sagte ich.

«Ist gut», meinte er, «du kannst deinen Mann jeden Tag mittags und abends besuchen. Essen darfst du ihm auch bringen. Und wo wirst du wohnen?»

«Bei meinen Angehörigen, sie wohnen in Goroka», antwortete ich und war überhaupt nicht sicher, irgendwen von meiner Sippe hier anzutreffen.

Doch es kam anders, als ich dachte. Vor der Polizeistation fand ich verstreut am Weg eine Menge Shillingstücke. Ich ging zunächst scheinbar achtlos vorbei, da ich glaubte, das Geld sei absichtlich auf die Straße gelegt worden, um Leute, die es aufheben, des Diebstahls zu überführen. Erst einige Schritte entfernt von den Münzen schaute ich mich wieder um und sah einen Mann aus Kuifamo. Ich kannte ihn, er stammte aus der Sippe meiner verstorbenen Großmutter Kiyagi.

«Was machst du hier?» fragte ich ihn, worauf er antwortete: «Ich arbeite bei der Straßenreinigung.»

Etwas verlegen deutete ich auf das Geld und sagte scherzend: «Willst du das auch zusammenkehren?»

«Heb es ruhig auf, du hast es zuerst gesehen. Es gehört dir», sagte er lachend und erzählte weiter: «Auch andere Leute finden hier immer wieder Geld und heben es auf. Die weißen Kinder spielen oft mit den Münzen und werfen sie achtlos umher.»

Ich sammelte die Geldstücke auf und teilte sie mit dem Mann.

«Wo wirst du schlafen?» fragte er.

«Ich muß mich erst noch umsehen», erwiderte ich.

«Eine Kuifamo-Frau wohnt drüben an der Straße, sie heißt Kiraso. Bei ihr kannst du sicher bleiben», sagte er und schob seinen Müllkarren weiter.

Täglich kochte ich im Haus der Kiraso für Kindino frische Süßkartoffeln. Sein Appetit schien sich im Gefängnis entwickelt zu haben, er aß oft 15 bis 20 Süßkartoffeln an einem Tag. Gewöhnlich ißt man 6 bis 10 Stück pro Tag, wenn keine Beilagen hinzukommen.

Nach der Entlassung von Kindino gab der Kuifamo-Mann mir sechs Dollar und Kindino vier und meinte: «Wir sind von einer Sippe, Okani. So sollten wir auch einander helfen. Du kannst mir später, wenn du wieder nach Goroka kommst, das Geld zurückgeben.»

Sofort erzählte ich Kindino: «Deine Sippe hatte mich in Rurape auf der Straße stehenlassen. Goniwe kam zufällig und gab mir das Fahrgeld. Ich will es ihm zurückgeben. Gib mir also die vier Dollar.»

Kindino rückte wortlos und mit verächtlicher Miene das Geld heraus. Zusammen fuhren wir für 5 Shilling pro Person nur knapp die halbe Strecke bis Mauto zurück. Dort bogen wir von der großen Straße ab und gingen ins Korepa-Gebiet, hinüber zum Kefeya-Berg, der Heimat von Kindino.

Dort gab es für ihn ein großes Fest des Wiedersehens. Für den «Armen», der schuldlos im *Kalabus* sitzen mußte, wurde zur Feier des Tages ein Schwein geschlachtet.

Mich ließ man links liegen, lediglich Sepe, die zu Besuch war, gab mir etwas zu essen.

Am nächsten Morgen zogen wir weiter über die Berge, hinunter nach Rurape. Hier gab es wieder ein großes Wiedersehensweinen. Aber ich blieb ungerührt und sagte:

«Warum weint ihr jetzt? Es fiel euch nicht ein, ihm Essen nach Goroka zu bringen. Mir habt ihr ebenfalls nichts mitgegeben. Aber ich bringe noch mehr Geld zurück, als ich mitnahm. Hier, seht, zehn Dollar, davon bekommt ihr keinen Shilling. Das Geld bekommt Goniwe, weil er mir drei Dollar für die Fahrt nach Goroka gegeben hat.»

Schweigsam zogen sich die Dorfbewohner in ihre Häuser zurück. Auch später noch baten sie mich öfters um Geld. Ich erinnerte sie nur an jene große Unterstützung auf der Straße und gab ihnen nichts.

Natürlich kam auch Kindino immer wieder zu mir, wenn er Geld brauchte zum Kartenspielen. Doch er bekam nichts. Wenn er auch mal wieder mit der Faust drohte, so sagte ich ihm:

«Schlag zu, wenn du erneut in den *Kalabus* einziehen möchtest.» Dann besann er sich, drohte mir aber oft: «Ich erschlage dich noch mit dem Beil.»

Das habe ich nicht vergessen. Ich nehme mich noch heute in acht und vermeide nach Möglichkeit den Streit mit ihm.

Der Mond wirft lange Schatten auf den Dorfplatz. Aus dem Urwald dringt der unheimliche Ruf einer Eule. Und drüben, jenseits des Dorfes, hat ein Grillenkonzert begonnen. Diese Nacht ist ungewöhnlich laut. Aus dem Männerhaus dröhnt der helle Klang einer Trommel, bald darauf setzt eine zweite ein, dann eine dritte, Männer fangen an zu singen. Monotonie und Einfachheit... Gleichklang zwischen Trommel und Lied. Die Schönheit ist namenlos und unaussprechlich.

Das ungewöhnlichste *Singsing*-Fest meines Lebens

Monde vergingen, bis endlich unser Wohnhaus bei Rurape fertig war. Das alte in Kofeyaro brachen wir ab und schleppten die verräucherten Hölzer hinunter nach Rurape. Brennholz hatten wir dadurch für einige Zeit genug.

Kindino und ich berieten, wieviel Schweine wir am nächsten Tag für das *Singsing* schlachten würden. Denn der Sitte gemäß wird jeder Neubau mit einem *Singsing* gefeiert.

Da humpelte plötzlich Kindinos Großmutter, die alte Kendi, in unser Haus und versetzte uns in großes Staunen. Wir waren sprachlos, als sie sagte:

«Ich wünsche mir zu meinem Tod ein fröhliches Trauerfest, das ich aber selbst miterleben möchte. Wir sollten morgen im Kreise meiner Lieben ein großes Schweineschlachtfest zusammen mit eurem *Singsing* feiern.»

So etwas hatte es noch nie gegeben, eine Lebende wollte ihr eigenes Toten-*Singsing* feiern.

Die Trauergäste von Korepa und Raiya wurden nach Rurape gerufen. Am nächsten Morgen begann das erste Doppelfest in der Geschichte unseres Hochlandes.

Zwölf Schweine wurden geschlachtet, davon neun zu Ehren der alten, lebenden, aber offiziell toten Kendi.

Im Rhythmus der Trommel, die Kindino schlug, angefeuert durch *Singsing*-Lieder aller Leute, schwang die alte Kendi ihre gichtgeplagten Tanzbeine auf dem Dorfplatz. Ihr zahnloses Lächeln wurde durch einen jähen Aufschrei unterbrochen. Kendis dritter Fuß, ihr Stützstock, brach plötzlich, und sie lag am Boden.

«Schaut mich nicht so komisch an», kreischte Kendi in die Festversammlung, «ich bin noch lange nicht tot. Helft mir wieder auf die Beine und gebt mir einen neuen Stock. Kindino, schlag die Trommel!»

Das *Singsing* ging weiter, und Kendi tanzte am neuen Stock. Die Todesfeier erreichte ihren Höhepunkt mit der Grabrede. Alle Teilnehmer saßen im Kreis auf dem Dorfplatz und lauschten schweigsam den Worten von Kindino.

«Wir feiern den Tod unserer Oma Kendi und die Einkehr der verstorbenen Seele ins Ahnenreich. Zwar seht ihr sie noch unter uns, aber das gilt nicht.»

Da wurde Kindino von der alten Kendi unterbrochen. Sie krächzte:

«Ich dachte mir, da wir jetzt wegen des neuen Hauses feiern, ist es am einfachsten und billigsten, dieses Fest mit der Trauerfeier zu meinem Tod zu verbinden.»

Nun ergriff wieder Kindino das Wort:

«Solltet ihr also später einmal hören, unsere Oma sei gestorben, so gilt es wieder nicht, denn eigentlich sollte sie jetzt bereits gestorben sein.»

Worauf die Uralte hämisch lachte und mit den Fingern schnalzte.

«Bei ihrem verspäteten Tod braucht ihr folglich nicht zu heulen, auch braucht ihr nicht zu uns zu kommen, um wieder Schweinefleisch zu essen. Wir werden dann keine Schweine mehr schlachten, sondern begraben unsere liebe Oma sang- und klanglos. Ihr müßt euch alle vorstellen, daß wir jetzt schon unsere Oma begraben haben.»

Nach dieser sehr merkwürdigen Festansprache wurde die lebendige Tote zusammen mit unserem neuen Haus gefeiert. Sieben Schweine, dazu Berge von Süßkartoffeln, wanderten in die Mägen der Feiernden. Das restliche Fleisch wurde am folgenden Tag im Beisein des wandelnden Leichnams Kendi verzehrt.

Am Morgen des dritten Tages nahm das ungewöhnlichste *Singsing*-Fest meines Lebens sein Ende. Alle Trauergäste verabschiedeten sich fröhlich von der offiziell toten Kendi und zogen singend in ihre Dörfer zurück. Bis auf eine Frau aus Korepa, sie wurde durch glühende Liebesversprechungen meines Mannes in die Einrichtung des neuen Hauses mit einbezogen. Sie war nun die 14. Frau, die vor aller Augen die häusliche Gemeinschaft mit mir teilte.

Ich überlegte sehr lange, ob ich die *Singsing*-Knüppelmethode anwenden sollte, denn ich konnte sie andererseits sehr gut als Hilfe im Kaffeegarten gebrauchen. Doch eines Tages wurde ihr anscheinend die Arbeit zuviel, und sie verschwand. Wieder einmal war ich die erste und einzige Frau im Haus.

Nur wenige Tage nach dem denkwürdigen *Singsing*-Fest ereignete sich nahe Riyofiyaro ein tragischer Unfall.

Yamowe war eines Morgens, begleitet von seinem Hund, in den Busch gezogen, um einen neuen Garten anzulegen. Als er am späten Abend nicht ins Dorf zurückkehrte, glaubten die Leute, er schlafe im Buschhaus, und der Hund sei bei ihm.

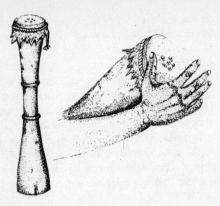

Handtrommel in typischer Sanduhrform; Länge: 63 cm

Am nächsten Morgen gingen seine beiden Söhne Joa und Kafiwe in den Garten, um ihrem Vater Süßkartoffeln zu holen. Während ihrer Arbeit kam auf einmal bellend und schwanzwedelnd der Hund. Beide dachten, ihr Vater käme wohl hinterher. Sie warteten einige Zeit, doch Yamowe kam nicht. Der Hund leckte die Beine der zwei Männer, bellte und sprang in die Luft. Dann lief er ein Stück voraus, bellte wieder und wartete, bis die beiden ihm endlich folgten.

Er führte sie in den Busch, vorbei am Buschhaus, an jene Stelle, wo ihr Vater tot am Boden lag. Die Söhne riefen durch den Busch: «Yamowe ist tot!»

Sofort wurde die Nachricht weitergegeben und erreichte mit Windeseile auch unser Dorf. Wir liefen zum Unglücksort und sahen den Toten. Er muß beim Holzfällen von einem Baum gestürzt sein, rätselten die Leute, denn ein spitzer Ast drang durch Auge und Kopf. Käfer und Ameisen waren schon über den armen Yamowe hergefallen und fraßen an seiner Augenhöhle.

Die Söhne trugen ihren verunglückten Vater zurück nach Riyofiyaro, wo Toten-*Singsing* und Bestattung vorbereitet wurden. Der Hund wurde von allen gelobt: weil er so klug gewesen war, wurde für ihn ein kleines Schwein geschlachtet.

Besonders intensiv leuchtet die rote Bougainvillea in den ersten Sonnenstrahlen. Drüben, auf einem fast blattlosen Ast, ist ein Nashornvogel damit beschäftigt, eine rote Frucht zu öffnen. Sein großer, elfenbeinfarbiger Schnabel zeigt viele Jahresringe, und das schwarze Gefieder glänzt wie das einer Krähe.

Unten am Fluß herrscht reger Badebetrieb. Ein halbes Dutzend Eisvögel macht Morgentoilette: dabei spreizen sie ihre stahlblauen Flügel und tauchen sie unentwegt ins Wasser. Durch den «Gutenacht»-Ruf einer Eule aufgeschreckt, fliegen sie, Federbällchen gleich, in die nahen Büsche und verschwinden im schützenden Blattwerk.

Etwas weiter entfernt schwimmt eine kleine Schlange über den Fluß. Ihren Dreieckskopf hoch aus dem Wasser hebend, scheint sie mit schnellen S-Bewegungen mühelos über die Wasseroberfläche zu gleiten. Am jenseitigen Ufer bringt sich blitzschnell eine Mäusefamilie in Sicherheit.

Oben auf dem schmalen Bergplateau erwacht das Dorf. Hunde bellen, Kinder laufen lärmend aus den Hütten, Mütter schimpfen, Schweine grunzen, und mürrische Stimmen dringen aus dem Männerhaus.

Ein neuer Tag hat begonnen.

Kopowes Seele rächt sich

Monde um Monde vergingen. Eines Tages wurde ich in mein Heimatdorf Ruraro gerufen.

Seit dem Tod meines Vaters hatte ich jeden Kontakt mit der Sippe vermieden. Nach langer Zeit erfuhr ich wieder etwas aus dem Leben meiner Verwandten.

Von den beiden Söhnen meines Vaters war Kia zur Küste gegangen und nach zwei Jahren wieder zurückgekehrt. Er war völlig europäisch gekleidet und fühlte sich mit seiner Sonnenbrille als Mittelpunkt der Sippschaft.

Die Alten klagten über ihn, da er sich sämtlichen Gemeinschaftsaufgaben entzog. Kartenspiel, Mädchen und Kofferradio waren seine Interessen, seit er vom großen Salzwasser zurückkam. Und die Jugend des Dorfes bewunderte ihn natürlich über alle Maßen.

In jener Zeit hatte Kia einen geheimnisvollen Traum. Eines Nachts erschien plötzlich sein Vater Kopowe vor seiner Schlafmatte und sprach ihn zornig an:

«Was ist mit Okani? Warum kümmert ihr euch nicht um sie? Seit je habt ihr sie nicht gut behandelt. Ihr habt mich wütend gemacht. Ich werde euch schädigen, das werdet ihr bald sehen.» Kia hielt den Traum geheim.

Am Morgen nach jener Traumnacht fütterte meine Stiefmutter Uni wie üblich die Schweine im Haus. Anschließend brachte sie ihren Söhnen das Frühstück, eine Handvoll Süßkartoffeln, ins Männerhaus. Danach ging sie wieder zurück zu den Schweinen. Plötzlich sah sie, wie den Tieren Blut aus der Nase lief, genau so, als hätte man ihnen einen Knüppel auf die Schnauze geschlagen. Die Schweine begannen zu torkeln, eins nach dem anderen fiel um und verendete.

Uni rief erschrocken nach ihren Söhnen. Kia und Damu kamen aus dem Männerhaus und fanden die sechs Schweine in den letzten Zügen. Ratlos standen sie herum und rätselten über die Ursache des plötzlichen Schweinesterbens.

Da rückte Kia mit der Sprache heraus und erzählte von seinem geheimnisvollen Traum:

«Kopowe hat seine Drohung wahrgemacht. Er ist mir in der letzten Nacht im Traum erschienen und hat mir erzählt, daß er uns schädigen wird.»

Bestürzt sahen sich alle an. Wer hätte so etwas vermutet. Kopowes Seele hatte sich an der geizigen Uni mit ihren zwei Söhnen und drei Töchtern gerächt. Er hatte seine Familie um den gesamten Schweinebesitz gebracht. Mehr noch, aus unerklärlichen Gründen war das Schweinefleisch ungenießbar geworden. Ein einziger Bissen dieses Fleisches verursachte bei allen Brechreiz und Übelkeit. Die Schweine wurden vergraben.

Nach dem denkwürdigen Vorfall sandte Uni einen Boten nach Rurape, sie und die Sippe wollten mit mir sprechen. Ich schickte ihn mit der Antwort zurück:

«Wenn ihr etwas zu besprechen habt, so kommt nach Rurape. Ich werde nicht zu euch nach Ruraro kommen.»

Am nächsten Morgen standen alle fünf Halbgeschwister vor meinem Haus und drängten mich, mit nach Ruraro zu kommen.

«Nachdem Vater euch bestraft hat, wißt ihr wieder, wer ich bin, wo ich wohne und wie ich heiße.»

Verlegen standen sie herum und wußten keine Antwort.

Zu Ehren meines Vaters schlachtete ich ein Schwein und schickte die Schweineseele zu ihm. Das geschlachtete Schwein aber, dazu 20 Dollar und auch das Netz meines Vaters gab ich meinen Angehörigen mit und sagte:

«Geht schon voraus, ich werde nachkommen.»

In Ruraro war die ganze Sippe versammelt und bereitete mir einen herzlichen Empfang.

Sie schlachteten ein Huhn für mich, gaben mir zwanzig Dóllar und drei wertvolle *rumba-rumba*-Federn. Ich war gerührt und sagte schließlich:

«Wollen wir alles vergessen, was früher war, und uns von nun an wieder gegenseitig besuchen.»

Die Alten der Sippe jubelten und stimmten ein Freuden-*Singsing* an.

Die Beziehungen zu Ruraro blieben seither ungetrübt. Die gegenseitige Hilfeleistung funktionierte wie noch nie. Die Seele Kopowes hatte diese Wandlung ausgelöst.

Ebenfalls in dieser Zeit trat die katholische Mission in unserem Stammesgebiet verstärkt in Erscheinung. Durch die Missionierung der Lutheraner und der Katholiken kam das Christentum zu uns. Ich hörte zu und fand die Gebote Gottes sehr menschenfreundlich, ebenso den weißen katholischen Missionar, mit dem ich über die Berge zog und als Dolmetscher und Katechistin meinen Stammesgenossen die Worte des Heiligen Buches übersetzte.

Eines Tages war es dann soweit. Ich wurde getauft und hieß von nun an Maria Okani.

Kindino wollte noch mit der Taufe warten, da er nicht wußte, wie viele Schönheiten er noch beglücken würde.

Meine Adoptivtochter Maine war mittlerweile zu einem heiratsfähigen Mädchen herangewachsen und wurde von der Sippe ihres Bräutigams zu einem «fetten» Brautpreis gekauft.

Doch es bot sich bald eine Gelegenheit, wieder ein Kind zu adoptieren. In einem Nachbardorf setzte eine Mutter ihr neugeborenes Kind aus. Da der Vater des Knaben unbekannt blieb, wollte ihn die Sippe nicht annehmen. So kam ich zu meinem Sohn, denn mir blieb es leider versagt, eigene Kinder zu bekommen. Der Junge wurde auf den Namen Michael getauft.

Nur spärlich dringt das Tageslicht durch die dichten Laubbäume auf den feuchten, glitschigen Pfad. Die Stämme der Urwaldriesen sind von Moos und Farnen überwuchert. Mannshohes Gestrüpp mit abertausend Dornen erschwert den ohnehin steilen Aufstieg. Von jenseits des Berges quellen Nebelschwaden über den bewaldeten Bergrücken.
Wenige Schritte vor uns erhebt sich mit kräftigem Flügelschlag ein brauner Raubvogel steil in die Lüfte und verschwindet im milchigen Dunst.
Der Pfad wird immer verwachsener und endet schließlich vor einer mächtigen Felswand. In kleinen Nischen sitzen friedlich die Toten und blicken auf uns herab. Die bleichen Skelette wirken unheimlich im Dämmerlicht des Regenwaldes. Ihre Seelen wohnen wohl irgendwo zwischen Himmel und Erde. Schweigend gehen wir zurück, denn wir wollen sie nicht stören.

Die weiße Häuptlingsfrau war nicht erwünscht

Knapp zwei Monde nach dem großen *Christmas-Singsing*, das mit Tanz, Schweinefleisch, Bier und Raufereien gefeiert wurde, ließ uns eine Schreckensmeldung aufhorchen. Mit Windeseile verbreitete sich die Nachricht vom Kommen einer großen weißen Häuptlingsfrau in unserer Bergwelt – was ja noch nichts Besonderes gewesen wäre. Aber es hieß, daß ihre Zauberkräfte allen kinderlosen Frauen Unheil, Krankheit, sogar Tod brächten.
Diese Nachricht bereitete uns schlaflose Nächte. Überall in den Dörfern herrschte große Aufregung. Die Männer waren um das Leben ihrer Frauen und Töchter besorgt. «Was könnte man dagegen tun, wie könnte man sich schützen?» fragten alle Betroffenen.
Auch ich fühlte mich etwas unwohl in meiner Haut, denn ich war nicht sicher, ob dieser Zauber auch bei mir wirken könnte. Zwar hatte ich zwei Kinder adoptiert, aber doch kein eigenes auf die Welt gebracht.
Zusammen mit Kindino ging ich auf die Polizeistation, um Näheres

zu erfahren. Die Polizisten sahen uns nur ungläubig an und sagten, daß sie von all dem nichts wüßten. Der *Kiap* sei nach Goroka gefahren und käme erst nach dem Besuch der Häuptlingsfrau zurück.

Da fiel mir der Missionar ein. Als wir ihm die Nachricht erzählten, lachte er uns aus und meinte, wir sollten einen solchen Unsinn nicht glauben. Aber er selbst glaubte ja schließlich auch an gute und böse Geister.

Zweifelnd und verunsichert kehrte ich mit meinem Mann wieder zurück nach Rurape.

Auf dem Dorfplatz waren alle Leute versammelt und lauschten der *pidgin*-Stimme aus dem Batterieradio. Die Stimme sagte, daß in wenigen Tagen die weiße Häuptlingsfrau nach Goroka kommen würde. Die Bewohner der Stadt sollten die große Frau am *ples balus,* dem Flugplatz, begrüßen. Weiter sagte die Stimme, daß alle Leute die Stadt saubermachen sollten.

Es mußte sich um eine sehr mächtige Häuptlingsfrau handeln, denn immer wieder sprach die Radiostimme von ihr und nannte auch ihren Namen. Sie hieß *Misis Kwin Elizabeth namba tu.*

Nun war es ganz sicher, daß die Zauberfrau kommen würde. Die Alten hatten sich im Männerhaus versammelt und besprachen, welcher Gegenzauber angewandt werden könnte, um das Leben der Frauen und Mädchen zu retten. Denn auch jedes Mädchen, das seine erste Periode hinter sich hatte, wäre von dem bösen Zauber belastet.

Kono, der greise Medizinmann unserer Sippe, wußte Rat. Er erinnerte sich an eine wirkungsvolle Zauberzeremonie, die bei Bedrohungen solcher Art schon von seinem Vater und Urgroßvater erfolgreich praktiziert wurde. Man wollte und durfte keine Zeit verlieren.

Die gesamte Dorfschaft wurde vor das Männerhaus gerufen. Der alte Kono beruhigte uns mit den Worten:

«Habt keine Angst vor dieser *Misis.* Ihr Zauber wird euch nichts anhaben können, denn der Geist meines Vaters hat mir den Gegenzauber gesagt.»

Am späten Nachmittag hatten wir uns alle vor dem Männerhaus eingefunden. Frauen ohne Kinder sowie die gefährdeten Mädchen brachten Opfergaben mit. Wer kein Schwein hatte, brachte ein Huhn, wer dies nicht besaß, lieferte Reis oder Süßkartoffeln. Schweine und Hühner wurden geschlachtet und mit Reis und Gartenfrüchten gekocht. Die Ältesten der Sippe trugen das Essen in das Männerhaus und legten es in Schüsseln und Bananenblättern auf dem Boden aus.

Erst bei Einbruch der Abenddämmerung kam der alte Kono aus dem Männerhaus und forderte alle auf, im großen Haus Platz zu nehmen. Alles verlief in größter Ruhe, es wurde weder gerufen noch geschimpft. Jeder besann sich dieser ernsten Zeremonie; auch ich hoffte, daß sie mir Schutz geben möge.

Mit einem *fikomba*-Farnblatt in der Hand schritt Kono im Männerhaus auf und ab. Dabei sprach er unverständliche Zauberformeln, deren Sinn nur er wußte.

Dann begab er sich zu jeder Betroffenen, murmelte magische Worte und legte ihr das *fikomba*-Blatt für wenige Augenblicke auf den Kopf. Dabei riß er stets einige Haare aus und wickelte sie um den Stiel des Blattes. Nachdem Kono alle Haare zusammen hatte, umwickelte er den Ballen mit Rindenschnur und band ihn an den Giebelpfosten in der Mitte des Männerhauses. Er setzte sich davor und sprach mit lauter Stimme:

«Sonne da oben, schlage nur den *Kiomba*-Vogel, aber schieße nicht den *Kafare*-Vogel. Du weißer *Kiomba*-Vogel bist stark; trifft dich ein Pfeil, so brichst du ihn mit deinem Schnabel ab und erhebst dich in die Lüfte. Du *Kafare*-Vogel bist klein und schwach. Trifft dich ein Pfeil, so fällst du zu Boden und stirbst. *Foi wai*, Sonne da oben, gib den Frauen und Mädchen unserer Sippe die starke Kraft der *Kiomba*-Vögel, damit ihnen der böse Zauber der weißen Häuptlingsfrau nichts anhaben kann. *Foi wai*, Sonne da oben, nimm unseren Frauen und Mädchen die Schwäche des *Kafare*-Vogels, damit sie nicht durch starkes, unstillbares Periodenbluten sterben müssen. *Foi wai*, Sonne da oben, nimm die Seelen unserer Schweine. Wir nehmen deinen Schutz in Anspruch.»

Noch immer herrschte absolute Ruhe. Kono hatte sich erhoben und hielt mit geschlossenen Augen das Farnblatthaarbündel fest. Auf einmal wurde er wie von unsichtbaren Händen geschüttelt. Kono hielt die Augen dabei geschlossen, verzerrte nur das Gesicht, als ob er Schmerzen ertragen müßte.

Es dauerte nicht lange, dann stand er wieder ruhig vor dem Pfosten. Über ihm baumelte das Farnblatthaarbündel.

Endlich öffnete er seine Augen, blickte ernst in die Runde und sagte schließlich:

«*Foi wai* hat das Opfer aller angenommen. Ihr habt jetzt seinen Schutz. Die weiße *Misis* kann kommen, ihr Zauber wird wirkungslos bleiben.»

Wir atmeten alle auf. Die Angst vor dem todbringenden Besuch war wie weggeblasen. Mit der neugewonnenen Lebensfreude ließen wir uns das Festmahl zu Ehren von *Foi wai* schmecken.

Die *Misis Kwin Elizabeth namba tu* kam und ging wie der Tag. Ihr Zauber hatte uns nichts anhaben können. Keine unserer Frauen oder Mädchen wurde krank, denn *Foi wai,* was Sonne oder Gott heißt, hat uns alle beschützt.

Nach diesem Ereignis kehrte wieder der Alltag ein. In den Monden Juni und Juli wurden die Kaffeebohnen rot und reif. Das bedeutet Erntezeit in unserem Hochland. Jung und alt sind dann damit beschäftigt, die Bohnen zu pflücken, sie zu schälen, zu trocknen und schließlich zu verkaufen.

So vergingen die Monde, und bald wurde das *Christmas-Singsing,* das Mission und Regierung eingeführt hatten, wieder gefeiert. Mit diesem neuzeitlichen Geburtstags-*Singsing* zu Ehren von Gottes Sohn wurden gleichzeitig in all unseren Dörfern entlang der Hochlandstraße laute *Christmas-Parties* gefeiert. Das Bier machte manche von uns verrückt: wie von bösen Geistern besessen, schlugen viele aufeinander ein, hin und wieder wurden sogar Leute erschlagen. Schuld daran war eigentlich immer das Bier.

Bald darauf kam eine Zeit, in der wir fast täglich von Nachrichten regelrecht überrollt wurden. Nur wenige aus unserem Dorf wußten überhaupt, was das alles zu bedeuten hatte. Man erzählte uns, unser Land würde bald von den Weißen frei sein. Viele Weiße müßten dann – es wurde ein bestimmter Tag genannt – unser Land verlassen. Die Jugend sprach nur noch von National-Day und Independence, unser Land sollte bald unabhängig werden. Doch was all dies bedeuten sollte, das weiß ehrlich gesagt heute noch kaum jemand in unserem Dorf. Viel aufregender war die Nachricht, daß der Sohn der großen weißen Häuptlingsfrau anläßlich des großen Unabhängigkeits-*Singsing* kommen würde. Die Radiostimme erzählte, daß er sogar die Chimbu in Kundiawa, aber auch Goroka besuchen würde. Doch von dem weißen Häuptlingssohn war keine Gefahr zu erwarten, und so sahen wir dem großen Tag gleichmütig entgegen.

Dieser für Niugini so bedeutsame Tag wurde in unseren Dörfern genauso wie das *Christmas-Singsing* gefeiert. Wir schlachteten Schweine und tranken viel Bier. Die Wirkung der bösen Geister war wieder erschreckend.

Der Weg durch die Tropfsteinhöhlen ist schlecht, das Gehen mühsam. Zwei Bambusfackeln und eine Gaslaterne geben uns ausreichend Licht. Auf dem nassen, rutschigen Kalksteinboden kommen wir nur langsam vorwärts.

Vorsichtig gleiten wir etwa zehn Meter tief an einer steilen Felsplatte hinunter und stehen in einer kleinen Höhle. Der Weg scheint hier zu enden. Doch eine schmale, kaum sichtbare Öffnung führt in die tiefere Unterwelt. Eine gewaltige Tropfsteinhöhle nimmt uns auf.

In einer großen Nebenhöhle rauscht fast drohend ein Fluß. Wir können nur wenige Schritte weit sehen, denn die totale Dunkelheit absorbiert das Licht. Mein elektronisches Blitzlicht läßt erkennen, daß Hunderte von Fledermäusen in dem hohen Felsengewölbe hängen und schlafen.

Vor einer Nische, die von zwei gewaltigen Tropfsteinen gestützt ist, entdekke ich eine verlassene Feuerstelle. Gebückt krieche ich im Licht der Gaslaterne in die Felsenkammer und schrecke plötzlich zurück. Das vollständige Skelett eines Menschen liegt an einer Wand der kleinen Höhle. Zwischen den Rippenbögen steckt eine abgebrochene Pfeilspitze. Ich mache meine beiden Begleiter auf den Fund aufmerksam. Ängstlich weichen sie zurück und bitten mich, die Höhle sofort zu verlassen. Ihre Furcht vor dem Totengeist ist groß.

Die Totengeister leben unter uns

Genau einen Mond nach der Unabhängigkeitsfeier unseres Landes wurde ich eines Morgens von einem geheimnisvollen Ruf aus dem Schlaf geschreckt: «Mondiai – Mondiai!»

Es war, als ob jemand in mein Ohr geschrien hätte. Ich blickte um-

her, aber niemand war im Haus. Der Ruf erstaunte mich, denn der
Name «Mondiai» war im gesamten Komongu-Stamm unbekannt.

«Eigenartig», dachte ich, stand auf und rief Kindino, der sogleich mit
anderen Leuten herbeieilte.

«Habt ihr soeben das Rufen gehört?» fragte ich. «Was soll das bedeuten?»

Sie schüttelten die Köpfe und sagten: «Nein, wir haben nichts gehört.
Du hast sicher wieder geträumt.»

Erst dann nannte ich den Namen: «Es wurde zweimal ‹Mondiai› gerufen.»

Kindino und die anderen Männer stutzten, sahen sich erschrocken an
und sagten schließlich: «Das war der Totengeist. Er rief nach Mondiai.»

Kindino schlug die Hände zusammen und rief:

«Natürlich, jetzt kann ich mich wieder entsinnen. In einem Kampf
vor langer Zeit – wir waren noch nicht verheiratet – wurden an dieser Stelle, wo nun der Wohnraum ist, drei Komengarega-Männer
von den Komongu niedergeschossen und getötet. Einer von ihnen
hieß ‹Mondiai›.»

Die Männer bestätigten Kindinos Aussage und zogen sich nachdenklich ins Männerhaus zurück.

Während ich Süßkartoffeln fürs Frühstück zubereitete, klapperte die
uralte Kendi – sie war über neunzig Jahre alt – ins Haus und setzte
sich an die Feuerstelle. In Gedanken versunken blickte sie in die
Flammen, schaute dann auf und sagte:

«Okani, ich werde sterben, bevor ein Zaun um euren neu angelegten
Garten gezogen wird. Mein toter Körper wird dann weggetragen,
aber meine Seele möchte in deinem Haus wohnen.»

Ich gab ihr eine Süßkartoffel und bat sie:

«Wenn es einmal soweit ist, und du gehst ins Reich der Ahnen, gib
mir bitte ein Zeichen. Laß mich wissen, daß du bei mir bist.»

Kendi lächelte zufrieden, aß ihre Kartoffel und sagte:

«Du hast dich jahrelang um mich gekümmert und mir nur Gutes getan. So werde ich nach meinem Tod stets bei dir sein und dich beschützen.»

Am nächsten Morgen wurde Kendi plötzlich krank. Sie fühlte sich kraftlos und müde und lehnte das Essen ab. In ihren Augen lag ein eigenartiger Glanz. Ihre knochigen Hände hielt sie fest in den meinen und flüsterte mir zu:

«Okani, jetzt ist es bald soweit. Ich gehe nach drüben, aber ich werde dich beschützen. Weint nicht um mich und begrabt mich ohne Totenklage.»

Kendi lag ruhig mit geschlossenen Augen in meinen Armen. Trotz ihrer unzähligen Falten wirkte ihr Gesicht entspannt, es schien, als läge ein feines Lächeln in ihren Zügen. Ohne die Augen zu öffnen, flüsterte sie: «Ein Licht, ein Licht, es wird immer heller.»

Ein leises Zittern ging durch ihren Körper, der letzte Atemzug, ein Röcheln – Kendi war tot.

Kurze Zeit darauf trat Kindino ins Haus und sagte: «Ich gehe in den Busch und werde Bauholz schlagen für unseren neuen Gartenzaun.»

Kindino verschwand gleich wieder; er glaubte, die alte Kendi schliefe. Wie recht hatte sie mit ihrer Voraussage gehabt...

Zur gleichen Zeit war Rumuwe von der Nimalere-Sippe in Kurefu, oberhalb Rurape, krank geworden. Noch wenige Tage zuvor hatte er der alten Kendi Feuerholz gebracht. Jetzt, als Kendi tot war, lag auch er im Sterben.

Vor den Leuten im Männerhaus sagte er: «Ich war ein Taugenichts. Ich werde keinen guten Platz im Himmel bekommen, ich komme in das große Feuer.»

Schweigend standen die Männer um sein Sterbelager. Dann sagte Rumuwe: «Ich spüre eine große Hitze in mir», rang nach Luft, bäumte sich auf und sackte mit weit aufgerissenen Augen zusammen.

Rumuwe ging nur wenige Stunden nach Kendi ins Reich der Toten.

Für Kendi gab es keine Totenfeier, denn wir hatten sie ja zu ihren Lebzeiten bereits begangen. Während sich der Leichenzug mit der toten Kendi schweigend zum nahen Friedhof bewegte, schaufelte ich zusammen mit fünf Männern das Grab. Plötzlich hörten wir in unmittelbarer Nähe das Blasen von Muschelhörnern, das sich öfters wiederholte, bis der Trauerzug den Friedhof erreichte. Dann war es wieder still. Sonderbar, unerklärlich, denn niemand außer uns war auf dem gut überschaubaren Friedhof. Hatte die Seele Kendis bereits ein Zeichen gegeben? Ratlos standen wir umher.

Einer der Männer sagte: «Diese Muschelhörner haben die Salzwasser-leute, sie geben damit Signale.»

Keiner von uns wußte recht, was dies zu bedeuten hatte. Schließlich legten wir Kendi ins Grab und schaufelten es zu.

Nach dem Begräbnis ging ich mit zwei Frauen hinauf nach Kurefu. Rumuwe lag aufgebahrt im Haus seines Sohnes und wurde von seinen Angehörigen betrauert.

Wir gingen in die Kochhütte von Rumuwe und bereiteten die Abendmahlzeit zu. Schweigsam saßen wir um den Kochtopf und warteten, bis die Gartenfrüchte gar waren.

Neben der Feuerstelle hing eine *yamu*-Frucht, mit Rindenschnur an einer Dachstange festgemacht. Diese und andere Früchte werden zum Schutz gegen Ratten und Mäuse in den Hütten so aufbewahrt.

Auf einmal begann die *yamu*-Frucht sich ruckartig hin und her zu bewegen. Niemand von uns hatte sie berührt. Immer heftiger schwang sie nach beiden Seiten aus und berührte fast das Grasdach.

Kendi, schoß es mir durch den Kopf, «Kendi gibt uns ein Zeichen», sagte ich zu den beiden Frauen. «Wir brauchen uns nicht zu fürchten», beruhigte ich die Verängstigten. Im nächsten Augenblick hing die Frucht wieder reglos an der Schnur.

Rumuwe wurde am nächsten Tag begraben. In der Nacht danach gab es ein großes Gepolter im Dorf. Die Bewohner wurden aus dem Schlaf gerissen: Kinder schrien und klammerten sich an ihre Mütter, die Männer griffen zu Pfeil und Bogen und rannten aus dem Männerhaus.

Aber der Dorfplatz lag leer und verlassen im Mondlicht. Kein Mensch, niemand war zu sehen. Der Krach war schlagartig verstummt, noch ehe man feststellen konnte, woher dieses unerklärliche Geräusch kam.

Die Leute zogen sich wieder in ihre Hütten zurück und schlossen die Türen.

Plötzlich noch mal furchtbares Gepolter. Der Lärm kam aus den sieben Kochtöpfen, die in der Mitte des Dorfplatzes fest eingegraben standen. Deutlich sah man, wie Kochsteine hochgeschleudert wurden und polternd in die Benzinfässer zurückfielen. Nur wenige Augenblicke dauerte der Spuk, dann war alles wieder ruhig.

«Wie können Steine von allein in die Luft fliegen?» fragten sich die Männer und hielten Rat.

Es gab keinen Zweifel: der Totengeist von Rumuwe war noch im Dorf. Ängstlich, geplagt von der Ungewißheit über seine Rückkehr, saßen die Bewohner um ihre großen Hausfeuer und warteten auf das Morgengrauen.

Sofort wurde die Nachricht «Rumuwes Totengeist ist unter uns» in alle Nachbardörfer gerufen. Das war uns allen eine Warnung: jeder beschmierte sein Gesicht dick mit Lehm, um von dem wildgewordenen Totengeist nicht erkannt zu werden. Wir hatten Rumuwe noch gut in Erinnerung. Er war ein sehr jähzorniger Mensch gewesen. In seinen gefürchteten Wutanfällen schlug er alles kurz und klein. Mit Vorliebe warf er Kochsteine auf dem Dorfplatz umher und stürzte Kochtöpfe um.

Die ursprünglichen Holzkochtöpfe waren in den Dörfern entlang der Hochlandstraße weitgehend durch leere Benzinfässer ersetzt worden. Sie wurden etwa zu einem Drittel ihrer Höhe fest in die Erde vergraben. Zusätzlich wurde der Boden um die Kochtonnen mit Rundhölzern festgerammt und mit schweren Steinen belegt, auch das Innere der Tonne war teilweise mit Steinen gefüllt. Diese so befestigten Töpfe konnte kein Mann umwerfen.

Doch in der darauffolgenden Nacht geschah etwas Unfaßbares: die Leute wurden durch lautes Schlagen an ihre Haustüren aus dem Schlaf geschreckt, aber niemand stand vor ihren Türen. Plötzlich sahen sie, wie der Reihe nach die sieben Kochfässer von selbst umkippten und wie von unsichtbarer Hand durch das Dorf gewälzt wurden. Die Männer schossen mit Pfeilen knapp an den Tonnen vorbei, sie wollten die Totengeister verjagen. Aber unbeirrt rollten die Behälter weiter hinaus aus dem Dorf und mit Getöse einen Abhang hinunter. Totenstille lag über dem Dorf. Der Spuk war vorbei.

Soviel stand fest: wir hatten es mit mindestens sieben Totengeistern zu tun. Denn einer allein hätte nicht gleichzeitig sieben Kochtonnen bewegen können. Rumuwe war also in Begleitung anderer Totengeister am Werk.

Nach dieser zweiten Spuknacht geisterte es ungefähr noch vierzehn Tage im Dorf. Die Seele Rumuwes fand keine Ruhe. Jede Nacht wurde eine verschlossene Haustür polternd aufgerissen, die Bewohner wurden von einem kalten Windstoß zu Boden gerissen.

Die Nimalere-Sippe beschloß, für die unruhige Seele Schweine zu opfern. Jede Familie schlachtete ihr größtes Schwein. Die Seelen der getöteten Tiere wurden mit lautem Ruf übergeben: «Rumuwe, nimm die Seele unseres Schweines und laß uns in Frieden.»

Auch in den umliegenden Dörfern wurden einige Schweine für den Totengeist geschlachtet.

Rumuwes Seele zeigte sich versöhnt. Seit dem Opfer-*Singsing* blieben die Nächte ruhig. Allmählich fanden die Leute wieder Schlaf.

Der Wald am Ufer wirft lange Schatten über den Bergfluß. An dieser Stelle ist er besonders breit, und das Wasser gleitet fast geräuschlos dahin. Doch nur wenige hundert Meter flußabwärts verwandelt er sich wieder in ein tosendes Ungeheuer.

Ich sitze auf einem glattgewaschenen Felsblock, den das Wasser im Laufe der Zeit aus den Bergen hierher geschoben hat. Eine Frau gesellt sich zu mir. Sie ist noch jung und schön anzusehen. Ihr wohlgeformter Körper läßt darauf schließen, daß ihr die Kinderfreuden noch bevorstehen. Ihr schmaler Lendenschurz harmoniert mit ihrer makellosen Gestalt, und in ihren Augen liegt etwas Unaussprechliches. Ihr ruhiger, unschuldiger Blick trifft mich tief.

Begegnung mit einer *masalai*

Nicht unerwähnt lassen möchte ich die vielen Begegnungen mit den Buschgeistern. Auch hier mögen wieder die Weißen die Köpfe schütteln, aber was wissen sie schon von unserem Leben und von unserer geheimnisvollen Bergwelt?

Die Buschgeister, in *pidgin english* auch *masalai* genannt, wohnen in Flüssen, auf Felsen oder in unbewohnten Gegenden. Die *masalai* sind allen Bewohnern des Hochlandes bekannt und werden gefürchtet. Sie kommen meist in Menschengestalt, häufig nehmen sie das Aussehen längst Verstorbener an, aber auch das von Lebenden. Die *masalai* halten uns Menschen zum Narren, und nicht selten werden Leute dabei geschädigt oder gar getötet.

Mein letztes *masalai*-Erlebnis hatte ich 1979 in Rurape.

Damals hatte sich Runefa nur zwei Baumlängen von meinem Haus entfernt, zwischen Fluß und Hochlandstraße, ein zweites Haus gebaut. Sein ursprüngliches Haus stand in Kurefu und wurde von seiner Familie bewohnt. Runefas Frau Kama stammte aus einem chimbusprachigen Stamm westlich von Chuave.

Eines Tages, als Runefa bereits das Haus unten am Fluß bewohnte, kam überraschend Anamo, eine junge Schwester der Kama, zu Besuch. Es war kurz vor Sonnenuntergang. Sie fand nur Runefa zu Hause und sagte:

«Ich bin unterwegs nach Goroka. Auf der Straße erzählten mir Leute, daß du hier ein Haus gebaut hast. Und da ich neugierig bin, wollte ich es mir ansehen. Wo ist eigentlich Kama?»

Runefa antwortete: «Kama ist oben im Garten oder schon in Kurefu. Sie wird gleich zurückkommen. Du solltest nicht allein nach Goroka gehen, schon gar nicht kurz vor Einbruch der Dunkelheit. Warte bis morgen, dann können andere mit dir gehen.»

Ich stand hinter dem Haus, von beiden unbemerkt, und lauschte dem Gespräch. Von meinem Haus hatte ich das Mädchen kommen sehen. Dabei fiel mir sein sonderbarer Schritt auf: es schien, als würde es beim Gehen den Boden kaum berühren.

Eine *masalai*, war mein erster Gedanke. Denn sollte es keine gewesen sein, wie kommt es dann, daß ein Mädchen allein auf der Straße umhergeht. Das war um diese Tageszeit ganz außergewöhnlich, für ein Mädchen war es einfach undenkbar, ja unmöglich, das Dorf zu verlassen und stundenweit davonzugehen. Vorsichtig blickte ich durch die Mattenwand des Hauses und sah das Mädchen am Feuer sitzen. Runefa saß ihm gegenüber und sah es mißtrauisch an. Zu meiner Verwunderung entdeckte ich im Gesicht des Mädchens an Augen und Ohren je zwei rote Flecken, die ich mir nicht erklären konnte.

Anamo sagte nun: «Du solltest hier nicht wohnen. Verlaß das Haus und zieh zurück nach Kurefu.»

Mein Verdacht wurde bestätigt. Wie konnte das Mädchen so reden? Es war und ist nicht üblich, daß Frauen oder Mädchen den Männern solche Vorschriften machen.

Runefa schwieg, er fühlte sich irgendwie unbehaglich.

«Wir rauchen mal eine», sagte plötzlich das Mädchen und zündete zwei Zigaretten an.

Da erhob sich Runefa, nahm die Zigarette und sagte: «Ich gehe hinunter zum Fluß, um nach Kama zu sehen.»

Vor dem Haus nahm er einen Zug aus der Zigarette. Noch ehe er den Rauch wieder ausblies, fing auf einmal sein ganzer Körper an zu zittern. Es war schrecklich, es mit anzusehen. Runefa schleppte sich zitternd zum Fluß, setzte sich hin, um das Zittern zu unterdrücken, doch es gelang ihm nicht.

Er ging ins Haus zurück, doch das stand leer. Das Mädchen war verschwunden, ganz plötzlich, wie vom Erdboden verschluckt.

Runefa suchte, eilte auf die Straße und fragte die Leute. Doch niemand hatte ein Mädchen gesehen.

Während Runefa weitersuchte, schlich ich mich unbemerkt hinüber zu meinem Haus. Es dauerte nicht lange, da kam er zu mir und fragte mich ganz unglücklich: «Ist meine Schwägerin Anamo nicht bei dir?» «Nein», erwiderte ich.

Kopfschüttelnd und zitternd ging er zu seinem Haus. Nach einer Weile kam seine Frau Kama aus dem Garten zurück. Runefa erzählte ihr sofort, daß Anamo dagewesen sei, aber jetzt war sie spurlos verschwunden. «Wenn es Anamo war», sagte seine Frau, «dann wäre sie nicht weggegangen, schon gar nicht um diese Zeit. Sie wäre über Nacht geblieben. Warum zitterst du so? Bist du krank?»

«Das Zittern ist ganz plötzlich gekommen», erwiderte Runefa, «so wie Anamo.»

Seine Frau sah ihn auf einmal mit großen Augen an und fragte ihn erschrocken: «Ist vielleicht eine *masalai* zu dir gekommen?»

Runefa widersprach heftig und sagte: «Nein, nein, es war deine Schwester, doch was sie mir sagte, fand ich sehr ungewöhnlich. Sie meinte, ich solle das Haus hier verlassen und wieder nach Kurefu ziehen. Dann gab sie mir eine Zigarette, ich ging vor das Haus, nahm einen Zug, und im selben Moment fing ich an zu zittern.»

«Und du glaubst wirklich, es war Anamo?» fragte Kama zweifelnd.

Runefa schwieg und starrte ins Feuer.

Drei Tage nach dieser rätselhaften Begegnung besuchte Kamas Mutter mit Tochter Anamo unser Dorf.

Runefa, seine Frau und ich erkundigten uns, ob Anamo vor drei Tagen allein hier gewesen sei. Mutter und Tochter verneinten.

«Anamo half mir tagsüber im Garten, und abends war sie bei mir im Haus. Ihr müßt euch wohl getäuscht haben», sagte Kamas Mutter. «Oder», meinte auch sie nachdenklich, «es war eine *masalai*.»

Runefa und Kama sahen sich nun gezwungen, nach Kurefu zurückzuziehen. Das Zittern des Runefa aber blieb. Seine Frau bekam Angst, sie glaubte, das Zittern würde sich auch auf sie übertragen. Sie verließ ihn.

Dem armen Runefa ist bis heute das Zittern geblieben. Wir sind alle überzeugt, daß jener Platz, auf dem Runefa das Haus damals errichtete, ein Ort der *masalai* war. Sie wollten nicht, daß Menschen dort wohnten. So wurde Runefa von einer *masalai* zurückgewiesen und mit dem ewigen Zittern geschlagen.

Runefas Haus wurde abgebrochen und der Platz mit einem Zaun eingefaßt. Der *tabu*-Platz darf von niemandem betreten werden. Seither haben uns die *masalai* hier in Ruhe gelassen.

Es regnet. Sturm peitscht die Blätter von den Bäumen, armdicke Äste knikken wie Schilfrohr.

Das Unwetter tobt die ganze Nacht hindurch. Die Bewohner des Dorfes finden keinen Schlaf. Unruhig kauern die Männer um die Feuerstelle und rauchen schweigend ihre langen Buschzigaretten.

Hin und wieder werden sie von unheimlichen Geräuschen aufgeschreckt. Ihre Blicke wandern ängstlich umher. Die Giebelpfosten des Hauses beginnen leicht zu zittern, das Dachgebälk knarrt bedrohlich in den Lianenbindungen. Windböen heulen wie Sirenen, das Grasdach ist vom Regen schwer geworden.

Wieder läßt uns ein Geräusch aufhorchen. Das Knacken und Rauschen wird immer lauter. Plötzlich ein Schlag, eine Erschütterung, einige Augenblicke bebt der Boden, dann ist es wieder ruhig. Nur noch der Regen prasselt monoton auf das Hüttendach.

Wenige Schritte vom Haus entfernt liegt ein riesiger entwurzelter Urwaldbaum. Seine Äste haben sich tief in den Lehmboden gerammt.

Das Schicksal hat für uns entschieden. Mit dem Morgen kommt wieder die wärmende Sonne.

Ein *sangguma*-Erlebnis

Das jüngste *sangguma*-Erlebnis hatte ich im Mai 1979. Wie alle *sangguma*-Ereignisse war auch dieses sonderbar und rätselhaft. Zum Glück wurde dabei niemand geschädigt, denn *sangguma* heißt jener böse Zauber, den viele Menschen in sich tragen. Durch ihn können Leute krank, ja sogar getötet werden. Doch diese Begebenheit zeigte nur die große Zauberkraft, die alle *sangguma*-Personen besitzen.

Es war an einem frühen Abend kurz nach Einbruch der Dunkelheit, als ich für Kindino das Abendessen kochte. Da hörten wir plötzlich vom nahen Kurefu her eine Frau rufen: «Leute, kommt schnell, ich habe etwas Eigenartiges gehört.» Kindino sprang auf, nahm eine brennende Bambusfackel und sagte:

«Komm mit, da muß etwas Besonderes los sein», und rannte aus dem Haus.

Die Neugier trieb viele Bewohner der umliegenden Dörfer nach Kurefu, denn aus allen Richtungen sah man brennende Bambusfackeln sich auf das Dorf zu bewegen.

«Was ist geschehen?» riefen die Leute durcheinander.

«Hier bin ich, kommt hierher», rief eine Frau hinter einer Hütte hervor.

Die Ruferin stand mit einer Fackel bei einer Toilette.

«Was ist los? Warum hast du gerufen?» fragten einige Männer.

Aufgeregt erklärte sie: «In der Toilettengrube ist es nicht ganz geheuer. Als ich mich gerade zu einer ‹Sitzung› niederlassen wollte, hörte ich unter mir einen Husten.»

Wir sahen uns alle ungläubig an, dann lachten wir, und einige Männer meinten: «Na ja, das kann schon sein. Das kommt öfters in den Toilettenhäuschen vor. Du hast sicherlich dein eigenes untergründiges Husten vernommen!»

Aber die Frau wies das entschieden zurück:

«Glaubt ihr, ich kann nicht unterscheiden», rief sie in die lachende Menge und behauptete: «Ich bin ganz sicher, da unten in der Grube ist ein Mensch.»

Ein Mann schaute nun durch die schmale Öffnung, ohne etwas zu sehen oder zu hören.

«Gebt mir eine *fea*», sagte er. Aber das Licht der Fackel reichte nicht aus, um die dunkle Grube auszuleuchten.

«Ich kann nichts sehen», meinte der Mann, schüttelte den Kopf und sagte: «Das war wohl doch dein Hinterteil!»

Aber die Frau beteuerte: «Nein, glaubt mir, ich habe mich nicht getäuscht. Aus der Grube hörte ich ein deutliches Husten.»

Ein Mann nahm eine starke Bambusstange und schob sie durch die schmale Öffnung in die Grube. Dann rief er:

«Wenn da unten jemand ist, dann halt dich an der Bambusstange fest. Wir ziehen dich herauf.» Erschrocken fuhr der Mann zusammen, als er merkte, daß die Stange tatsächlich festgehalten wurde. Das Lachen war uns allen vergangen. Da hörten wir eine zaghafte Stimme aus der Grube: «*Namo monowe,* ich bin's.»

Verwundert sahen wir uns an und fragten uns: «Wie kann ein Mensch in eine Toilettengrube fallen?»

Langsam zogen drei Männer die Bambusstange herauf. Auf einmal tauchte aus der kleinen Öffnung ein Kopf heraus.

«*Aijeee*», ging es staunend durch die Menge. «Das ist ja der Kopf von Kifoi.»

Die Männer bemühten sich, das Mädchen ganz heraufzuziehen. Sie zerrten und rissen, aber die Öffnung war zu schmal, als daß sie den Körper hätten herauskriegen können.

Noch einige Leute kamen hinzu, zogen Kifoi samt dem schweren Holzboden der Grubenabdeckung hoch und befreiten sie aus ihrer mißlichen Lage.

Ziemlich beschämt stand sie im Schein der vielen Fackeln inmitten der ungläubig dreinschauenden Bewohner. Sie war an keiner Stelle des Körpers beschmutzt, obwohl die Grube über ein Viertel mit *pek-pek,* mit Exkrementen, gefüllt war.

Uns allen war jetzt klar, daß das Mädchen eine *sangguma* war. Schon ihre verstorbene Mutter war eine *sangguma* gewesen und hatte diesen Zauber offenbar auf ihre Tochter übertragen. – *Sangguma*-Personen essen mit Vorliebe menschlichen Kot.

Einige Männer schlugen auf Kifoi ein und fragten sie: «Wie bist du in die Toilettengrube gekommen? Die Öffnung ist doch so klein, daß kein Mensch hindurch kann. Was hattest du da unten zu suchen?»

Das Mädchen gab keine Antwort. Sie spielte verlegen mit einem abgebrochenen Zweig und starrte auf den Boden.

Ein anderer Mann ging auf sie zu und sprach ruhig auf sie ein: «Du brauchst keine Angst zu haben, wir werden dich ja nicht töten. Wir wollen nur wissen, wie du in die Grube gekommen bist. Hast du dort unten gegessen?»

Kifoi spielte weiter mit ihrem Zweig und sagte endlich leise und verstört, ohne aufzublicken: «Warum ich da unten war? Ob ich da gegessen habe?»

Sie wiederholte lediglich die beiden Fragen. Dann schwieg sie wieder.

Die Leute wußten nichts mit ihr anzufangen. Da trat ihr Vater hinzu, er war sichtlich beschämt und sagte:

«Laßt sie doch in Ruhe und fragt nicht so viel. Sie mußte eben mal zur Toilette gehen.»

Nachdenklich zogen sich die Leute in ihre Häuser zurück. Die Bewohner von Kurefu ließen Kifoi nicht mehr aus den Augen. Einen Monat später zog sie weg und heiratete einen Mann vom Ona-Stamm.

Das Tal ist erfüllt von Motorengeräuschen: jenseits des Flusses liegt die Hochlandstraße. Schwerbeladene Lastzüge rollen mühsam den steilen Abhang hinauf. Oft verschwinden sie in mächtigen Staub- und Abgaswolken. Dann machen nur das Dröhnen der Motoren und das laute Hupen auf die Gefahr aufmerksam.

Das Dorf liegt unweit der Straße, eingerahmt von verstaubten Kaffeegärten. Im Schatten der Häuser sitzen Männer beim Kartenspiel. Im Eingang einer Hütte steht weinend ein kleines Mädchen. Es ist nackt und völlig mit Kot beschmiert. Wo mag die Mutter sein?

Aus einem anderen Haus gellt das Kofferradio. Laute Stimmen und schrilles Lachen begleiten die Rockmusik.

Die Hochlandstraße liegt im goldenen Licht der Abendsonne. Alte Frauen und Männer ziehen mit ihren täglichen Lasten heimwärts. Ihre ausgezehrten Körper lassen auf ein entbehrungsreiches Dasein schließen.

Den Heimkehrenden kommt eine Schar tobender Jugendlicher entgegen. Ihr Gebaren ist roh und brutal: sie haben Alkohol getrunken.

Im Wandel der Zeit

Die 80er Jahre, wie die Weißen heute die Zeit nennen, haben betrüblich angefangen. Unsere Jugend sorgt für viel Aufregung und Unruhe. Auf die Alten hört man schon lange nicht mehr. Sie werden ausgelacht, beschimpft und manchmal sogar geschlagen.

Natürlich ist nicht unsere gesamte Jugend schlecht. Aber ein großer Teil von denen, die entlang der Hochlandstraße wohnen, hat sich völlig verändert.

Ich will nur einige Geschehnisse aus jüngst vergangener Zeit erzählen, die mich wirklich in große Zweifel gebracht haben.

Die letzte *big Christmas-party* war alles andere als eine Geburtstagsfeier zu Ehren des Sohnes Gottes. Die kleinen Kirchenhütten in unseren Dörfern standen fast alle leer. Unser Missionar beklagte sich über den mangelnden Kirchenbesuch.

«Jedes Jahr», so meinte er, «wird es hier schlechter mit den Christen.» Ich mußte ihm recht geben, denn unsere Kirchen waren noch vor wenigen Jahren besser besucht. Doch das Interesse unserer Leute wendet sich mehr und mehr zweifelhaften Dingen zu: mit Radiomusik, Bier und Kartenspiel feierten fast alle Dörfer ihre große *Christmas-party*. Kartonweise wurde das Bier getrunken. Es folgten Streit und Schlägereien. Oft ging es dabei um Geld oder Mädchen.

Das Resultat: zwei Tote, eine Menge Verletzte, Polizei, Gefängnisstrafen, Trauer.

Erst vor wenigen Tagen brach wieder ein offener Kampf aus.

Diesmal lagen sich die Yamowe-Männer und die Komengarega in den Haaren.

Der Grund war die Belästigung einer Frau. Sie war die Schwiegertochter des Groß*councels* Kiya vom Yamowe-Stamm. Die Frau ging allein auf der Hochlandstraße nach Hause und wurde von der Komengarega-Jugend halbwegs vergewaltigt.

Schwer verletzt, mit einem gebrochenen Bein, schleppte sie sich in ihr Dorf und schrie um Hilfe.

Papa Kiya rief seine Männer zusammen und überfiel mit Pfeil und Bogen jenes Komengarega-Dorf, in dem die jungen Leute wohnten.

Im Kampf wurde ein Yamowe-Mann getötet; Papa Kiya wurde von

einem Komengarega-Pfeil in die Brust getroffen. Auf beiden Seiten gab es zahlreiche Verletzte.

Erst nach Stunden rückte die Polizei mit zwei großen Lastwagen aus Goroka an. Sie beendete den Kampf, nahm einige Männer fest und brachte die Verwundeten ins Hospital.

Gestern kam die beunruhigende Nachricht aus dem Krankenhaus: Kiya liegt im Sterben. Und seit gestern treffen die Komengarega-Sippen Kriegsvorbereitungen.

Heute morgen kamen aus Goroka und Kundiawa viele Polizeiautos in unser Gebiet, sie fuhren auf der Hochlandstraße auf und ab. Jeder weiß, wenn der Führer der Yamowe stirbt, bricht wieder einmal ein Krieg aus. Das Gesetz der Blutrache gilt noch heute bei allen Stämmen. Das weiß die Polizei, aber dagegen ist sie oft machtlos.

Übrigens, im gesamten Siane-Gebiet herrscht eine gespannte Situation. Von Watabung bis Chuave wechseln seit Anfang des Jahres ununterbrochen die Kampfplätze. Meiner Ansicht nach waren die vergangenen Zeiten ruhiger. Natürlich gab es auch früher Streit, Kämpfe und Kriege, aber unter den Sippen und Stämmen war viel mehr Ordnung und Zusammenhalt als heute.

Sehr nachdenklich stimmte mich auch folgendes Ereignis, das vor wenigen Tagen direkt vor unserem Dorf geschah:

Unmittelbar vor Rurape stürzte ein schwerbeladener Lastzug den Abhang hinunter. Fahrer und Beifahrer konnten abspringen und sich in Sicherheit bringen.

Die Ursache dieses Unfalles war ein entgegenkommendes Personenauto, dessen Fahrer völlig betrunken war. Um einen Frontalzusammenstoß zu vermeiden, wich der *track*-Fahrer aus, kam dabei ins Schleudern, und dann passierte es: der *track* lag auf dem Dach, und die ganze Ladung im Wert von über 50 000 *Kina* lag weit verstreut in unseren Kaffeegärten. Der betrunkene Fahrer, ein Mann aus Chuave, flüchtete und stürzte kurz vor Watabung aus einer engen Kurve heraus in den Watabung-Fluß. Er starb an Ort und Stelle.

Kurze Zeit darauf wimmelte es von Leuten an der Unglücksstelle, aber nicht unten am Fluß, sondern in unseren Kaffeegärten. Jeder schnappte sich eine Kiste und verschwand. Im Nu war von all den Waren nichts übrig.

Fassungslos schaute ich vor meinem Haus zu. Der Spuk dauerte nur wenige Minuten. Es hatte den Anschein, als sei ein leerer Lastwagen die Böschung hinuntergestürzt.

Als die Polizei eintraf, waren die Diebe längst über alle Berge. Eine einzige Konservenkiste fand die Polizei noch unter einem Kaffeebusch. Und was machte sie – ich traute meinen Augen nicht: Einer von ihnen öffnete die Kiste, nahm einige Corned-beef-Konserven heraus und teilte sie mit seinen beiden Kollegen. Sie setzten sich ins Polizeiauto und hielten Mittagsmahl.

Was soll ich dazu noch sagen? Ich finde das alles nicht in Ordnung.

Wir haben uns sehr geändert, seit die Weißen in unser Land kamen. Der Landkauf von Regierung und Mission brachte schon damals meine Eltern und Großeltern in Unmut.

Dann begannen die Weißen mit dem Bau von Regierungs- und Missionsstationen. Das große Zauberwort *«Job for money»* verbreitete sich von Dorf zu Dorf.

Viele der Männer gingen hinunter zum großen Salzwasser, um dort unter schweren Bedingungen auf den Plantagen der Weißen zu arbeiten.

Nach zwei Jahren kehrten die meisten zurück, aber viele von ihnen waren anders geworden. In ihrer Heimat gefiel es ihnen nicht mehr. Die Arbeit in den Familien- und Dorfgemeinschaften schreckte sie ab; sie sahen darin keinen Sinn mehr, denn sie hatten sich ans Geldverdienen gewöhnt.

Unsere ursprünglichen Zahlungsmittel verloren schnell an Wert und Kaufkraft. Die runden Metallscheiben und die bunten Papierstücke, Shilling und Dollar genannt, wurden plötzlich das Hauptzahlungsmittel. Das war für uns eine große Umstellung. Jeder wollte sich von den vielen neuen Dingen, die die Weißen brachten, etwas kaufen. Aber die Weißen nahmen nur ihr Geld, unsere Zahlungsmittel wie Schweine, Federn oder Muscheln wollten sie nicht. So suchten wir Arbeit bei den Weißen, um ihr Geld zu bekommen und damit ihre Sachen kaufen zu können. Viele Jahre lang waren Hunderte unserer Männer und Frauen beim Straßenbau beschäftigt. Nach und nach wurde die große Hochlandstraße ausgebaut. Darauf fuhren dann die ersten Krach- und Stinkkisten der Weißen.

Heute fahren mehr als 200 *tracks* täglich über den Daulo-Paß und noch mehr Kleinautos und Busse.

Ja, wir sind anders geworden. Das Geld scheint für uns heute das Wichtigste zu sein. Unser Brautpreis zum Beispiel hat sich im Laufe der Zeit völlig verändert. Früher waren es Schweine, Muscheln und kostbare Federn, heute ist es gerade umgekehrt, er besteht fast ausschließlich aus Geld, viel Geld. Eine Braut kostet zwischen 500 und 900 *Kina*. Schweine werden zur Aufwertung des Brautpreises als Geschenke hinzugegeben. Falls die Sippe des Bräutigams einverstanden ist, bringt sie zunächst den hohen Geldbetrag auf. Später muß der Bräutigam seiner Sippe alles zurückzahlen.

Mit der Hochlandstraße kamen die Autos und schweren *tracks*. Die Fahrer waren meistens Leute von der Küste. Sie brachten aus der fernen Salzwasserstadt Lae viele Waren und Güter ins Hochland. Sie brachten auch Bier und Geschlechtskrankheiten. Nicht wenige unserer Mädchen stehen heute an der Straße und machen es für einige *Kina*. Die Eltern dieser Mädchen haben oft nichts dagegen, denn sie leben mit von diesem schmutzigen Geld.

Vor vielen Jahren brachten die Weißen die Kaffeepflanze ins Hochland. Uns wurde gesagt: Pflanzt sie, der Kaffeebaum wird später einmal euer Geldbaum sein. Fast alle Sippen und Familien bearbeiteten ihre zum Teil ungenützten Grundstücke und legten Kaffeegärten an. Die Pflanzen wuchsen schnell, und nach zehn, zwölf Jahren hatten wir die erste Ernte und das erste eigene Geld. Die Kaffeegärten wurden für uns zur wichtigsten Erwerbsquelle.

Gartenfrüchte bauten wir wegen der Kaffeepflanzungen viel weniger an. Die Weißen boten uns für wenig Geld neue Nahrungsmittel an: Fisch und Reis wurden auf einmal in allen Dörfern gegessen. Trotzdem blieb die *kaukau* unsere Hauptspeise.

Durch die Fleisch- und Fischkonserven verloren unsere Männer die Lust an der Jagd. Warum noch in den Busch, sagten sich viele Männer, wenn es das Fleisch an der Straße in den *trade stores* zu kaufen gibt. Lediglich die älteren Leute gehen heute noch auf die Jagd, die Jugend kennt nicht mal mehr die Jagdpfade ihrer Väter.

Natürlich betrifft dies alles besonders uns, die wir entlang der Hochlandstraße leben.

Eines der schlechtesten Dinge, die uns die Weißen gebracht haben, ist der Alkohol. Viele unserer Stammessitten wurden von der Regierung verboten, auch gute Dinge, die wir früher getan haben. Aber den Alkohol verbietet sie nicht. Doch gerade das Bier bringt uns Ärger, Streit und Totschlag. Das Leben in den Dörfern entlang der Hochlandstraße ist für unsere Kinder und die alten Leute sehr gefährlich geworden. Immer wieder kommt es zu schrecklichen Unfällen, weil Autofahrer betrunken sind.

Viele Kinder, die an der Straße wohnen, werden von den Eltern vernachlässigt. Die Eltern haben keine Zeit für sie, weil Kartenspiel, Bier und Geld interessanter sind. So sind die Kinder meist hungrig, stehlen Obst und Gemüse aus den Gärten oder klauen in den *stores*.

Früher hat es bei uns keinen einzigen «Arbeitslosen» gegeben. Heute gibt es in Goroka oder in Kundiawa eine ganze Menge solcher Leute, wohl auch in anderen Städten unseres Landes. Und das Gefühl der Hilfsbereitschaft und der Zusammengehörigkeit hat sich verloren. Früher war jeder für den anderen da. Und heute?

Wir haben uns wirklich sehr geändert.

303 Dies ist der Abdruck der rechten Hand von Maria Okani, der Frau, die dem Völkerkundler und Schriftsteller Piet Bogner den Verlauf ihres bisherigen Lebens erzählt hat. Maria Okani kann selbst nicht schreiben. Mit dem Handabdruck wollte sie ein Zeichen setzen, wollte besiegeln, daß sie so aufrichtig und so wahrhaftig wie möglich über sich und ihr Volk berichtet hat.

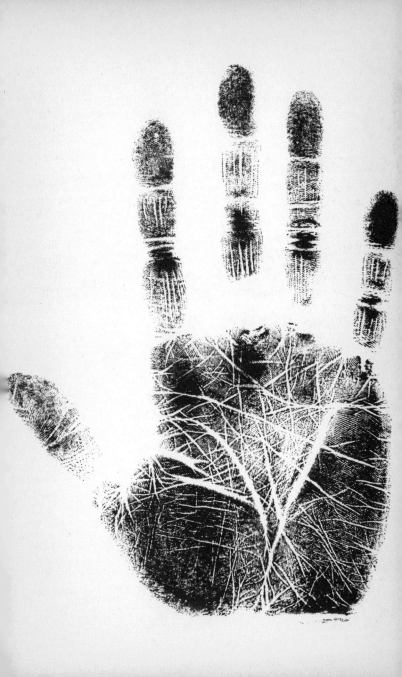

Anhang

Okani Wiokan Maria; Lebensdaten und historische Ereignisse

1932   Geburt von Okani im Dorf Foindamo, Keto-Stamm, Siane-Gebiet (noch während der Regenzeit in der ersten Jahreshälfte; Regenperiode von November bis Mai). Die Eltern verlassen etwa ein halbes Jahr nach der Geburt von Okani das Dorf Foindamo und ziehen nach Ruraro.

1933   Anfang des Jahres kommen erstmals Weiße ins Siane-Gebiet: eine australische Regierungspatrouille, bestehend aus drei Regierungsbeamten und vier Küstenpapua-Polizisten. Die Patrouille bleibt etwa zwei bis drei Monate im Dorf Rurape-Kenendiro am großen Weg (Goroka–Kundiawa). Kurze Zeit darauf lassen sich Weiße, vermutlich Goldsucher, in Watabung nieder. Duana, Vater von Kindino, wird von einem Regierungsbeamten erschossen. Duanas Kopf wird gemäß Sitte von den Angehörigen zeremoniell verspeist und sein Schädelskelett aufbewahrt. Es folgen weitere Erschießungen von Dieben aus Rurape und Umgebung durch die Regierungsbeamten. Der Ruf «nimakarawe», weiße Männer kommen, schallt durch das Keto-Gebiet. Die Regierungspatrouille erkundet das Keto-Stammesgebiet und trifft in Ruraro ein.

Okani ist ungefähr anderthalb Jahre alt; ihre Mutter Monambi stirbt plötzlich in Ruraro, ihr Vater hält sechsmonatige Trauer. Noch während der Trauerzeit gibt es Krieg zwischen den Dörfern Foindamo und Ombinowaro. Die Bewohner Foindamos müssen ihr Dorf aufgeben und gründen im unbewohnten Gebiet von Minowaro-Omuna das Dorf Minowaro. Kopowe verläßt das Dorf Ruraro und zieht nach Minowaro.

1934   Okanis Vater heiratet wieder; zweite Ehe mit Uni, einer Frau aus dem Dorf Wenamo, Kemanemoi-Stamm. Okani wird von ihrer Stiefmutter nicht angenommen. Aus dieser Ehe gehen im Laufe der Jahre fünf Kinder hervor.

Gründung der Regierungs- und Missionsstation Kundiawa (lutherische Mission).*

1934   Bis 1940 lebt Okani bei ihren Großeltern im Dorf Mainyero, Raiya-Stamm.

1937   Berittene Missionare, aus dem Chimbu-Gebiet kommend, stoßen auf dem großen Weg bis Kenengi vor (Lutheraner). Beginn der christlichen Missionierung im Siane-Gebiet.

1939– 1945	Die Regierungs- und Polizeistation Goroka wird während des Zweiten Weltkriegs unter australische Militärverwaltung gestellt. Ab 1945 wieder Zivilverwaltung.*
1941	Okani muß sich gemäß Sitte als Erstgeborene erstmalig einer Blutopferzeremonie unterziehen. Der Anlaß ist der Tod eines Kindes in Mainyero. Okani erlebt in den folgenden Jahren weitere Fingerschnitte. Narben auf drei Fingerrücken der linken und auf vier der rechten Hand geben noch heute Zeugnis ihrer Blutopfer.
1942	Erstes Jenseitserlebnis in Minowaro: die Stimme des verstorbenen Koripauma (Bruder von Kopowe) warnt Okani vor den Feinden und rettet ihr damit das Leben. Haarschnittzeremonie (erster Haarschnitt) als Erstgeborene (in Minowaro). Japanische Invasionstruppen landen auf Ost-Neuguinea und dringen ins Landesinnere ein (Kokoda Trail).*
1943	Erstes Fußballspiel im Dorf Kenengi, Ona-Stamm (Ona gegen Keto). Durch die Niederlage der Ona bricht ein neuer Krieg zwischen den beiden Stämmen aus. Starke Polizeikräfte aus Kundiawa und Goroka werden zusammengezogen und unterbrechen den Stammeskrieg.
1944	Mit 11½ Jahren unterzieht sich Okani der Nasenflügel-Durchbohrungszeremonie in Minowaro. Sieben Tage später folgt die Nasenseptum-Durchbohrungszeremonie in Mainyero. Bald darauf feiert Okani das «komere en dai»-Singsing, die Vorverheiratung mit ihrem künftigen Bräutigam Kindino. Teile der Siane-Bevölkerung haben erstmals das aufregende Erlebnis mit einem «Riesenvogel». Es handelt sich um einen Flugzeugabsturz im Daulo-Paß-Gebiet (3000 m ü. M.), mündliche Bestätigung durch John Flatters, Patrol Officer in Chuave, 1972. (Zweimotoriges australisches Aufklärungsflugzeug auf dem Rückflug von Wewak nach Port Moresby [Air Base] vermutlich wegen Motorschaden abgestürzt.) Amerikanische und australische Truppen erobern das Festland von Neuguinea zurück.*
1945	Erste Regierungs-Kaffeeplantagen werden im östlichen Hochland bei Goroka und Asaro angelegt.* Das Christentum wird durch lutherische «missionfriends» im gesamten Siane-Gebiet verbreitet. Okani findet Interesse an der Missionierung.
1948	Okani bekommt den ersten «kuruwa», Frauenkordelschurz, in Mainyero. Kurze Zeit darauf erlebt sie die Gesichtstatauierungszeremonie in Minowaro. Kleinere Tatauierungen an Brust, Armen und Beinen folgen im Laufe der Jahre. Einen Monat danach erfährt Okani die Nasenblutsturz-Zeremonie gemäß Sitte für Erstgeborene bei Minowaro. Diese Sitte gilt im allgemeinen als Mutprobe und wird von Männern angewandt. Erste Menstruationsblutung. Okani muß sich acht Tage im Menstruationshäuschen in Mainyero aufhalten; sie wird in der Zeit von einer alten erfah-

renen Frau über Tabu- und Verhaltensregeln aufgeklärt. Anschließend findet ein großes Singsing statt.

Im selben Jahr stirbt ihre Großmutter Kiyagi in Mainyero.

1949   Okani zieht mit einer Polizistenfamilie nach Goroka und arbeitet dort als Haus- und Kindermädchen. Lernt sehr rasch die neue Sprache, Pidgin-Englisch. Verläßt nach wenigen Monaten heimlich Goroka und kehrt in ihre Heimat zurück. In Kofeyaro, Komongu-Stamm, lebt sie mit ihrem Bräutigam Kindino zusammen.

1950   Hochzeitszeremonie in Kofeyaro, Okani heiratet Kindino. Der Aid post von Watabung wird zur kleinen Krankenstation. Jeweils ein Krankenpfleger (doctor boy) betreut eine Hütte mit vier bis sechs Kranken.

Der Kaffeeanbau wird durch die Regierung gefördert. Neben großen Plantagen entstehen in fast allen Hochlanddörfern im Siane-Gebiet neue Kaffeepflanzungen (Anbau bis über 2300 m ü. M.).

Im Hochland wird die Kaffeepflanze «coffea arabica» gepflanzt (Herkunft Ecuador und Äthiopien). In tieferen Lagen sowie an der Küste die Kaffeepflanze «canephora», Familie «rubiaceae rubusta» (Herkunft Äquatorial-Afrika).*

1951   Im September entsteht der Eastern Highland District (5000 Quadratmeilen), der in sechs Sub Districts unterteilt wird. Goroka ist Hauptstadt und Verwaltungssitz des Eastern Highland District.*

1952   Die Leiche von Okanis Großvater Kerenga wird bei Chuave am Flußufer gefunden.

Okani steht erstmals vor Gericht in Watabung: Grund – Ehestreit um die erste Frau; der Kiap entscheidet zu Gunsten Okanis.

Versöhnungsfest: die verfeindeten Sippen der Dörfer Minowaro und Ombinowaro schließen Frieden. Die Bewohner von Minowaro ziehen wieder zurück nach Foindamo.

1953   Frauenkampf im Dorf Monega; Okani gewinnt den Kampf.

Neuer Scheidungsstreit; Okani steht in Chuave (Chimbu) vor Gericht. Ein Regierungsbeamter entscheidet wieder zu ihren Gunsten.

1955   Okanis Ehe bleibt kinderlos; sie adoptiert das vierjährige Mädchen Maine (leibliche Tochter von June, der Schwester von Kindino).

Der Ausbau des «Großen Weges», der Hochlandstraße, ermöglicht einen mehr oder weniger regelmäßigen Autoverkehr von Goroka (Lae) über Kundiawa nach Mount Hagen.*

1958   Wieder Scheidungsstreit; Gerichtsverhandlung in Watabung. Der Kiap weist Kindinos Klage ab.

1959   Okanis Vater geht für zwei Jahre an die Küste (Plantagenarbeit).

Eine Epidemie (Fiebervirus) fordert im Siane-Gebiet zahlreiche Todesopfer. Auch Okani wird plötzlich krank und liegt im Sterben. Während ihrer Krankheit hat sie sonderbare Traumerlebnisse.

1961   Okanis Vater kehrt von der Küste zurück nach Ruraro. Nach etwa drei
        Monaten kommt er auf tragische Weise ums Leben. Seine Leiche wird bei
        Chuave am Flußufer gefunden. Okani bringt den Todesfall ihres Vaters in
        Chuave vor Gericht. Der Kiap spricht ihr eine Entschädigung von 300
        Dollar und drei Schweinen zu. Erstmals wird in Mount Hagen eine land-
        wirtschaftliche Ausstellung (Maschinen, Zuchtvieh) eröffnet.

1964   Die ersten Parlamentswahlen finden statt. Auch im Siane-Gebiet wird ge-
        wählt. Insgesamt 38 einheimische Abgeordnete aus allen Distrikten ziehen
        ins Parlament.*

1965   Okani ist wieder schwer erkrankt und liegt im Sterben; dabei schrecklicher
        Fiebertraum: eine ihr unbekannte Frau aus dem Totenreich erscheint. Ein
        lutherischer Missionshelfer spricht den Exorzismus am Krankenbett von
        Okani. Auf der Krankenstation in Watabung erfährt Okani durch intensi-
        ven Gebetsanruf eine wundersame Heilung.
        Gründung einer Universität in der Landeshauptstadt Port Moresby.*

1966   Okani wird von ihrem Mann Kindino schwer mißhandelt. Kindino
        kommt darum für vier Wochen ins Distrikt-Gefängnis nach Goroka.
        Das Wohnhaus in Kofeyaro wird aufgegeben. Für das neue Haus wird ein
        Singsing veranstaltet, das zu einem Doppelfest wird. Die alte Kendi, Mutter
        von Sepe, ordnet ihr eigenes Toten-Singsing an. Dieses Totenfest gilt noch
        heute als einmaliges Ereignis unter der Siane-Bevölkerung.
        Okani wird am 4. Juli katholisch getauft und nimmt den Christennamen
        Maria an (laut Eintragung im Taufbuch der Katholischen Missionsstation
        Watabung, Dorf-Nr. 994). SVD – Steyler Missionsgesellschaft des Göttli-
        chen Wortes.
        Erste landwirtschaftliche Ausstellung in Goroka, die viele Einheimische aus
        allen Teilen des östlichen Hochlandes anlockt. Die Distriktverwaltung Go-
        roka erkennt bald das große Touristikgeschäft. Zwei Jahre später werden
        australische Touristen nach Goroka geflogen, die einstige Landwirtschafts-
        Ausstellung wird zu einer gutorganisierten Tourist-Show, die sich – jähr-
        lich wechselnd – in Goroka und Mount Hagen abspielt.

1967   Okani wird Katechistin und unterstützt die katholischen Missionsarbeiten
        im Siane-Gebiet.

1968   Okanis Adoptivtochter Maine heiratet und zieht nach Mainyero. Bald
        darauf adoptiert Okani einen Jungen, den seine leibliche Mutter kurz nach
        seiner Geburt ausgesetzt hatte. Das Kind wird katholisch getauft und erhält
        den Namen Michael.
        1100 Trade Stores, verteilt im gesamten Eastern Highland District, werden
        in Goroka registriert.*

1969   Pidgin-Englisch wird neben der englischen Sprache als zweite Amtssprache
        eingeführt.* (Rund 20 000 Menschen sprechen die Siane-Sprache, die man
        der East New Guinea Highlands Stock-Sprachgruppe zuordnet.)

1970   Volkszählung im Eastern Highland District; die Bevölkerung wird mit rd. 250 000 Personen angegeben.*

1971   15. September: erster National Day wird in allen Distrikthauptstädten des Landes gefeiert.*

1972   Goroka-Show – Abordnungen der Siane-Stämme nehmen am großen Tanzfest teil.

1974   Besuch der britischen Königin Elizabeth II. zur Feier ihres Silberjubiläums am 24. Februar in Goroka.
Eine Schreckensnachricht durcheilt das östliche Hochland. Es heißt: das Leben aller kinderlosen Frauen sowie Mädchen, die bereits ihre erste Periode hinter sich haben, ist durch den Besuch der weißen Häuptlingsfrau gefährdet. – Somit auch Okanis Leben. Die alten Medizinmänner entsinnen sich eines Abwehrzaubers.

1975   April: der australische Dollar wird durch die neue Landeswährung Kina und Toea abgelöst.
15./16. September: Papua New Guinea, auch Niugini genannt, wird unabhängige Republik und 142. Mitglied der UNO.* An der Unabhängigkeitsfeier nimmt auch der britische Prinz Charles teil.
Die über 90jährige Kendi stirbt in Rurape. Komongu-Bevölkerung erfährt Jenseits-Erlebnisse mit Verstorbenen.

1977   Mitglieder der Gesellschaft zur Erforschung der Naturvölker (GEN), München, sammeln mit Unterstützung von Okani ethnologisches Material bei den Siane-Stämmen. Beginn der Aufzeichnungsarbeiten der Okani-Biographie. Höhlenforschungen der GEN östlich des Mt. Elimbari-Massivs. Untersuchungen der schwarzen Magie «Sangguma» im Siane- und Chimbugebiet.

1978   Aufzeichnungsarbeiten der Okani-Biographie werden fortgesetzt. Ethnologische, botanische und zoologische Studien werden mit Okanis Hilfe im Siane-Gebiet durchgeführt.
Das Dorf Raiya des gleichnamigen Stammes wird von Angehörigen des Arango-Stammes überfallen und niedergebrannt (3 Tote, 17 Verwundete).

1979   Okani-Biographie wird abgeschlossen. GEN setzt die Akkulturationsforschung bei den Siane-Stämmen fort. Monographien bei den Stämmen Komongu und Komengarega werden mit Hilfe von Okani und zahlreichen anderen papuanischen Helfern erstellt.

1980   Januar–Mai: Unruhen im Siane-Gebiet halten an. Sippenstreit, Totschlag unter Einfluß von Alkohol, Blutrache.

Die mit einem * versehenen Angaben stammen aus «Encyclopaedia of Papua and New Guinea» Band I und II 1972 – Melbourne University Press' 1972. Alle anderen Angaben stammen aus Notizen von GEN-Mitgliedern, gesammelt in Goroka, Watabung und Kundiawa/PNG und aus Patrol- und Annual Reports.

Glossar

ai-Pfeil	mehrspitziger (Vogel-)Jagdpfeil
aka	provisorisches Holzgerüst zum Aufbahren einer Leiche
big balus	großes Flugzeug (Neo-Melanesian-Pidgin-English)
fea	Fackel aus Pitpit-Gras
fiomba wá	spinatähnliches Gemüse
fitua	scharfkantiger Steinsplitter
fiyowe	braunschwarz gefiederter Raubvogel
foromo	Gestell wie eine Liege oder ein Tisch
ikanga	Märchen (Raiya-Dialekt)
Irafa	ursprünglicher Name der aus neun Stammesgruppen und zahlreichen Untergruppen bestehenden Chimbu-Bevölkerung. Die Gebietsbezeichnung Chimbu stammt von der australischen Administration
kafamenda	ein Baum, dessen Blätter und Rinde so stark riechen, daß allein längeres Einatmen bereits zu Krankheit, vermutlich Allergien, führen kann
Kalabus	Gefängnis (Neo-Melanesian-Pidgin-English)
kané	weiblicher Geschlechtsteil
kaukau	Süßkartoffel (Ipomea batatas), Hauptnahrungsmittel der Hochlandbevölkerung (Neo-Melanesian-Pidgin-English)
Kefeya-Berg	westlich von Goroka, ca. 2900 m ü. M., bewaldet, gilt als Geister- und Zauberberg, auf dem die Nokondi des Korepa-Stammes wohnen (vgl. Karte S. 314)
kenepana awo	Zuckerrohr-Sorte (Komongu-Dialekt)
kia	langschäftige Stoßlanze
kifana-kiomba	weißer, runder Stein
Kina	Landeswährung von Papua-Neuguinea seit 1975. Ein Kina entspricht etwa drei D-Mark
kini	Tanketstrauch (Cordyline terminalis)
kok	männliches Geschlechtsteil
konofa ung-wawa-Beeren	Beeren einer Pitpit-Grassorte
kora wera	Muschel-Nasenschmuck
koriba	Araukarie (Nadelbaum)
Korofa	Totengeist, Siane-Sprache, je nach Dialekt auch Korefa, Karafa oder Kerefa
kunu	Schlafmatte
kuskus	Beuteltier (Phalanger maculatus) aus der Familie der Kletterbeutler
laplap	Von Missionaren und Händlern eingeführtes Tuch, das wie ein

	Rock, knie- oder bodenlang, getragen wird (Neo-Melanesian-Pidgin-English)
luluai	1890 von der deutschen Verwaltung eingeführte und später von Briten und Australiern übernommene Bezeichnung für den Dorfführer, der zugleich Verbindungsmann zum australischen Regierungsposten war (Neo-Melanesian-Pidgin-English)
mainikure	ölhaltige Blätter des Giwi-Baumes
maru	Kochgefäß, aus einem ausgehöhlten Baumstamm, etwa 1 m hoch
monambi	Männerschurz und zugleich häufiger Mädchenname
naka	sehr dünner Spitzknochen der Fledermaus
nema	in der Mythologie der Siane-Bevölkerung ein Geistervogel; darüber hinaus Bezeichnung für Bambusflöten
nimakarawe	die Weißen (Siane-Sprache)
Nokondi	Berg- und Waldgeist in der Mythologie der Siane-Bevölkerung
Nora-Höhlen	westlich vom Dorf Nora gelegen (vgl. Karte S. 314), große Tropfsteinhöhlenanlage mit teilweise über 20 m hohen Stalaktiten und Stalagmiten
okani	sichelförmige Perlmuttmuschel
okorofo	Buschhuhn
Papua	allgemeine Bezeichnung für die Ureinwohner Neuguineas
pitpit	allgemeine Bezeichnung für Schilfgras (Neo-Melanesian-Pidgin-English)
rape	Holz- und Blattschüssel
rumba rumba	Paradiesvogel (Astrapia mayeri)
ruru kaira	Kauri-Schnecken
Siane	Das Volk der Siane besteht aus elf gleichsprachigen Stämmen (vgl. Karte S. 314) mit unterschiedlichen Dialekten. Nur zwei dieser Stämme, Keto und Raiya, praktizierten keinen Kannibalismus
singaut	langer, gedehnter Ausruf (Neo-Melanesian-Pidgin-English)
Singsing	allgemeine Bezeichnung für Tanz, Gesang und Festlichkeiten (Neo-Melanesian-Pidgin-English)
taro	Knollenfrucht (Colocasia esculenta)
tultul	Vertreter des luluai (Neo-Melanesian-Pidgin-English)
Uka Faka	bewaldeter Berg, ca. 3000 m. ü. M., westlich von Goroka, mit Totenhöhlen des Fetokawe-Stammes (vgl. Karte S. 314)
ukufi	Flöten oder Pfeifen von Geistern
urumbi irawa	Früchte des Rumbi-Baumes
we namba	großer Mann (Siane-Sprache)
yakefa	Baumkänguruh
yamu	Kürbisfrucht
yoyauwe	der Mann da oben, Gott (?) (Komengarega-Dialekt)

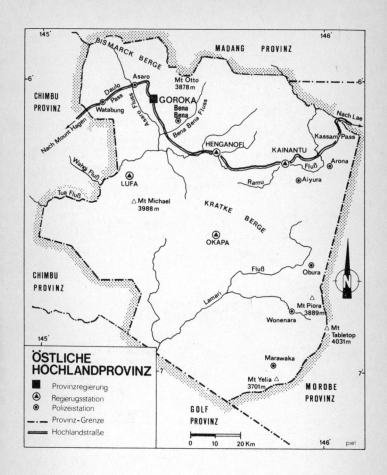

ÖSTLICHE
HOCHLANDPROVINZ

■ Provinzregierung
▲ Regierugsstation
◉ Polizeistation
–·– Provinz-Grenze
═══ Hochlandstraße

0   10   20 Km

313

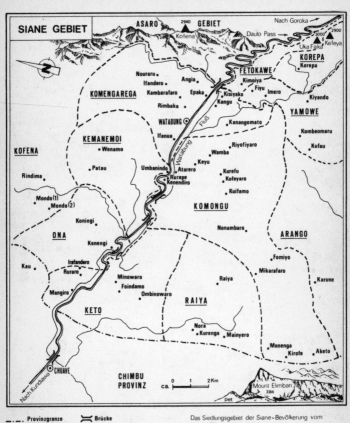

Das Siedlungsgebiet der Siane-Bevölkerung vom Mount Elimbari aus gesehen.
Die Stammesnamen sind unterstrichen.
Erstellt:Piet Bogner; 1979

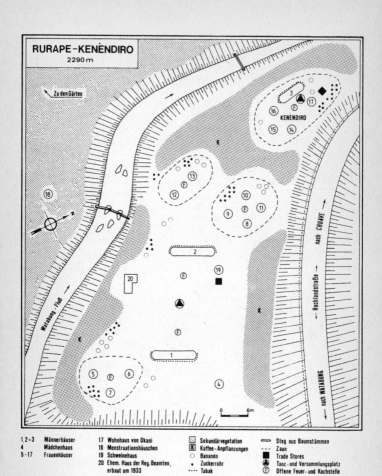

RURAPE-KENENDIRO
2290 m

Zu den Gärten

KENENDIRO

Wataburu-Fluß

Hochlandstraße nach CHUAVE

nach WATABURU

0   6m

1,2+3	**Männerhäuser**
4	**Mädchenhaus**
5-17	**Frauenhäuser**

17	**Wohnhaus von Okani**
18	**Menstruationshäuschen**
19	**Schweinehaus**
20	**Ehem. Haus der Reg. Beamten, erbaut um 1933**

Sekundärvegetation
Kaffee-Anpflanzungen
Bananen
Zuckerrohr
Tabak

Steg aus Baumstämmen
Zaun
Trade Stores
Tanz- und Versammlungsplatz
Offene Feuer- und Kochstelle

Kartogr. Aufnahme: Piet u. Anja M. Bogner 1977

315

Schwarzer Hirsch

Ich rufe mein Volk

Leben, Visionen und Vermächtnis des letzten großen Sehers der Ogallala-Sioux

Authentische Aufzeichnung des Indianer-Forschers John Neihard

Aus dem Amerikanischen von Siegfried Lang

261 Seiten, 5 Abbildungen
4. Auflage, 16.–21. Tausend
Lamuv Taschenbuch 13

DM 14,80

ISBN 3-921521-41-6

... Schwarzer Hirsch lebte von 1863 bis 1950. Er war ein Prärie-Indianer, dessen Familie zu den Trägern der kultischen Tradition der Ogallala-Sioux gehörte. Mit neun Jahren hatte er eine Vision, in der ihm das Schicksal seines Volkes offenbart wurde. Wer dieses Buch mit der Herablassung eines »Zivilisierten« in die Hand nimmt, um zu erfahren, wie ein »Wilder« denkt, der kann seine Karl-May-geprägten Indianer-Vorstellungen hier bestätigt finden, denn Schwarzer Hirsch spart den Abscheu seiner Rasse gegenüber den weißen Eindringlingen, die ihn entwürdigt haben, nicht aus. Wer aber genau hinhört auf die Botschaft, die Schwarzer Hirsch für uns, die sogenannten Zivilisierten, bereithält, der wird etwas erfahren von indianischer Philosophie und Lebensweisheit, in der alles, was lebt – Pflanze, Tier und Mensch –, ein Recht auf Leben hat. »Die Erde, die uns trägt und nährt«, ist ein Geschenk, und »man nimmt aus der Natur nur, was man wirklich braucht«. Und »nur wahnsinnige oder ganz törichte Menschen werden ihre Mutter Erde verkaufen«.
Hildegard Becker im: Norddeutschen Rundfunk

Schwarzer Hirsch

Die heilige Pfeife

Das indianische Weisheitsbuch der sieben geheimen
Riten

Aufgeschrieben von
John Epes Brown, mit einem
Nachwort von Frithjof Schuon
und einem Bericht von
Hans Läng

Aus dem Amerikanischen von
Gottfried Hotz

3. Auflage, 12.–17. Tausend,
256 Seiten, Abbildungen
Lamuv Taschenbuch 19

DM 14,80

ISBN 3-921521-68-8

Dieses indianische Weisheitsbuch der sieben geheimen Riten
ist ein einzigartiges Kulturdokument. Schwarzer Hirsch, der
große Häuptling und letzte heilende Weise der Ogalalla-Sioux,
hat die sieben Riten seines Volkes dem amerikanischen Ethno-
logen Epes Brown zur verläßlichen Aufzeichnung mitgeteilt,
nachdem der Rat der Alten beschlossen hatte, es sei in dieser
Weltenstunde ratsam, das bekanntzumachen, was bisher verborgen blieb. Vor langer Zeit hatte der Große Geist den India-
nern dieses helfende Wissen kundgetan. Heute aber sei der
Zeitpunkt gekommen, öffentlich darüber zu sprechen.

Wie die heilige Pfeife zu den Menschen gekommen ist, was
sie in Kultfeiern für eine Funktion ausübt, welche Gesinnung
den uns zunächst fremd anmutenden sieben heiligen Riten
zugrunde liegt und was damit bewirkt wird, erzählte Schwarzer
Hirsch.

Der Beitrag des hervorragenden Kenners der Geschichte
und der heutigen Situation der indianischen Völker Nordameri-
kas, Hans Läng, erklärt die gegenwärtige Lage und weist nach,
wie die Pflege alter Traditionen das Selbstbewußtsein der India-
ner stärkt und heute wieder erneuert.

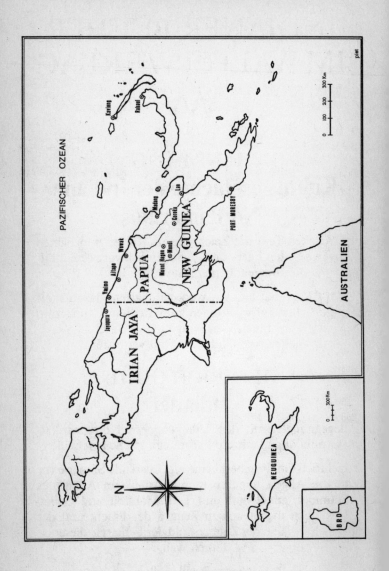